U0529366

本书系国家自然科学基金青年项目"北京市乡村空间再生产过程、机理与模型修正"(批准号:41801176)、教育部人文社会科学研究青年项目"消费导向下近大都市乡村空间资本化"(批准号:17YJCZH244)、河南理工大学博士基金"经济欠发达地区近城市农村空间再生产与减贫路径研究"的阶段性成果。

感谢河南理工大学工商管理学院能源经济研究中心对本书的资助。

# 乡村空间资本化过程与机制

## 以北京市休闲型乡村空间发展为例

张 娟 著

中国社会科学出版社

## 图书在版编目（CIP）数据

乡村空间资本化过程与机制：以北京市休闲型乡村空间发展为例／张娟著 .—北京：中国社会科学出版社，2021.9
ISBN 978 - 7 - 5203 - 8325 - 7

Ⅰ.①乡… Ⅱ.①张… Ⅲ.①城乡建设—研究—中国 Ⅳ.①F299.21

中国版本图书馆 CIP 数据核字（2021）第 073579 号

| | |
|---|---|
| 出 版 人 | 赵剑英 |
| 责任编辑 | 王莎莎　刘亚楠 |
| 责任校对 | 张爱华 |
| 责任印制 | 张雪娇 |

| | |
|---|---|
| 出　　版 | 中国社会科学出版社 |
| 社　　址 | 北京鼓楼西大街甲 158 号 |
| 邮　　编 | 100720 |
| 网　　址 | http://www.csspw.cn |
| 发 行 部 | 010 - 84083685 |
| 门 市 部 | 010 - 84029450 |
| 经　　销 | 新华书店及其他书店 |

| | |
|---|---|
| 印刷装订 | 北京市十月印刷有限公司 |
| 版　　次 | 2021 年 9 月第 1 版 |
| 印　　次 | 2021 年 9 月第 1 次印刷 |

| | |
|---|---|
| 开　　本 | 710×1000　1/16 |
| 印　　张 | 18 |
| 插　　页 | 2 |
| 字　　数 | 265 千字 |
| 定　　价 | 99.00 元 |

凡购买中国社会科学出版社图书，如有质量问题请与本社营销中心联系调换
电话：010 - 84083683
**版权所有　侵权必究**

# 目 录

前言 …………………………………………………………… (1)

## 第一章 绪论 …………………………………………………… (1)
第一节 选题背景 …………………………………………… (1)
第二节 国内外研究综述 …………………………………… (7)
第三节 研究目标与研究意义 ……………………………… (39)
第四节 研究内容与研究方法 ……………………………… (42)
第五节 研究创新点 ………………………………………… (45)

## 第二章 乡村空间资本化理论框架 …………………………… (46)
第一节 理论基础 …………………………………………… (46)
第二节 基本概念 …………………………………………… (57)
第三节 理论分析框架 ……………………………………… (66)

## 第三章 乡村空间功能转型与资本化判识 …………………… (72)
第一节 乡村空间功能转型 ………………………………… (72)
第二节 北京市城乡关系推演 ……………………………… (79)
第三节 北京市乡村空间资本化判识 ……………………… (87)

## 第四章 乡村聚落空间资本化演变 …………………………… (97)
第一节 村落基本概况 ……………………………………… (97)
第二节 聚落空间性质转变 ………………………………… (102)

第三节　聚落空间的资本化运作 …………………………（110）

**第五章　乡村土地资本化过程与路径选择** …………………（126）
　　第一节　农地资本化过程 ……………………………………（127）
　　第二节　宅基地资本化过程 …………………………………（135）
　　第三节　土地资本化路径选择 ………………………………（147）

**第六章　乡村居住空间资本化与功能重构** …………………（150）
　　第一节　资本控制下居住区位变迁 …………………………（150）
　　第二节　居住空间类型识别 …………………………………（159）
　　第三节　居住空间资本化与功能重构 ………………………（165）

**第七章　乡村社会空间资本化与关系异化** …………………（189）
　　第一节　村落社会分层与空间资本化 ………………………（191）
　　第二节　邻里关系网络的异化 ………………………………（210）
　　第三节　业缘关系网络的凸显 ………………………………（219）

**第八章　乡村空间资本化机制分析** …………………………（228）
　　第一节　行动者网络成员构成 ………………………………（229）
　　第二节　行动者网络转译过程 ………………………………（232）
　　第三节　空间资本化运作机制 ………………………………（235）
　　第四节　对已有模型的修正 …………………………………（242）

**第九章　结论与展望** …………………………………………（247）
　　第一节　结论 …………………………………………………（247）
　　第二节　需进一步研究问题 …………………………………（249）

**参考文献** ………………………………………………………（252）

· 1 ·

# 前　言

在城市化快速推进下，处于大都市发展尾端的乡村不仅成为缓解城市资本积累的理想场地，而且成为吸引城市居民休闲消费的最强有力因素，受城市资本逻辑影响非常显著，其运动轨迹和发展规律同城市空间一样，遵循着资本的运作逻辑，但目前关于空间资本化的研究成果主要集中于城市，缺乏乡村维度的分析与探讨。北京周边乡村已成为市民最重要的休闲消费空间，并出现休闲旅游、租种土地、小产权房、第二家园、艺术写生等商品化端倪，在城乡元素的相互碰撞下，物质空间以及社会空间正在发生着巨大变革，空间资本化趋势逐渐显现，这一现象折射出当前我国近都市区乡村的普遍发展状况。因而，深入研究北京市乡村空间资本化的演化过程与运作机制，对拓展现有理论体系，以及促进其他都市区乡村发展，具有很强的理论价值和借鉴意义。

本书重点关注三个问题，首先，在社会经济发展转型时期，乡村空间是如何参与资本化运作的？其资本化利用有何宏观背景？其次，随着各种城市元素的嵌入，在资本运作的逻辑下，乡村空间结构与空间组织经历了怎样的转变？这一转变有何内在机制？最后，西方既有理论模型能否适用于解释我国乡村空间资本化现象？围绕这三个问题，本书在梳理与研读国内外相关理论的基础上，依据空间再生产、行动者网络、城乡连续谱等相关理论，选取北京远郊莲花池村为案例，借助深入访谈数据、人口普查、区域统计年鉴等相关资料，综合运用空间分析法、参与式农村评估法、社会网络分析法、空间句法等多种方法，重点从以下四个方面分析和探讨乡村空间资本化的演变过程与运作机制。

第一，我国乡村空间功能转型与北京市乡村空间资本化的梳理与识别。将城乡连续谱理论内嵌于本书始终，构建乡村发展类型指标体系，识别我国乡村发展格局与空间转型。然后，选取北京市为案例地，梳理改革开放以来北京市城乡关系的发展，提炼城乡关系推演过程中资本空间拓展的变化特征。同时，透过城市人口迁移、居住空间拓展，以及产业郊区化扩散的发展趋势，归纳提取城市居民休闲消费的市场背景，以及对资本投向转移的作用，识别休闲型乡村空间资本化的发展趋向。本部分是后续研究的基础。

第二，案例区物质空间资本化过程及特征表现。借助空间再生产理论，选取莲花池村为案例区，重点探讨聚落、土地、居住等物质空间的资本化过程。首先，梳理1978—1990年、1991—2000年以及2001年至今三个阶段聚落空间的演变过程，从资本、权力、村民三方面分析聚落空间的资本化运作；其次，基于村落土地的特点，依据时间剖面，分析与探讨农业用地，以及宅基地的资本化过程与主要路径演变；最后，根据实地调研数据，量化村民居住区位变迁特征，通过聚类分析对宅院类型进行识别。在此基础上，选取不同时期、不同类型的典型宅院，通过不同年代院落的结构和功能的对比，还原村落居住空间的推移过程，探寻资本驱动下村民居住空间选择的动向机制，以及不同宅院类型背后所隐藏的地域性社会文化特质。

第三，案例区社会空间的资本化及社会关系异化。首先，根据实地调研数据，分析生活群体结构以及村民职业的变化，追踪村落中城市外来者和当地村民两大异质群体的日常生活内容，解读城市外来者的日常行为活动，村民如何再生产的生活方式和生活内容；另外，借助社会关系网络理论，选取农忙互助、日常交往、资金获取以及业务往来等村民社会关系维度，探讨资本运作逻辑下村落地缘关系和业缘关系等社会关系网络的异化及其深层次原因。

第四，休闲型乡村空间资本化运作机制分析与模型构建。在前述研究的基础上，依据行动者网络理论，梳理行动者网络图，根据分析不同力量的利益与观点，构筑乡村空间资本化的运作机理。提取政府、市场、资本和乡村地方性四大核心驱动力量，根据北京市周边休闲型乡村的发展特点，对"乡村三重空间模型"进行修正，提出了权力、资本、市场和乡村地方性的四维驱动下的休闲型乡村空间资本化模型。

对应于关注的三个问题，本书研究结果表明：

第一，北京城乡关系联动融合，为城市资本的地理空间外扩奠定了基础，资本扩张呈现由城市向乡村的离心式外扩特征。风景优美、乡村文化浓郁的远郊乡村，正在成为城市居民休闲迁移的主要目的地，以追求休闲、环境质量为目的的第二住宅现象已初见端倪，乡村指向的居住季节性郊区化开始显现，空间作为生产元素直接参与资本运作获取额外利润的现象愈加明显。

第二，研究区物质空间和社会空间不断资本化。首先，聚落空间正在由农业"生产容器"向"空间自身生产"转变，村落居住空间成为资本增值的手段和工具；其次，土地资源的资本特性不断被挖掘，经营性、符号化等复合化、集约式的土地资本化成为莲花池村的最佳选择；复次，居住空间资本功能趋于显化，内外资本在趋利的本性下不断解构与重构着村落居住空间及结构功能；最后，村落社会空间不断分层，城市外来者改变了村民的居住空间及生活方式，村落内部业缘关系逐渐消融以血缘和地缘为基础的社会关系网络边界，而这一资本化过程是权利、资本、市场、乡村社会等多方力量相互博弈的结果。

第三，"乡村三重空间模型"中的乡村发展阶段及人口结构不同于北京市乡村现状，该模型不能完全解释北京市休闲型乡村空间资本化的现象，本书从权力、资本、市场和乡村地方性四个维度对其进行修正，构建休闲消费导向下，近都市区乡村空间的资本化模型。

本书的创新之处在于，创新地基于空间再生产理论中"地理空间资本化"意指，从聚落、土地、居住、社会等多个维度综合剖析了乡村空间资本化的演化过程与运作机制，指出"乡村三重空间模型"的语境和假设条件与北京市乡村实际情况不相吻合，从而修正了"乡村三重空间模型",构建了适合于休闲消费导向下近都市区的乡村空间资本化模式,为拓展我国乡村地理学研究视野提供了新的素材和新的研究思路,在一定程度上丰富了空间再生产理论体系,为北京市乡村发展及政策制定提供了理论上的参考。

# 第一章 绪论

## 第一节 选题背景

**一 农村逐渐成为城市生产与消费空间**

我国城市与乡村的关系经历了曲折的发展历程,形成于20世纪50年代后期的城乡二元结构体制将城市和农村分割为封闭的单位,制约了城乡生产要素的流动,消费关系失衡,城市和乡村间的社会、经济、文化等差距逐渐拉大,受到城市化的蚕食,土地资源逐步退缩,农村居住环境因城市化的扩散趋于恶化,乡村文化受城市化的冲击而面临特色消失的风险,城乡关系由隔离走向冲突。为了缩小城乡经济差距,弱化社会矛盾,实现生产要素的合理流动,党的十一届七中全会提出"城乡一体化"战略决策,并制定了一系列"城乡一体化"发展战略。这是在对我国发展阶段的科学判断基础上提出的新的制度安排,也是我国城乡发展观转型、制度转型的重要转折点(陈修颖,2013)。城乡一体化的目标是构建城市和乡村两大地域系统之间的互动和耦合关系(陈修颖,2013),使城乡之间劳动力、技术、资本、资源等生产要素相互融合,互为资源,互为市场,充分发挥城市与乡村各自的优势,以达到城乡融合的终极目标。

然而,从目前城乡一体化的实施效果来看,并没有产生理论上的理想效果,城乡居民收入差距在不断拉大,城市居民收入水平持续高位,城乡之间彼此相对独立和分割的状态并没有得到根本性扭转(王志丹,2012)。绝大多数农村地区的人才、劳动力、资本、资源等生产要素仍然持续单向地向城市流动,以粮食生产为主导的偏远农村地区体现得尤为明显，农民迁移并定居城市的愿望十分强烈。在城市化快速发展的过程中，农村社会面临的问题及困境并不来自于自身，而是发生、发展于城乡生产、生活关系的转变之中（杨宇振，2016），甚至是在城市的生产与消费需求的不断侵入下形成的。因此，乡村问题的解决不能完全依靠自身，而应置入城乡关系发展之中去寻找答案。

依据马克思的城乡关系理论，城乡关系由城乡分立、城乡分离到城乡融合三大发展阶段，而在城乡走向融合阶段，"单靠生产结合还远远不够，必须用商品方面的结合来补充生产的结合，使城乡形成巩固不可分的联系"（吴振磊，2011）。因此，适当引入市场力量，促使农村成为城市的资本和消费空间，是我国彻底消除"城乡二元结构"、实现城乡一体化发展，并最终走向城乡融合的新路径。

改革开放以来，对长期固态的农村社会来说，市场化与城市化是一把"双刃剑"，一方面为乡村地区的产业发展、农民致富以及乡村面貌的改善注入了强大动力；另一方面也成为过度侵蚀乡村的重要力量。在这一城市主导话语体系条件下，乡村呈现出不同的发展路径：部分城市边缘乡村在城市快速扩张条件下，逐步被城市所吞没，成为"城中村"或"新市民"；部分远离城市的乡村，因劳动力、资金、土地等生产要素的长期净流出，无法寻求经济发展的突破点而逐渐沦为"空心村"；部分资源禀赋较好的乡村，或通过搭建某种优势产业平台发展成为工业化乡村，或通过突显农村社会、文化、环境优势，充分挖掘多元化价值而成为休闲空间，从而逐渐复兴。随着城市居住密度增加、交通压力增大，城市越来越拥挤，寻找一种更自然的居住形态、更休闲化的生活方式、更亲近传统的田园文化，逐渐成为城市居民的追求。

乡村作为一种低密度、生态友好的聚落形式，具有传统文化、农业经济、社会资本、民族根源的功能，是居住、就业、特定文化景观、独特生活方式的空间载体，体现出比城市空间更强的吸引力。即使是那些早已实现城市化的国家，也有越来越多的人工作在城市，生活在乡村，德国有40%的人口生活在乡村，英国有28.5%、美国有

22%、日本有20%以上的人口都选择了乡村，可见世界上最舒适的住宅都在乡村，而不在城市（刘奇，2012），乡城移居成为西方发达国家的趋势和潮流。而乡村作为中华传统文化的根基，农耕文化、生态环境以及舒适的生活方式也逐渐成为我国城市居民的追求。目前在大城市周边乡村已经出现了休闲旅游、租种土地、小产权房、长期租住、艺术写生等商品化端倪，京郊乡村更是成为市民游憩休闲的首选地和旅游度假的集聚区。因此，鉴于西方发达国家先期经验，以及我国快速老龄化和逆城市化的发展趋势，大城市周边农村地区将逐渐成为城市的生产与消费空间，空间资本化将成为农村的发展趋势。

**二 政策支持农村多元化发展**

近年来，"中央一号"文件和全国农村工作会议都将"三农"问题放在首位，强调"农村、农民、农业"问题在我国现代社会发展中的战略意义，并从城市端来激活乡村，对乡村进行再定位与发展（刘奇，2012）。

2003年全国农村工作会议提出：我国农民的生活水平明显低于城镇居民，"三农问题是重中之重"，需加强对农村的倾斜投入。2005年，党的十六届五中全会提出"建设社会主义新农村"的重大历史任务，明确了"生产发展、生活宽裕、乡风文明、村容整洁、管理民主"的具体要求；2007年，党的十七大会议提出"要统筹城乡发展，推进社会主义新农村建设"（沈费伟，2016），于是，全国各地加快新农村建设的步伐，农村建设在城市规划思想的指导下，居住形式得到了一定的集中，脏乱差状况得到了一定的治理，农村人居环境整治有了一定的进展。而这种改善的背后是以忽略农村居民传统生活方式、生活习俗为代价的，农民就地上楼，虽然表面看起来整洁，但新兴居住形态同传统居住形态之间无渐进性，破坏了乡村风貌、乡土文化和乡土味道，从而引发了一系列问题。

2013年，习近平总书记在进行乡村考察调研时曾说："农村绝不能成为荒芜的农村、留守的农村、记忆中的故园。城镇化要发展，农业现代化和新农村建设也要发展，同步发展才能相得益彰，要推进城乡一体化发展。……要破除城乡二元结构，推进城乡发展一体化，把广大农村建设成农民幸福生活的美好家园。""中国要强，农业必须强；中国要美，农村必须美；中国要富，农民必须富。"同年，"中央一号"文件指出，要"努力建设美丽乡村"。此后，我国多项支持农村农业发展的政策密集出台，2015年"中央一号"文件指出，要"立足各地资源优势，大力培育特色农业……推进农村一、二、三产业融合发展，形成一产接二连三的互动型、融合型发展模式……积极开发农业多种功能，挖掘乡村生态休闲、旅游观光、文化教育价值。扶持建设一批具有历史、地域、民族特点的特色景观旅游村镇，打造形式多样、特色鲜明的乡村旅游休闲产品"，确保在经济发展新常态下实现农业农村新发展的新路径。同年8月，国务院办公厅印发了首个国家层面的《关于加快转变农业发展方式的意见》，明确指出："积极开发农业多种功能，促进休闲农业与乡村旅游发展的用地、财政、金融等扶持政策，强化体验活动创意、农事景观设计、乡土文化开发，提升服务能力；保持传统乡村风貌，传承农耕文化，加强重要农业文化遗产发掘和保护，扶持建设一批具有历史、地域、民族特点的特色景观旅游村镇；提升休闲农业与乡村旅游示范创建水平。"

当前我国经济已步入新常态，农业进入了新的发展阶段，尤其是近年来休闲农业得到迅猛发展，并成为一种新型消费形态。在城市旺盛的市场需求和农村迫切发展的双重驱动下，到"望得见山、看得见水、记得住乡愁"的田间乡野去，新田园主义正在成为最新的时尚潮流，尤其是在大城市周边，居民的乡村消费需求趋势愈加明显。基于对我国经济社会发展和农村演变特征的精准研判，党的十九大指出，我国已进入新时期，当前社会的主要矛盾已转化为人民日益增长的美好生活需要和不平衡不充分的发展之间的矛盾，这一矛盾在乡村最为突出，而实施乡村振兴战略，不仅是解决这一矛盾的重要抓手，也是解决城乡发展不平衡的关键。乡村振兴的推动，"要加快构建农村一二三产业融合发展体系，大力开发农业多种功能，推进乡村绿色发展，推动乡村自然资本加快增值"，让农业成为有奔头的产业，让农村成为安居乐业的美丽家园。由此，农业以及乡村空间的资本价值得以体现。为了加快实现乡村振兴和城乡融合，2019年，国务院办公厅在《关于建立健全城乡融合发展体制机制和政策体系的意见》中明确提出，建立工商资本入乡促进机制，鼓励和引导工商资本下乡，支持社会力量进入适合产业化规模化的农业领域以及乡村生活性服务业，从而为资本的乡村空间扩张提供了强有力的政策支撑。同年，印发了《关于促进乡村产业振兴的指导意见》，意见指出："优化乡村休闲旅游业，实施休闲农业和乡村旅游精品工程。"为了配合乡村振兴，促进农村改革，2020年新修改的《土地管理法》，鼓励农村盘活利用闲置宅基地和闲置住宅，为城市居民和城市资本进入农村扫清障碍，也为农村空间的多元化利用提供前提条件，成为城乡融合发展新的强大推力与动力。

因此，在国家强有力的政策支持，以及企业、村民、政府的多方合力下，借助科技创意和资本运作的力量，农业与第三产业融合现象将逐渐呈现，乡村复兴的热潮将加速农村空间资本化，这不仅对农业提质增效、传统中华农耕文明起着促进作用，而且对建设美丽乡村、最终实现城乡的真正融合和一体化发展发挥着重要作用。

### 三 农村及农民发展意愿强烈

农民是我国农村地区社会发展变化的主体，在发生剧烈变化的现代城乡社会、经济、文化、生活方式等中，他们并不是被动接受乡村各种变化，而是采取各种措施来积极应对。一方面，部分农村人口在城市引力作用下不断向城市转移，致使农村地区人口大量流失，房屋长期无人居住，"空心村"现象日益严重，乡村文化和乡村景观不断流失，等等；另一方面，部分留守或返乡农户以及村集体的发展意愿和发展要求十分强烈，迫切希望被纳入现代化城市系统之中，有条件的乡村充分发挥自身优势，形成了现代工业新村、休闲型乡村等，实现了乡村的成功转型。

随着劳动密集型产业的西移，以及农业政策的宽松，农民工回流或就地择业成为一种趋势。2005年至2014年，东部地区吸纳劳动力人数比重下降15.4%，中西部地区则上升15.6%。在农民工回流动因中，赡养老人、抚养孩子、家庭团聚等家庭因素（胡枫等，2013），以及社会关系网络和社会资本积累等社会动因，往往起着更显著的作用；同时，农村非农经济发展水平等来自家乡的"拉力"也显著影响着农民工回流（殷江滨，2015）。这在一定程度上表明，农民个体从情感上并不愿意离开家乡而迁移至陌生的城市，反而更倾向于在家乡参与非农就业，以获取家庭收入和社会资本。但是，囿于农村地区中教育、医疗等基础设施的欠缺，以及经济发展动力的疲软，农民工表现出显著的乡城迁移意愿（陶树果等，2015）。因此，农村以及农民强烈的发展意愿是促使农村经济转型的内在动力，而农村空间的资本化便成为未来农村空间转型，以及城乡一体化发展的新路径和新的发展方向。

乡村转型是城市化的侧面反映，其变化程度与距离城市远近及城市发展程度密切相关。一般而言，距离城市越远，乡村空间转化过程越慢，"负"面变化越明显；距离城市越近，城市发展程度越高，乡村空间转化过程越快，"正"面变化越明显，转化机理也就越复杂。随着城市化进程的不断推进，北京市城市空间逐步由三环向六环以外农村区域延伸，城市的拓展不仅在空间上蚕食着周边农村空间，而且在社会结构、经济发展、生活方式、土地利用方式等方面，均以圈层结构向周边农村渗透，原有的城乡关系不断被打破，在城市元素不断植入农村以及城市元素与乡村元素的不断碰撞过程中，乡村空间逐步由封闭走向开放。在这种"自上而下"的"城市区"扩展过程中，乡村也在"自下而上"地积极应对。为了适应城市生产和生活需求，北京市周边农村地区功能不断由传统的生产功能向现代的消费功能转化，农村空间中生产、生活、资本、资源、劳动力等各种元素正在变革和重组。

那么，在社会经济发展转型时期，什么是乡村空间资本化？我国乡村空间资本化程度如何？其如何变迁并呈现出什么特点？资本化过程中的主导力量有哪些？这些力量之间又是如何作用的？在变革剧烈的大城市周边乡村，空间资本化又是如何响应的？其变迁体现出哪些时代性特点？从目前的研究成果来看，对这些问题的研究还不够深入。因此，从地理学角度深入探讨大城市周边乡村空间资本化的变迁过程及其演变规律、解析发展过程中存在的矛盾、识别农村空间的发展方向，将成为乡村发展的当务之急，而以乡村功能变化显著的北京市周边乡村区域为实证对象，更具现实性和指导性。

## 第二节 国内外研究综述

城市和农村是地理学界关注的两大相辅相成、不可隔离的区域。但从20世纪50年代起，西方国家经济发展出现了由农村向城市的转型，农村发展一直滞后于城市，地理学界关于农村地区的研究便长期处于城市问题研究的遮蔽下而逐渐地被边缘化（Cloke，1997）。近年来，全球化触角已经延伸至农村，促使农村经济形态、空间格局、社会功能、文化形态等社会形态发生根本性转变，反映出来的是各类商品和资本从城市向乡村的市场传送（Akira，2010），在空间上体现为乡村景观、居民、聚落等空间不断资本化的倾向（Cloke，2006）。近年来，虽然国内外尚无立足于农村空间资本化过程和机制的研究，但在乡村复兴、乡村空间转型等相关问题上，已成为生态环境学、社会学、地理学、规划学等学科关注的热点（张娟，2016）。

囿于传统阅读方法无法精准地识别研究热点和重要研究成果的局限，故借助国际普遍使用的科学计量新工具——CiteSpaceⅢ文献分析软件，利用其可视化算法和直观展示效果优势，绘制科学知识图谱，识别基础文献，把握研究领域，挖掘热点文献。研究热点和研究进程的判别主要是通过节点的大小和颜色进行区分。其中，节点代表分析对象，如果对象出现频次（或被引频次）越多，节点就越大；节点内圈中的颜色及厚薄度（又称"年轮环"）表示不同时间段出现（或被引）频次；节点之间的连线则表示共现（或共引）关系，其粗细表明共现（或共引）的强度；颜色则对应节点第一次共现（或共引）的时间，颜色从蓝色的冷色调到红色暖色调的变化，表示时间从早期到近期的变化；紫色圈层表示节点的中心性，意味着在相连节点间的重要性，圈层越厚表示中心性越高；红色点表示突现文献，代表了不同时间、区间内的研究前沿和热点问题。

CiteSpace依据网络结构和聚类的清晰度，提供了模块值（Q）和平均轮廓值（S）两个指标，用以评判图谱绘制效果的依据。一般而言，Q>0.3 就意味着划分出来的聚类结构是显著的；当 S>0.7 时，聚类结果是高效率令人信服的；当 S>0.5 时，聚类结果一般被认为是合理的。鉴于 CiteSpaceⅢ仅能分析 WOS 数据库文献的限制，对于 CiteSpaceⅢ软件无法处理的 Elsevier、EI 等数据库文献，则采用传统阅读方法给予补充（见图1-1），以便更加全面地识别和把握研究进展及前沿。

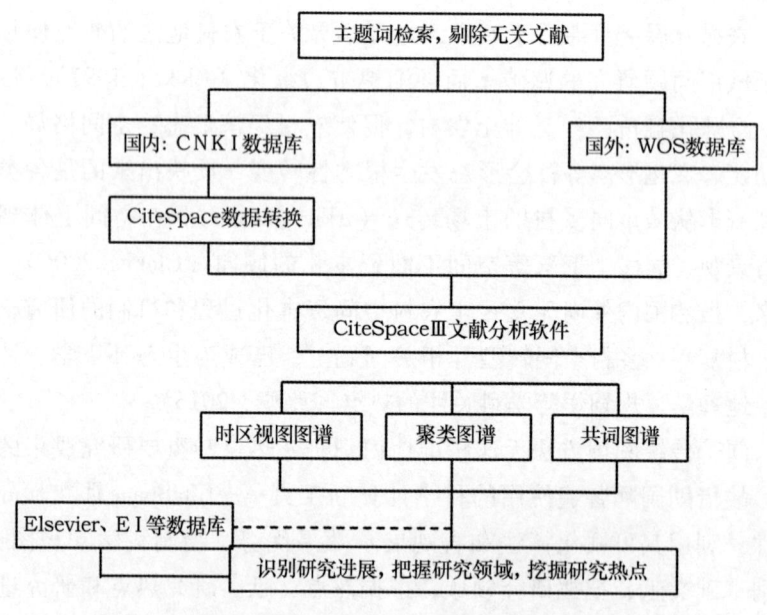

图1-1 国外农村空间资本化文献知识图谱构建流程

## 一 国外研究综述

本书以"spatial capitalization"为关键词在 Web of Science 核心库中进行检索，检索结果为77篇，但研究内容均集中于城市空间资本化的探讨。为了更加清晰地识别国外关于农村空间资本化的研究脉络，再以"Rural capitalization"为关键词检索，检索结果显示为零。这表明，国外对空间资本化的研究主要集中于城市领域，直接以"农村空间资本化"为对象的研究相对较少。

Holmes 认为，在城市居民的消费需求驱动下，农村地域在市场驱动下不断由生产的单一导向,向生产、消费、生态等多元导向转变,据此提出了"多功能农村转型"理论,即农村空间多功能及多元化利用成为未来发展方向(Holmes,2006)。王鹏飞认为,具有商品意义的居住小区、农村共同体、农村生活方式、农村景观,以及以新型农业与园艺产品、休闲消费、旅游活动等非物质性产品形式存在的乡村空间,均属于乡村空间商品化范畴,并将北京农村的空间商品化概括为传统农产品商品化、住宅商品化、与新消费方式相关联的商品化、与休闲产业相关的商品化,以及与保护和管理景观环境相关的商品化这五种类型(王鹏飞,2013)。这五种类型也是农村空间重构和转型的表现形式,其实质是各类资本不断注入乡村空间的过程。因此,本书基于此分类及农村空间资本化倾向特征,分别以"Rural capitalization""Rural settlement""Rural transformation""Rural reconstruction"和"Rural space"等多个主题词,在 Web of Science 核心库中的 SCI 索引和 SSCI 索引中进行检索,为了尽可能保证文献获取的全面性,检索时段设为所有年份,文献类型设为 article 和 review。结果显示,"Rural transformation""Rural reconstruction"和"Rural space"三个主题词在 SSCI 索引中的检索相关度最高,涵盖文献最多。基于此,对获取数据进行筛选,截至 2018 年 12 月,共得到与本书主旨相关的有效文献 2092 篇,其中,数据出现的最早年份为 1985 年。

1. 研究领域推移与识别

西方学者对与农村空间资本化倾向相关的研究,如农村复兴和功能多元化等的研究时间较长,内容丰实。为了能够全面把握演进历程、识别研究基础以及研究成果间的共生关系、判读热点问题,将筛选出的文献导入 CiteSpace Ⅲ 软件中,时间切片设置为 2,选取 1985 年至 2018 年出现频率排名前 50 的文献关键词及其参考文献(张娟,2016)。经过路径剪枝处理后,分别构建施引文献关键词时区知识图谱以及文献共被引和突现文献形成的混合网络图谱。其中,基于关键词形成的时区知识图谱可以追溯国外与农村空间资本化相关的研究演化轨迹及彼此之间的衍生关系;突现文献可以从突现值和突现时间两个维度判读相应时间区间的研究前沿和热点问题,进而把握农村空间资本化的研究热点及未来发展趋势。

（1）研究内容逐步由生产导向向消费导向转移

基于1985年至2018年WOS核心库中2383篇文献关键词形成聚类后，得出 Q = 0.8479，S = 0.5713，说明文献聚类在结构上显著，聚类内部内容上高度一致，聚类结果理想。从关键词知识图谱来看（见图1-2），近30年来，西方与农村空间资本化相关的文献节点数量逐渐增多，尤其是2007年以后，出现了诸多粉色圈层节点，表明关于农村空间资本化相关的研究热点出现了新一轮更替。总体来看，研究内容围绕一些彼此相关的问题展开，农村空间休闲消费转向备受推崇，研究内容不断多元化和深入化。

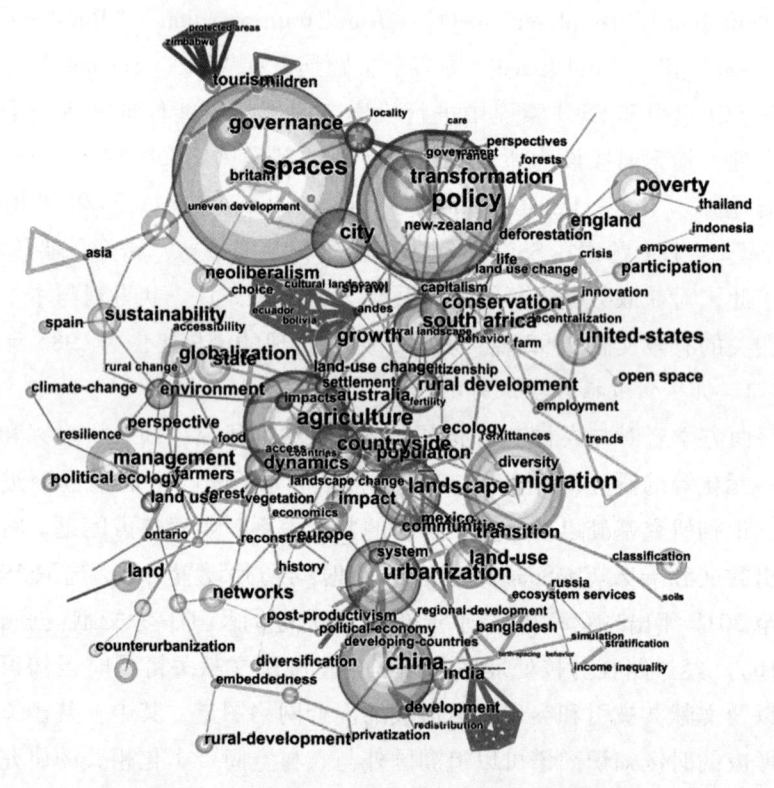

图1-2 基于施引文献构建的关键词知识图谱

关键词时区知识图谱中，最早出现的关键词是1990年的"保护地区""国家公园"和"旅游"，讲述了津巴布韦旅游业的发展对野生物种的影响以及土地利用价值的提升。但关键词节点较小，说明当时在生产农业主导背景下，多功能农业及多元化农村方面的研究并没有引起学者们足够的重视。直至2007年，随着城市边缘区农业及农村功能的逐步多元化，休闲旅游成为农村空间多元化功能的主要表现形式，"旅游业"节点年轮环逐步增大。在所有节点中，"空间""政策""农业"和"移民"四个节点最大，且年轮环外围呈紫色圈层，预示着这些领域在研究结构中占据着关键位置，是农村空间资本化相关研究领域中具有里程碑意义的研究问题。

"空间"作为地理学研究的核心问题，自1992年以来在农村空间资本化相关研究中保持着高涨的研究热度，是受关注最多、中心度最高的节点领域，汇集了本地数据库中216篇施引文献。从施引文献的内容来看，大致可以划分为两大阶段。

第一阶段是1985年至2007年。这一时期，"空间"节点的研究内容主要集中于农村社会中生产与再生产的断裂关系（Katz，1991），农村空间对社会关系的影响及社会机制对社会关系空间形式的重塑（Das，2001），乡城移民致使无家可归者的流动性、权力及意义（Cloke，2003），贫困阶层政治经济状况对社会资本的影响（Das，2004），农村旅游中的空间差异性（Holloway，2004），多元化农业企业关系网络构建（Clark，2005），农业结构调整中家庭、农场资产、文化结构等的变化特征（Johnsen，2004），农村空间类型划分及乡村空间治理（Marsden，1998），等等。这些研究成果是以农村生产主义为背景的，大多数国家仍以农业生产及社会关系变化研究为主导，即使早期有游客因消费目的侵入农村，也因违反了当时乡村社会空间秩序而被刑事司法和公共秩序法视为"民间恶魔"（Halfacree，1996）。

经济发达体，尤其是英国，其工业化农业和非农公众逐渐从食品生产中分离，理想的农村生活方式和景观构成了"田园风光"，农业展示成为沟通非农公众与农民的一种特殊表现形式。与此同时，环境破坏、食品健康等问题仍困扰着农村发展。因此，这一时期农村面临着由传统生产功能向休闲度假、消费和环境等现代功能的转型（Holmes，2006），农村及其产品重新定位被提上研究日程（Holloway，2004），为城市居民提供多样化的农产品和服务开始受到关注（Marsden，1999）。英国、法国、美国等西方经济发达国家，以追求休闲的生活方式和优美的生活环境为目的的绅士化进程开始向乡村蔓延（Phillips，1993），造成了乡村空间重构。因此，乡村绅士化的概念（Cloke，1991）、特征（Thrift，1987；Cloke，1990）、过程与形成机制（Curry，2001；Walker，2003）、布局与模式（Ghose，2004；Darling，2005）等开始进入学者们的研究视野。

一言以蔽之，这一时期，囿于社会经济发展的制约，农村空间的研究仍然停留在以物质或社会视角探讨社会关系及机制的阶段。尽管英国、新西兰等发达国家的农村出现了新的消费倾向，但休闲消费的相关研究仍是星星点点。

第二阶段是2007年至2018年。这一时期，农村空间体制改革最重要的元素之一是从农业生产经济向农村商品经济的转型，城乡空间呈现出城市经济功能与乡村景观的融合（Irwin，2009），农村空间商品化属性凸显（Fløysand，2007）。农村空间研究成果有着明显的消费转向，文献数量迅速增多，并由此衍生出关联紧密的"区域""不均衡发展""地理"问题，以及对"城市""旅游""治理""新自由主义"等热点问题的探讨。研究内容主要集中在农村景观功能多样性识别和量化（Willemen，2010）、乡村性界定及农村表征（Baylina，2010）、传统农业损失对新自由主义旅游产业及生活机会的塑造（Carte，2010）、农村空间消费转向（Braun，2012）、农作物生产的商品化机制（Takaaki，2010）、都市边缘农村地区空间商品化及其可持续性（Toshio，2010）、农村空间商品化的影响（Nagatada，2010；Rausch，2010）等西方学者关注的焦点问题之中。这一时期，学者们对乡村绅士化的研究更加注重方法和表征。Hageman（2010）探讨了新的长期居民、当地社区组织、市级官员等不同行为者中，绅士化的多形性效应及乡村复杂性；Lagendijk（2014）打破了传统组合理论为研究框架，采用对比法从"指标""解释"和"实践"三个层面研究了欧洲不同类型城市的绅士化过程。随着农村全球化以及功能多样化，农村的物质性和空间意义不断产生、复制（Woods，2010），并成为满足游客观看和体验乡村景观的消费空间。然而，随着农村空间流动性的日益增强，并不是所有经历消费功能演变的农村地区都在进步，农村空间功能的转化具有地区差异性，不同的地方有不同的演变轨迹，非都市区周边的农村地区可能是一种"创造性提升"，而其他地方则可能是一种"创造性破坏"（Mitchell，2013）。与此同时，多功能农村景观治理（Yarwood，2007；Argent，2011）、新自由主义（Hayter，2012；Roth，2012；Torres，2014）等领域日渐受到学者们的高度重视，成为新的关注热点。

"空间"节点清晰地展示了近30年农村空间研究的变化历程，即早期重点关注相对封闭语境下农村空间内部的社会关系与机制，而当前的研究动向是全球化进程中农村空间多功能消费的复杂性及群体多样性。从研究对象来看，主要聚焦于英国、美国、加拿大、澳大利亚等经济发达国家，发展中国家的研究成果较为罕见。

"农业"作为农村空间资本化的根本问题，一直以来受到极大关注。从施引文献的研究内容来看，近30年关于农业的研究成果可以粗略地划分为两大部分：第一部分，发达国家聚焦农业多功能化的发展与变化。在全球仍以生产主义农业为主要导向的时候，英国、美国、澳大利亚、新西兰等发达国家已经处于由传统农业向现代农业的转型过程中，学者们探讨的焦点除了传统农业的生产系统（Epps，1995）、农业运作方式及运行机制（Clark，1997）外，更加注重土地娱乐价值的测度（Bastian，2002）、农业与旅游业的融合发展（Tzanopoulos，2011；Wright，2014）、多元化农村审美价值及户外空间设计（Tassinari，2013）、农村社会结构（Lópezigelats，2009）、农户身份认同（Vesala，2010）、乡村绅士化（Phillips，2005；Woods，2007；John，2013）等内容的研究。第二部分，与发达国家不同的是，发展中国家由于城市化进程的制约，更加注重传统农业生产与发展，研究成果主要集中于农业结构调整（Akramlodhi，2009）、农民收入风险（Gaurav，2015）、粮食安全（Lerner，2011）、农业种植分化的个体因素（Rungmanee，2014）、农村生计策略（Tittonell，2014；Öztürk，2014）、土地利用变化（Xu，2004；Ian，2011）以及农业转型中的农业生产及农民分化（Zhang，2010；Schneider，2015）等内容。然而，近年来，发展中国家如中国、卢旺达等国家的大城市周边农业也出现多功能化转型，但目前关于发展中国家现代农业发展的研究成果还很少见。

伴随着逆城市化，移居农村成为西方发达国家城市居民更加普遍的生活方式。从时区图谱来看，1997年以后，"移民"领域研究的关注度持续上升，并通过"城市化"节点与"后生产主义""乡村"以及"多样化"产生联系，成为近五年的研究热点，研究主要涉及城乡移居的原因（Vallance，2014）、环境差异与经济增长的关系（Partridge，2008）、乡村环境对移居程度的影响（Ferguson，2007）、农村便利设施的构成、布局及对当地移入率的影响（Argent，2007）、离网乡村生活的原因（Vannini，2013）等（具体在"研究热点提取"中进行分析）。除了上述几大中心节点外，关于农村空间资本化的研究还出现了与聚落、成长、土地利用变化、价格共生的"景观"，与田园风光、多样性相伴生的"乡村性"，以及与文化、乡村占有、乡村变革共生的"社区"等关键节点。

此外，2010年以后，文献研究的节点数量迅速增加，"乡村转型""区位""全球化""治理""乡村发展""多样性""社会网络""后生产主义""乡村绅士化"等节点逐渐进入研究者的视野。但由于问题研究需要时间沉淀，因此，这些新问题由于受关注时间较短而年轮环不大，但每一个节点都代表着新的研究动向，农村空间研究内容逐步由生产导向向消费导向转移。

（2）热门研究领域逐渐向乡村空间资本化过渡

从关键词知识图谱来看，近30年共出现了8个突现关键词，即红色节点，研究内容波及不同时间段，这说明研究热门领域随农村空间变化而呈现出不同的演化轨迹（见表1-1）。根据突现关键词及被引文献的研究时间，研究热门领域大致经历了以下过渡时期。

表1-1　　　　　　　　　高突现关键词列表

| 突现关键词 | 年份 | 突现强度 | 突现持续区间（1995—2019） |
|---|---|---|---|
| England | 1995 | 3.6161 | |
| Sustainability | 1997 | 4.038 | |
| Environment | 1996 | 3.6558 | |
| Geography | 1993 | 4.6734 | |
| Government | 2000 | 4.3619 | |
| Migration | 1997 | 3.7679 | |
| Livelihoods | 2007 | 5.1662 | |
| Resilience | 2009 | 3.7374 | |

**1995年至2001年："英国""可持续性""环境"**

这一时期，最早出现的突现关键词节点是1995年的"英国"，突现持续时间为1995年至2001年。其间，研究内容主要集中在由封闭向开放空间过渡状态下的农村社会经济发展，呼吁基于开放的、系统的、复杂的视角分析，与理解英国农村空间、农业发展和农业结构再生产之间的关系（Allanson，1995）、人口和住房的逆城市化（Spencer，1995）、乡村与农村无家可归者的关系解耦（Cloke，2000）、农村企业定位和运作策略（Jarvis，2001）、威尔士农村工业移民的空间和社会特征分析（Knowles，1995）、中小企业城市—乡村扩展转移（Phelps，2001），以及居民休闲娱乐的土地利用（Robertson，2000）。国家合作频率及中心性显示，"英国"自1987年以来，出现的频率仅次于美国，为306次；且中心性最高，为0.39，这表明英国作为农村空间转型较早的国家，一直以来都是农村空间多元化研究的主要集中地，并在该研究领域发挥着关键作用（张娟，2016）。

在这一时期，无论是发达国家还是发展中国家，传统农业的生产功能都占据着主导地位，生态可持续、食品质量和再本地化等成为农业发展趋势（房艳刚，2015）。因此，与农业生产活动和气候变化相关的"可持续""环境"问题，分别是1997年至2000年和1998年至2001年间研究的主旋律，分别汇集了53篇和40篇本地施引文献。

尽管这一时期由于全球化和逆城市化，英国、美国、澳大利亚、

乡村空间资本化过程与机制

加拿大等发达国家开始从农业经济向现代工业和服务业转型，少数学者呼吁由休闲和消费带来的乡村重塑问题需要引起足够的重视和思考，如 Squire 基于英国碧翠丝波特旅游提出旅游和社区的结合将是长远的研究点（Urry，1992；Squire，1993）；Dahms 利用 1971 年至 1991 年加拿大上下班和农村人口变化的普查数据，证实了在"逆城市化"过程中农村功能的变化，并对"乡村性"进行了探讨等（Dahms，1999）。但这些研究成果在当时环境下属凤毛麟角，总体上研究以传统农业生产为主线。

**2002 年至 2009 年："地理""治理"**

发达国家"逆城市化"进程的加快，促使农业功能多样化以及乡村空间转型，同时，地方政府体制、社会经济形态以及空间格局均发生了重大改变，农村地域差异化以及空间治理需要进一步讨论和研究。因此，"地理""治理"成为 2002 年至 2007 年和 2002 年至 2008 年的热门领域，分别有 84 篇和 80 篇本地文献。学界纷纷围绕农业食品多样化及企业内部关系网络构建（Clark，2005）、农村贫困劳动阶层政治经济状况对社会资本的影响（Das，2004）、个体行为者的农村空间差异化利用（Madsen，2004）、农村自然资源管理的"社会"综合治理（Higgins，2002）与可持续管理（Rist，2007）、乡村治理机构和农村社区之间的关系（MacKinnon，2002）、农村政治转型促使农村社会政策变革（Woods，2006）、农村绅士化的无序扩张（Ghose，2004）等方面进行了积极探讨。

**2010 年至今："移民""生计""复原"**

乡村田园风光成为西方国家上层社会和中产阶层的追求（房艳刚，2015），多功能农业和多元化乡村成为时尚，"移民""生计"和"复原力"受到格外的关注，并成为 2010 年以来的研究前沿，集中了 213 篇文献。研究成果集中探讨了逆城市化现象以及"农村"景观和身份功能（Barcus，2010）、偏远乡村物质景观与移民的关系（Chi，2013）、移居农村的性别差异化与偏好（Baylina，2010；Šimon，2014）、全球化农村人口变化和劳动力市场的相互作用（Argent，2015）、乡村绅士化的消费与冲突（Stockdale，2010；Nelson，

2015)、农村社区适应力（Mcmanus，2012）、移民文化及身份认同（Burnley，2010）、农村经济转型和复原依赖测度（Tonts，2014；Van，2014），以及第二家园（Halfacree，2012；Pitkänen，2014），等等。但由于这一时期不同国家所处的城市化阶段不同，研究方向有所分化，发达国家以消费农村为研究的主导方向，而发展中国家在农民工迁移模式（Wang，2010）及定居意愿（Cao，2015）、农民工子女教育问题（Koo，2014）、中老年移民外出迁移的影响因素（Falkingham，2012）、农村家庭关系的重要性及社会文化网络（Mberu，2013）、泰国农业转型路径及租借土地演变（Rigg，2012）、城中村问题（Hao，2011）等方面关注较多，其研究方向与发达国家相左。

综上，随着发达国家"逆城市化"和社会经济的发展，农村空间经历了从农村工业迁移、耕地保护、农业重建、农业企业发展、环境治理向农业多样化、全球化乡村、农村空间转型、新自由主义，再向城乡移民、乡村绅士化等领域过渡的研究历程。据此，明晰了当前国际学界的研究热点是：围绕以休闲消费为导向的农村空间资本化的现象、关系和机制等而进行的深入探讨和研究。

2. 热点文献提取与内容把握

文献共被引和突现文献形成的混合网络图谱显示（见图1-3），与农村空间资本化相关的热点文献数量众多，共被引文献形成了相关研究基础，突现文献则代表了学科研究热点和前沿。研究期内被引次数最高、影响最大的节点是 Henri Lefebvre 的 *The Production of Space* 一书，自1995年以来一直为乡村空间研究者所追捧，被引频率共达54次，其中2011年以后的被引频次达30次，尤以三重空间模型以及空间生产理论最受推崇。因此，Henri Lefebvre 的空间生产理论成为近30年乡村空间资本化相关研究最具奠基性作用的关键文献。

研究热点是在一定时期内该学科领域发展与研究的最新进展和研究重点，并随着时间的推移而不断更替。而突现文献是指某一时间维度内引用频次突增的节点，这些文献具有较强的创新性，表征该学科领域的研究前沿与热点，其突现值和突现持续区间可共同描绘研究热点的演化轨迹（陈悦，2014）。基于突现文献识别与校验不同时期研

乡村空间资本化过程与机制

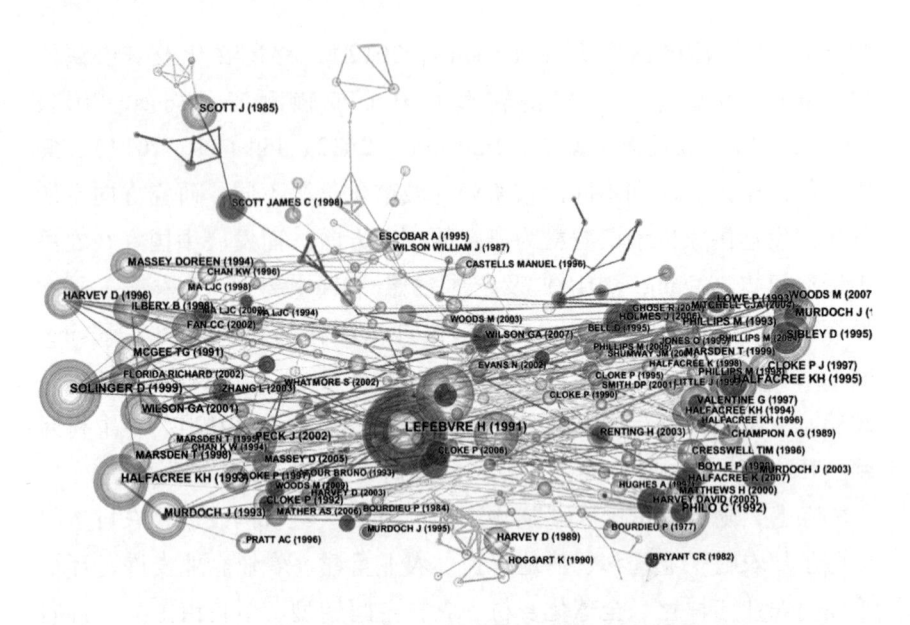

图1-3　基于文献共被引和突现文献形成的混合网络图谱

究热点，探测出国际农村空间多元化研究历程中40个深色节点，即40篇热点文献，其中，期刊成果为24篇。

因期刊文献更具时效性和延续性，更能体现研究进展，故选取突现值为4及以上的期刊文献基点（见表1-2），结合施引文献内容，以及有效文献研究时序（图1-4）。本书通过对13篇高突现强度的期刊文献及其施引文献进行归置总结，形成了农村空间资本化的六大表现形式和研究视角，即：乡村性、农村功能转变、乡村空间生产、乡村社会表征、乡城移民、乡村绅士化。

表1-2　1996年至2018年高突现性期刊文献及突现时间列表

| 作者 | 突现文献 | 年份 | 突现值 | 突现持续区间（1996—2018） |
| --- | --- | --- | --- | --- |
| Murdoch J. | Rural studies of power and the power of rural studies: a reply to Philo | 1994 | 4.713 | |

· 18 ·

续表

| 作者 | 突现文献 | 年份 | 突现值 | 突现持续区间（1996—2018） |
|---|---|---|---|---|
| Murdoch J. | Rural studies: Modernism, postmodernism and the "post-rural" | 1993 | 4.116 | |
| Lowe P. | Regulating the new rural spaces: the uneven development of land | 1993 | 4.302 | |
| Valentine G. | A safe place to grow up? Parenting, perceptions of children's safety and the rural idyll | 1997 | 4.172 | |
| Halfacree K. H. | Out of place in the Country: travellers and the "rural idyll" | 1996 | 4.000 | |
| Halfacree K. H. | Talking about rurality: Social representations of the rural as expressed by Residents of six English Parshes | 1995 | 4.260 | |
| Mal J. C. | Urban transformation in China, 1949-2000: A Review and Research Agenda | 2002 | 4.118 | |
| Ghose R. | Big sky or big sprawl? Rural gentrification and the changing cultural landscape of Missoula, Montana | 2004 | 4.270 | |
| Woods M. | Engaging the global countryside: globalization, hybridity and the reconstitution of rural place | 2007 | 5.260 | |
| Wilson G. A. | Multifunctional agriculture: a transition theory perspective. | 2007 | 4.313 | |
| Woods M. | Rural geography: blurring boundaries and making connections | 2009 | 4.257 | |

续表

| 作者 | 突现文献 | 年份 | 突现值 | 突现持续区间（1996—2018） |
|---|---|---|---|---|
| Long H. L. | *Accelerated restructuring in rural China fueled by 'increasing vs. decreasing balance' land-use policy for dealing with hollowed villages* | 2012 | 4.052 | |
| Holmes J. | *Impulses towards a multifunctional transition in rural Australia: Gaps in the research agenda* | 2006 | 4.181 | |
| Halfacree K. H. | *Trial by space for a 'radical rural': Introducing alternative localities, representations and lives* | 2007 | 4.112 | |

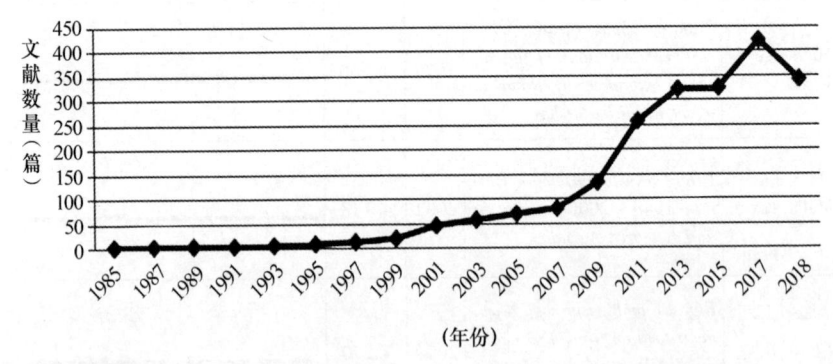

图 1-4　1991—2018 年国际农村空间相关文献产出时间分布

（1）基于"乡村性"的研究

要研究农村空间资本化问题，首先需要从地理学角度明确"乡村性"的含义，因为"任何乡村或乡村空间的讨论必须留意这个地理学明确性的问题"（Halfacree，2006）。

20 世纪 90 年代以来，西方学者在农村空间资本化相关研究中，往往更加强调"乡村"的概念（王萍，2013）。早在 70 年代，"乡村性"就被广泛用来描述具体的乡村特征，甚至被学者们认为这就是"乡村性"，从而泛化和混乱了乡村性的概念（Cooke，1989）。随后一些学者围绕"乡村性"的概念进行了激烈的讨论,尝试从语言(Cooke,1985)、城乡二元化(Hoggart,1990)、土地利用(Craig,1987)等不同视角对"乡村性"进行描述性界定。Halfacree认为,这些界定都从实用角度描述了乡村性,但均偏向于研究的工具性质,并没有对乡村性本身进行界定(Halfacree,1993)。于是,Halfacree明确提出农村的"物质空间"一定是农村地区,田园风光是乡村性的本质,"乡村性"的界定需从地方性和社会表征的角度切入(Halfacree,1995)。

乡村性作为解释村庄与城市差异性和冲突性的本源,是一个不可知的、复杂的社会构建和推论性类型。Murdoch(1994)指出,"乡村"是被制造出来的,是一种包含利益、行动及组织的特殊社会关系,并将乡村划分为四种类型:A. 保存的乡村:即一些乡村中产阶级介入乡村规划的过程,是将居住区域规划成休闲、工业或特殊住宅区的结果;B. 冲突的乡村:即新旧利益对于农村发展的不同看法而引起不确定的发展方向;C. 父权式的乡村:通常是由大地主阶级或大农场决定乡村发展方向;D. 侍从的乡村:长期依靠政府补贴,多由外在政策所主导的发展方向。不同类型乡村发展导向存在很大差异。但这种乡村性的探究只是注重对发展过程与结果的描述,缺乏变化原因的探究。基于此,Philo(1993)提出"乡村性"是一种特殊形式的地理性质、现象甚至行为组合,呼吁研究中应专注于那些被"主流"社会所建构、限制以及损害的特定人群,如妇女、儿童、老弱等弱势群体。Murdoch & Pratt(1993)对此进行了回应,认为Philo似乎在呼吁融合"传统因素"的多样化、综合性的"后现代化"乡村社会科学,是乡村研究的一大进步。对此,Murdoch提出"后乡村性",以突出对"乡村性"的反思,但"后乡村性"仅仅是一种思想,并无具体所指。

Cloke(2006)归纳了20世纪70年代、80年代和90年代不同学者对乡村性的研究,认为大致有三大理论视角:第一,功能角度,即通过独特的功能特性识别解决乡村空间;第二,政治经济学视角,即将农村定位为更广泛的社会、经济和政治过程的产品;第三,社会建构视角,即乡村性的重要性在于与农村空间,以及与农村生活息息相关的社会、文化以及道德价值观,消费者通过各种乡村符号来识别

"乡村性",而现代时期,"乡村"已成为超现实的商品。Cloke 进一步细化了"乡村性",认为社会建构视角刺激了乡村语境中生产、再生产的新研究路线,因其没有从空间上限制"乡村性",在乡村地理学中将持续占有主导地位,同时基于物质话语条件、功能视角以及混合网络空间三方面,Woods 尝试重新具体化乡村(Woods,2009)。

学者们对乡村性的讨论不断发酵,实际上,"乡村性"是一个不断因时、因地、因人而变动的概念(刘盈纡,2008)。"英国学者认为重建乡村性是识别现代乡村的必要路径,不过解释现代乡村性观点应是多元诠释的,并依行动者对空间价值协商而指涉其意义。"(萧昆杉,1999)乡村性的研究无论是从土地利用、政治经济,还是乡村消费符号,抑或居民关系的社会构建视角,固然都很重要,但是在全球城市化的宏观背景下,"乡村"的概念应让位于"乡村性",每个地区都可以看作城市与乡村的统一体,两者之间不存在断裂点(张小林,1999)。

因此,农村社会结构的形成必然有空间的、物质的基础,对于城乡界限逐渐模糊的现代社会,乡村空间已经成为城市居民消费的场所,在这一空间中,群体关系变得更为复杂,城市居民、乡村居民、外来投资者、政府等构成一个复杂的网络,网络中农耕场景、菜园、建筑、农村空间、村民关系等都已发生了重大改变,资本已成为联系各方利益相关者的无形纽带。乡村利益相关者对于乡村地方性与资本关系的认知心态与意识不容忽略,这是关于现代乡村的识别问题。因此,乡村性的界定需要考虑资本元素。

(2)基于农村功能转变的研究

基于技术、社会现代化驱动以及全球化强化的结果(Halfacree,2006),农村正在经历着一场深刻的社会和经济重构(Woods,2005),农村已不仅仅是直接提供粮食产品的生产之地,更代表着一种与农业相关的生活方式,以及与城市完全不同的空间属性,尤其是大城市周边的农村元素不断与城市元素融合,传统农村功能逐渐淡化,新型功能逐渐多元化的稀释农村现象显化。基于此,儿童成长(Valentine G.,1997)、农村功能转向(Cloke,1992;Terluin,2003)、消费农村(Marsden,1999;Holloway,2000;Hempel,

2016)、城乡空间交融（Smailes，2002；Irwin，2009）、第二家园（Vepsäläinen，2010；Farstad，2011）等进入学者们的视野，并成为研究热点。随着农业非农化转型以及农村人口变化日益凸显（Hisano，2018），Smailes（2002）使用"稀释农村"来解释澳大利亚农村社区人口构成要素，以及农村功能的变化，认为在城市元素（如社区认同感、商业购物模式、电子通讯变革）不断植入农村的背景下，稀释农村可能持续，且这种发展模式在近距离农村可以被推广。Holmes（2006）在批判"后现代主义"基础上，提出更具普适性的"多功能农村转型"概念[①]，并基于澳大利亚农村空间的变迁轨迹，构建了涵盖三大目标和七大变迁模式的农村占有模型（见图1-5）。这一模型充分考虑了农村空间的市场化转变，但模型的构建更多地指向农村内部的变化，忽视了城市等外界的干预力量、农村空间资源利用的资本化操控，以及多功能转变过程中权力的作用。

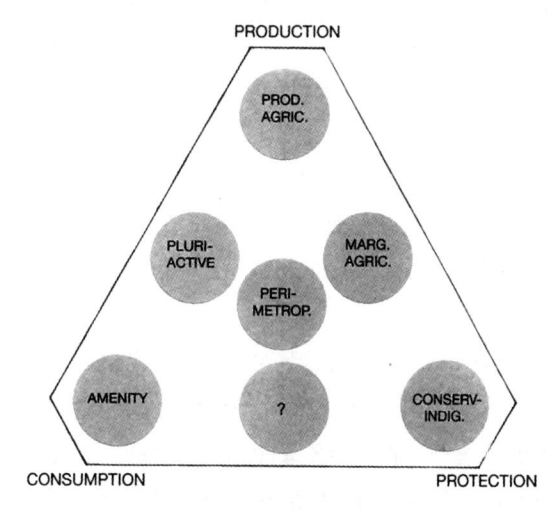

图1-5 乡村占有模式

---

[①] 即从农业产能过剩（生产目的）为主导，向生产、消费和保护的混合目标转变，这一转变的核心力量是农业生产能力过剩、市场驱动的舒适性导向的出现、不断变化的社会价值观以及农村资源利用空间的异质性，Marsden（1999）将其形象地描述为"创造农村新价值"。

农村空间中旅游、休闲等行为的扩张凸显了乡村的休闲功能，城市消费给予农村空间新的发展活力，作为消费空间的有机组成部分，第二家园是农村后生产主义时代的典型代表（Morse，2017），尤其在欧美国家，第二家园现象更为普遍。但因城市居民与当地居民的生活背景、文化结构以及乡村愿景不同，在空间利用、休闲形式等方面表现出差异性，甚至产生利益冲突（Anna，2016），致使农村景观呈现出一定程度的退化现象（Rawluk，2017）。

近年来，随着全球化视角不断向乡村蔓延，发展中国家农村功能转变现象显现，旅游发展（Visser，2015）、第二住房（Wong，2017）等农村休闲现象开始受到关注。虽然发达国家与发展中国家由于所处城市化进程阶段的不同，学者们关注的焦点以及研究方法差距显著，但其共同之处在于关注了农村空间的消费转向，却忽视了消费转向背后，城市元素的介入给乡村空间带来的资本化利用及其关系转变。

（3）基于农村空间再生产的研究

农村地区多功能转型带来了空间变化，其消费角色和未来潜能被进一步挖掘。对此，Cloke 做了描述："乡村商品的新市场：乡村成为一个排外的居住地；乡村社区可以买卖；乡村生活方式被殖民化；乡村形象被加工、被包装和被市场化；新的乡村景观不断被发掘……"（Cloke，1992）因此，学者们呼吁地理学研究应更加关注农村空间的社会文化转向（Cloke，1997；Phillips，1998），以及乡村空间的生产意义（Halfacree，2007；Rye，2011）。

Lefebvre（1991）认为，随着历史阶段的发展，空间中的生产开始转向空间的生产，其中"空间中的生产"是指物质资料的生产过程，而"空间的生产"并非指空间内部的生产，而是指空间本身的生产，即通过物理空间中对物质资料的重构或重置，创造出符合现实需要的空间产品的过程，是通过能量流、原料流、劳动力流以及资讯流表现为一种流动经济，更加突出了物质产品的空间属性和空间意义（林贞，2014）。而且，空间是一种社会产物，产生于社会实践，存在三个相互作用的空间层次：感知空间（实践空间）、理念空间（空间的表征）以及生活空间（再现性空间），这三个空间层次被称为

"三重空间模型",强调多重空间的相互作用,注重从空间角度讨论多种社会关系的建构。但这种描述主要以城市为维度,不适合乡村空间。

在农村空间转型为休闲舒适景观已成为全球性现象背景下,很多学者以此为基础理论,对乡村空间生产理论进行了延伸和拓展。基于社会表征理论和思想的阐述,说明了个体在农村社会和物理环境中的经历,并对空间进行深入解释(Halfacree,1993)。Halfacree(2007)注意到 Lefebvre 三重空间模型中"乡村"维度的缺失,在乡村空间生产研究中,进一步延伸 Lefebvre 的空间概念,从"乡村地区""乡村表征"以及"乡村日常生活"层面构建了乡村三重空间模型,认为乡村地区是将乡村空间视为物质的,且乡村空间不只是容器,更重要的是,乡村空间借助生产和消费的实践不断地被制造与再制造。Halfacree 更是特别注重从每日生活中再度连接乡村空间的整体性含义,但三重模型掩盖了农村空间中社会行为者的权力运作,影响了社会网络及其动态关系的深入分析,显示出一定的局限性(Frisvoll,2012)。

针对 Halfacree 的乡村三重空间模型中权力工具的掩盖,Frisvoll(2012)以旅游业为基点,研究行为者捍卫理想乡村性的方式以及乡村空间生产中相互交织权力的表达形式,提出非物质中心、物质中心以及个人中心的"三个中心",在三个中心中,个人动机、机构、评估等的社会行动中权力相互交织,与 Halfacree 的三重结构相互作用,相互影响,从而对 Halfacree 的农村空间概念进行延伸和拓展(见图 1-6)。Galani-Moutafi 基于 Halfacree 的乡村三重空间模型,导入 Frisvoll 的机构和权力关系,研究了新休闲农村商品生产的构建,以及在空间再生产过程中,不同行为者的行为表现与想法的差异性,如当地村民的嵌入式日常生活和集体身份认同、新加入者选择性的日常空间行为及独立身份认同的实践差异(Galani-Moutafi,2013)。

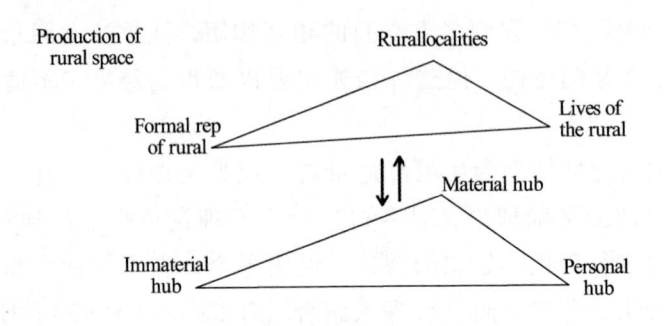

```
                Production of              Rurallocalities
                rural space

                                                          Lives of
                        Formal rep                        the rural
                         of rural
                                         ⇅
                                               Material hub


                        Immaterial                        Personal
                          hub                               hub


                Entangled power
```

图 1-6　空间生产中整顿权力概念模型

还有大量学者以 Lefebvre 的空间生产为理论基础，对农村空间生产过程进行实证探讨（Galani-Moutafi，2013）。Michael（2008）使用空间生产概念，从政治生态学视角讨论了全球资本议程社会—环境转型的社会结构，即新空间对当地经济及居民产生的影响和冲突；Rye（2011）基于三重空间模型，从乡村地方性、乡村日常生活以及乡村的形式表征三方面，分析了挪威社会田园风光与第二家园现象的交织变化；Laura（2012）使用 Lefebvre 三重空间概念，探讨澳大利亚悉尼都市圈边缘地区农村地方认同感的产生、土地利用规划者和当地居民对土地规划编纂的态度，结果显示，土地利用规划者有排他性的创造抽象空间的潜力，而当地居民则保护其稳定的空间地位；Scott（2013）基于空间的表征概念，透视农村—城市边缘区空间规划的解体，试图以更全面的想法和方法建立城市发展和扩张经济规划模型；Galanimoutafi（2013）基于 Halfacree 乡村三重空间生产模型，通过村民、外来投资者等乡村行为者的关系结构及其行为经历，透视爱琴海岛屿乡村空间的表现，并定性分析了不同行为者空间行为的差异性及冲突和矛盾。

　　商品化是农村空间生产转向的主要驱动因素，尤其是近都市区农村商品化现象更为显著，都市郊区农村土地利用的变更，河流、湖泊等自然环境的多功能利用（Angela，2016；Joos-Vandewalle，2018），城市居民迁移对乡村价值的重现等问题成为近年来学者们研究的焦点，部分学者甚至还将研究视角转移至偏远地区的乡村，探讨乡村文化、旅游资源布局与演变等商品化的过程及空间形态（Nagatada，2010；Amit，2017），使得研究尺度不断扩增。

综上，不同领域的学者们关于农村空间生产的研究，及呼吁为研究新兴的农村消费空间提供了新的视角，但这些研究成果大多以城乡差距不大的发达国家农村为实证对象，鲜有对新兴经济体业已出现的现代消费对农村空间再生产的研究。

（4）基于城乡移居的研究

伴随着西方国家逆城市化以及消费偏好转移，基于追求舒适性、感受乡村文化等目的迁居农村已成为发达国家的普遍现象（Halfacree，1994），而这种"农村复兴"是指人们基于追求舒适性、感受乡村文化等目的迁移至农村，而非"自然变化率调整"的结果（Champion，1992）。在这一语境下，人口构成变化、移居原因、特点、行为等成为农村研究的核心内容。Bijker（2012）基于荷兰北部人口稀疏、人口均匀、人口稠密三种不同类型农村地区的调查发现，移居者大多为受过高等教育的年轻人，倾向于靠近亲人和朋友；田园景观是促使移居者迁移到农村地区的普遍动机，房屋特点、环境质量、个人原因以及低廉的房价等是构成区域选择的综合要素，而环境因素则是高学历、高收入以及35岁至64岁区间人群选择移居的主要因素；Argent（2007）研究了澳大利亚农村社区自然、社会、文化等环境"舒适度"对迁入人口的影响；Halfacree（2006）以20世纪80年代英国为实证对象，以出行距离为标准，将移居者划分为短途农村到农村、长途农村到农村、短途城市到农村，以及长途从城市到农村四大类，并基于问卷调查和深度访谈研究了四类移居动机的差异性，即城市移居农村的主要原因是目的地环境的"自然质量"和"社会质量"，其深层原因是开放、自然景观、邻里关系义和放松等主要农村社会表征；而农村向农村迁移的动机涉及居住区位"环境质量"的"微调"。Milbourne（2007）从农村人口变化、多功能就业等角度分析了农村迁移率，结果显示，英国农村迁移呈年轻人流动的显著特点；Holly（2004）针对美国 20 世纪 70 年代至 90 年代迁居农村潮，分析了迁居后城市居民的特点、动机及满意度解释因素，结果显示，当迁居者未能取得积极的住宅成果时，重复或返回的可能性增加，返回迁移便成为一种常见的流动形式，但决策因素在很大程度上决定着移居满意度，其中个人、经济以及乡村生活方式因素与满意度正相关；无独有偶，Halfacree（2012）也引入绘图方法，对迁居农村后居民的后继生活进行了研究，结果发现，不是所有的迁居者都对迁移目的地满意，搬迁是一个强烈的代表性行为，由于乡村社会文化建设成为移民的附加原因，但这种建设与实际乡村存在不匹配，从而致使部分移民选择再次搬迁。乡村开阔的空间与优美的环境是吸引城市人口迁移的主要动力，但大量人口流入带来的"消费经济"也给乡村社会、文化、环境造成很大威胁，导致当地居民与外来者之间产生冲突（Cloke，1990）。因此，虽然很多学者认为乡村人口的回升是乡村经济重生的机遇，但也有学者对此保持谨慎态度（Phillips，2018）。

近年来，发展中国家大城市周边农村亦出现消费功能的转换，城市居民租赁农村住宅或移居乡村业已成为一种新现象，已有少量学者对此进行了研究，如 Visser（2015）等对南非农村的第二家园以及移居现象进行了调研分析，Wong 等（2017）对马来西亚第二家园群体的移居动机及满意度进行了探讨。

综上，国外学者和国内学者对移民方向的研究存在一定的差异，西方学者主要基于舒适度和消费导向而研究移居农村的行为、动机、布局甚至冲突；国内学者主要着眼于农民工移居城市后的消费意愿、"空心村"问题等。实际上，发展中国家大城市周边农村亦出现消费功能的转换，城市居民租赁农村住宅或移居乡村也成为一种新现象，但是国内外学者尚未普遍关注这一变化，从而忽视了发展中国家业已出现的消费型导向移民的研究。

（5）基于乡村绅士化的研究

移民到乡村的主要争论聚焦于社会阶层差异及其对乡村社会的影响，英国对这一主题进行了广泛的研究，将移居至乡村的居民称为服务阶层或中产阶层，描述了存在于英国大部分乡村的激烈而广泛的绅士化过程。随着城市化进程的发展及消费偏好的转向，除英国以外的其他国家乡村也有着相似的绅士化经历。

1964年，英国社会学家Ruth Glass（1980）针对伦敦贫苦劳工民区被中产阶级入侵和置换现象的出现，最早注意到了乡村绅士化现象。随着西方国家逆城市化以及人们消费方式的改变，城市人口基于追求休闲的生活方式、优美的生活环境以及"租金差距"的目的移居乡村，绅士化突破传统的城市界限，开始作为一种农耕资本向乡村蔓延，实现了谷仓、农耕场景、农园、农村建筑等农业资源和农村空间的价值增值，农业资源及农村空间已经被认为是非生产性或农业资本的边缘，以及其他多种多样的乡村资本。Parsons（1987）以及后续学者对乡村绅士化概念进行界定，认为乡村绅士化是中产阶级以牺牲低收入群体利益为代价，侵入乡村地域的一种阶级导向的人口运动，并以此引起房价上涨、土地变更、人口阶层极化以及文化转型等乡村空间重构的过程。由于其内涵和外延的复杂化和多元化，迄今为止，乡村绅士化概念尚未达成统一的认识。另外，乡村绅士化作为资本流入居住空间、零售及休闲设施（Woods，2007），带给农村空间多方面的变化和影响（Phillips，2002）。在此基础上，Darling（2005）总结了乡村绅士化的基本特点：①乡村阶级结构转变：城市中产阶级置换或替代原住民；②乡村住房构成变化：传统建筑贬值及被替换、新住宅建筑数量激增及价格飞涨；③后生产主义乡村资本积累过程：农耕资源和空间价值重现；④社会、经济、文化等全方位的乡村变化。Ghose R.（2004）基于美国乡村绅士化过程的讨论，强调乡村绅士化一般发生在基础设施较好的乡村，Nelson和Natalia等（2015）认为移民和房地产市场是推动乡村绅士化的主导力量，在绅士化过程中引致房地产价格上涨、原住民与移民间冲突等。随着乡村绅士化研究的不断深化，绅士化过程与机制（Phillips，2018；Pablo，2017）、乡村绅士化与逆城市化关系（Yang，2018）、绅士化影响与效应（Eliasson，2015）等逐渐成为学者们关注的焦点。在西方国家乡村语境下，绅士化已成为农业资源和乡村空间价值重现的一种重要形式，并作为资本流入居住空间、零售及休闲设施（Phillips，

2005），通过中产阶级对自然环境以及先前农村空间的消费，而实现乡村土地最大化的地租收益。然而，随着城市居民的迁入，迁入者和当地居民就社区认同、资源私有化、住房价格等问题产生了冲突，给乡村社区带来了社会、经济、文化等多方面的变化和影响（Eliasson，2015；Phillips，2018）。

随着乡村绅士化研究的不断深化，绅士化过程与机制（Woods，2007）、乡村绅士化与逆城市化关系（Yang，2018）、绅士化影响与效应（Eliasson，2015）等逐渐成为学者们关注的焦点。Ghose（2004）基于美国乡村绅士化过程的讨论，强调乡村绅士化一般发生在基础设施较好的乡村。但由于文化、土地利用、社会身份、住宅价格等的突变，在一定程度上会引发当地居民与外来者之间的冲突……为了规避冲突，乡村绅士化往往会跨越土地要求、法规政策限制较多的乡村，表现出间断式的空间特点。Phillips（2008）借鉴自然科学和社会科学的理论和方法，探讨了乡村绅士化形成的规模和差异问题，认为乡村绅士化的形成有着居民个体和专业化房地产市场等多方面的原因，其差异化主要是不同乡村的空间差异化，并认为自然环境是乡村空间中的显著特征。Walker（2003）利用美国人口普查数据，定量检测了美国乡村绅士化的发展水平，发现存在这一现象的乡村数量不多，但分布遍及所有普查地区，并引起了乡村社区的社会空间重构。Hines（2012）使用美国西部三个案例区证实了乡村绅士化对乡村资本化具有不同路径。

西方学者从不同视角对乡村绅士化概念、形成机制、布局及影响等进行了有益探讨，但仍存在一些不足：首先，研究对象以英国、美国、德国、西班牙等发达经济体乡村为主，忽视了发展中国家以及经济欠发达地区的大都市周边业已出现的乡村绅士化现象。其次，以往研究主要以人口变迁为切入点，探讨乡村绅士化的影响，缺少从村落空间、居住空间等有形物质景观维度的度量；最后，绅士化是在西方国家语境下提出的，而乡村类型多样，不同地域间绅士化的发展路径、机制等差异明显，乡村绅士化的特征与形成机制需进一步分析和梳理。

（6）基于乡村社会表征的研究

社会表征是集体成员所共享的观念、价值与知识系统（肖桐，2019），产生于主观头脑的构想空间（王丹，2019），而乡村社会表征则是通过与城市和郊区等其他空间相比较，构想出的乡村景观和社区（Angela，2016）。在城市化进程中，西方国家城市居民对城市生活的厌倦引发了"乡村是理想居住地"的遍在性认同，由此引发"理想乡村"的大讨论，即"理想乡村"如同英国传统的乡村景观，自然、怀旧、朴素、温文尔雅。Michael（1994）明确指出，人们赋予"理想乡村"过多的文化概念以及生态保护主义行为，造成了对"景观"价值的错误理解。Halfacree（1995）基于英国六个教区的调查，发现居民对乡村的认知除学者们普遍认可的"田园牧歌"式外，放松、传统、健康等社会方面表达更为强烈。乡村愿景和身份认同是乡村社会表征的另外两个表达形式，学者们对其相互作用及竞争问题进行了研究和探讨，学者们普遍认为当地居民和城市外来者对农村环境认知、乡村愿景存在显著差异（Pitkänen，2014），当地居民认为农村环境是基本的农村生活空间，而城市外来者却视其为休闲空间，而这种乡村愿景的明显分歧可能会导致新的城乡差别。与此同时，性别对消费行为和偏好也产生了重要的影响（Baylina，2010）。正是由于不同群体的身份结构建构、移民的行为及对农村的表征不同，导致了农村地区的变迁和冲突，Bracey（1959）指出，一个世纪前乡村居民一般具有强烈的社会责任感和明显的归属感，但是许多因素，尤其是移民及流动性不仅改变了这些情绪的强度和方向，而且"屏蔽"了乡村文化，这是对乡村个性的"否定"（MacKrell，2018；Wilson，2012）。

乡村社会表征是乡村特性的具体体现，异质化群体对乡村社会空间的表达具有显著差异性，甚至引发了一定的冲突。因此，在社会发展过程中，如何在乡村日益全球化、群体日益混杂化语境下保持乡村特性，维护乡村文化的乡土性与混杂性，是构建乡村社会表征的关键，也是乡村经济持续发展、乡村文化得以延续的基础。然而，在城市资本下延和农村群体混杂的语境下，当前研究较少触及探讨乡村社会表征的构建与维护。

通过国外相关研究文献的梳理及热点文献的挖掘可以看出，随着西方发达国家"逆城市化"进程的出现，农村已经成为城市居民休闲消费的理想场所，来自地理学、规划学、社会学、人口学等领域的学者纷纷从不同视角阐释了乡村消费空间的特征、动因、规律与机制等，农村空间资本化的相关研究有了大量的学术沉淀。

## 二 国内研究综述

随着城市化进程不断推进以及城市居民消费倾向趋显，近年来，我国大城市诸如北京、上海等周边乡村已具备多功能主导的发展条件（刘自强，2012），休闲旅游、租种土地、小产权房、长期租住、艺术写生等多元化利用趋向显现（张娟，2017），农村空间的研究视角业已发生了变化。

为了广泛了解国内学者的研究动向，以"乡村空间""乡村复兴""乡村多功能""消费乡村"等为关键词，对中国知网（CNKI）核心数据库进行检索，经剔除，截至2019年共获取有效文献489篇，其中，最早年份为1998年。为了涵盖更多研究成果，采用1年为时间切片单元，遴选每年出现频率为前40位的关键词形成知识网络图谱。同时，为了识别近10年新兴的研究热点和前沿领域，本书特以2009年为时间节点，将国内研究成果知识图谱分为1998年至2008年和2009年至2019年两个时间段进行绘制，以便对比。

**第一时期研究热点（1998年至2008年）：乡村转型**

1998年至2008年关键词知识图谱显示，十年间关键词节点的年轮环普遍极小。关键词频度最高的是"乡村转型"，研究内容聚焦于我国乡村转型（陈晓华，2008）、新农村建设（刘彦随，2007）、苏南地区乡村开放型经济发展、乡镇企业空间集聚以及乡村城市化的多层面转型（陈晓华，2008）、农村居民点空间模式的调整（王焕，2008）方面。"规划""乡村性""城乡关系""新农村建设""土地利用转型"等在这一时期也有所关注，产出成果也均是围绕中心村建设（陈丽，2005）、城乡统筹与协调发展规划（张伟，2005；冯健，

2008）进行研究。由于这一时期我国正处于新农村建设，人口、资金、土地等资源迅速流入非农产业及城市地区，东南沿海地区农村面临生产生活方式及观念等方面的现代化转型。因此，受我国社会经济发展程度以及城市化进程的制约，城市居民出于休闲目的进驻农村的规模十分有限，农村空间多元化的相关研究成果自然寥寥无几。

**第二时期研究热点（2009年至2019年）：乡村转型、乡村性、空间重构**

与1998年至2008年不同的是，2009年以来研究热点不断聚焦，"空间重构""乡村旅游""空间生产""乡村振兴""乡村转型""休闲农业"等节点年轮环厚度迅速增加。由于我国正处于城市化中期或加速时期，城市对农村更具磁力，尤其是2013年以后，随着乡村消费理念的深入、"美丽乡村"建设的提出以及乡村振兴战略的实施，乡村空间尤其是大城市周边乡村空间发生了重大变化，学者们的研究视角也随之转移，增加了多功能转向、乡村振兴、乡村复兴以及休闲消费的元素，研究成果快速增加。同时，空间再生产理论、乡村三重空间模型等西方理论被引入，并作为国内学者研究的重要理论支撑。如朱霞等（2015）从乡村主体性的视角，研究了我国乡村地区"非农化"演绎逻辑，指出乡村转型是城乡要素多向度流通与平衡的结果，是实现城乡一体化发展的有效路径；丁寿颐（2013）基于北京市何各庄的实证研究，认为乡村作为转型发展的稀缺资源，其内在文化、生态景观、生活方式等多元价值，以及产业资本、休闲生活方式等外在动力需求共同构建和迎合了乡村重构与转型的需求，是激发乡村空间资源潜力的重要手段；房艳刚、张英男等（2015）研究结果表明，"淘宝村"作为新型乡村经济体，与乡村旅游、文化产业共同构成乡村重构的发展模式，成为乡村振兴的重要推动力量（陆林，2019）；王镜均、赵琪龙等（2014）研究了苏南地区乡村的空间转型和分异，认为休闲型乡村是沿海发达城市近年来基于休闲消费文化驱动而形成的，代表着未来农村改革和转型的发展前景；樊立惠等（2019）指出农村空间商品化成为新时期乡村重构的新路径，成为突出解决农村功能单一、土地空间利用以及民生等问题的重要抓手。随着社会发展阶段以及地理环境的变化，乡村地区在不同发展阶段上的主导功能呈现差异性，基于此，刘自强等（2012）根据城乡地域的功能差异，探讨了不同发展阶段农村的主导功能①，并基于钱纳里标准工业化模型，对我国农村发展阶段进行初步判定，结果显示，除京、沪两地所辖农村已处于后工业化阶段，具备多功能主导型乡村的条件外，我国其他地区的农村整体上处于产业驱动型发展阶段。

另外，"乡村性"作为农村研究的基本问题，我国学者在这一时期也进行了积极探讨，龙花楼等（2009）基于我国乡村发展类型的划分，从耕地、乡村人口、农地产出、农业劳动生产率等指标方面对我国东南沿海地区乡村性进行了定量评价；随后一些地理学学者分别基于力学平衡模型、熵权法、ESDA 法等方法对浙江省（林敏，2014）、武汉市（罗静，2019）、东北地区（孙玉，2015）乡村性质的强弱布局、乡村发展水平以及规模等级进行了研究，而在这些研究成果中，对乡村性指标的选取基本都是以龙花楼的划分为蓝本构建的，侧重于城市化发展对农村空间的影响，缺少了田园风光作为乡村性本质特征（Halfacree，1995）的思考。基于此，旅游界学者认为乡村性是乡村旅游的核心和本质特征，其多元价值功能作用的发挥成为新时期乡村振兴的开发路径（程瑞芳，2017），在构建乡村性评价指标时应加入地域条件、乡村文化、乡村聚落、旅游资源、社区参与等因素（冯淑华，2007；刘沛林，2012），从理论认知与游客感知两个层面来认知乡村性（尤海涛，2012）。

然而，在当前语境下，我国乡村发展出现分化，或逐渐衰败成为"空心村"，或被城市吞并，或华丽转身成为休闲消费场所，仅仅使用乡村空间转型已经不能明晰中国村庄的发展现状。因此，由"乡

---

① 乡村发展划分为三个阶段：第一阶段即前工业化时期，乡村处于维持生计型发展阶段，以聚居与提供就业为主导功能；第二阶段即工业化时期，乡村处于产业驱动型发展阶段，为工业化稳定提供保障作为主导功能；第三时期即后工业化时期，乡村处于多功能主导型发展阶段，除继续保持生产功能之外，更多地发挥着生态保育、文化传承、休闲娱乐等多种功能，各类乡村功能呈现差异化和多样化。

转型"节点傍生了"乡村复兴"这一新的研究领域。"乡村复兴"节点最早出现在 2013 年，该领域仅涵盖了 6 篇文献，研究内容包括"乡村复兴"概念的界定（张京祥，2014；申明锐，2015）、乡村复兴转型路径与模式（张京祥，2015）、要素流动（赵晨，2013）、消费文化驱动下乡村空间再生产过程（高慧智，2014）、我国农村空间商品化的历程（樊立惠，2020），以及北京农村空间商品化（王鹏飞，2013）几个方面，这一研究现状表明我国学界对乡村复兴方面的研究刚刚兴起，但研究内容中隐含着一定的资本化思想。

综上，近年来，我国学界关于农村空间研究超越了空心村、农村整治、土地利用等新农村建设维度，开始出现以乡村空间多功能性、休闲消费、乡村复兴、农村空间商品化等乡村空间资本化的研究趋向，其研究思想与国外早期基本一致。但囿于我国城市化进程和乡村发展阶段的制约，农村空间资本化研究相对迟缓，研究力量非常单薄，研究内容在深度和广度上有待拓展，尤其是从资本化角度对我国乡村空间进行解读，目前还处于空白阶段。虽然乡村空间消费转型过程伴随着新兴工商业、旅游业、住宅产业等农村空间商品化现象的产生，但商品化现象仅仅是农村地区伴随着内外资本的注入而出现的各种经济活动，其根本原因则是农村空间性质由农业生产的"容器"向资本元素转变的过程，因此，农村空间商品化现象是农村空间作为资本元素参与资本运作的结果，农村空间资本化必然通过商品化现象与形式进行体现，而当前研究尚未直接关注农村空间资本化问题。因此，本书欲基于国内研究现状，借鉴国外研究理论和研究方法，选取具备多功能主导型乡村条件的北京市周边乡村为对象，从资本化视角探讨和研究农村空间的变迁、特征与机制。

### 三　国内外研究评述

基于国内外研究热点及研究领域的识别与推移结果表明，西方学者对乡村消费空间问题研究较早，注重理论创新，深入对乡村性界定、农村占有模式、农村空间生产模型等的研究，同时理论与实证结合，取得了卓有成效的研究成果，成为农村空间资本化相关研究的集中地。与国外研究的繁荣局面相左，虽然我国大城市周边乡村业已出现资本化趋向，但限于城市化进程的影响，国内学者对此问题的关注时间较短，研究力量甚为薄弱。

虽然国内外学者在主要关注点、研究内容、研究尺度等方面存在显著差异，但国内外学界均忽视了从资本化视角探讨农村空间消费转型的过程与机制，这为本书提供了一个全新的研究基点。因此，应加强农村空间资本化的研究，基于资本运作逻辑视角，解释在现有社会、经济及政策背景下农村空间资本化的内部规律与机制。

1. 国外研究相对系统和深入，国内研究广度和深度上亟须拓展

针对西方国家逆城市化发展，以及由此带来的城乡移居村、消费农村等农村空间商品化及资本化现象，西方学者纷纷从乡村性、乡村功能转变、乡村空间生产、乡村社会表征、乡城移民、乡村绅士化等角度对其进行了深入、翔实的研究和论证，不仅有实证而且还有理论支撑，研究体系系统而深入。

而对于正处于城市化加速阶段的我国来说，超越传统生产主导功能，以休闲为主导，或因环境目的而移居乡村还为时尚早。但目前在北京等大城市周边乡村则出现了诸如休闲旅游、租种土地、长期租住、艺术写生等商品化迹象，本地资本以及外地资本的进驻，改变了传统乡村聚落空间、文化形态及社会关系，部分乡村地区逐渐成了各类资本运作的场所（高慧智，2014）。因此，近年来，我国关于农村空间的研究超越了新农村建设维度，开始出现乡村空间资本化的研究趋向，研究视角出现了重大变化。但源于国内外农村社会经济发展阶段，以及城市化进程的不同，国内少数学者从2009年才开始关注乡村复兴及多元化等农村空间资本化的相关研究。

因此，与国外研究的繁荣景象相左，我国农村空间资本化的相关研究处于起始阶段，研究成果十分有限，研究内容以实证现象判别为主，理论研究严重不足，在研究广度和深度上亟须拓展。

2. 国外注重"面"的深入剖析，国内侧重"点"的宏观研究

国外研究将农村作为"面"，着眼于从微观尺度剖析农村中第二家园、消费农村、城乡移民、城乡空间交融等，呈现出"自下而上"

式的研究倾向，且与全球化及城市化进程联系紧密，及时将城乡关系变化、农村空间变革、关系网络变更等注入农村研究中，体现了研究的时效性。与国外相比，国内学者侧重于将农村空间作为"点"，从国家和区域尺度分析我国农村发展阶段、乡村多元化路径、区域乡村空间差异、农村空间商品化等，"自上而下"式研究甚为明显。固然，大尺度研究有助于把握农村空间变革整体发展历程、扩展农村研究视野，但就处于社会基层的乡村地域而言，其视角过于宏观，不易把握和操作，微观视角分析农村空间资本化元素显得更为实际和必要。

近几年，国内学者开始关注农村空间的多元化发展以及城市化对农村空间的影响，但这类研究主要集中在空间资本化的现象判别阶段，尚未涉指机理解释，如聚落、居住、土地等物质空间的资本化过程、城乡元素融合对社会关系的影响，以及各方力量的相互作用等。诚然，这是农村空间资本化研究早期阶段的必经之路，但在我国农村空间资本化现象已经显露的前提下，国内学者对新现象的研究十分欠缺，研究者应及时捕捉最新信息，借鉴国外研究理论与方法，拓展研究视野，强化聚落、个体、农耕资源等乡村微观层面研究，探讨乡村空间资本化的内在机制。

3. 国内外既有研究均忽略了资本化视角对农村空间的探讨

国外既有理论和研究成果的不足：（1）商品化研究中侧重以农作物、土地、文化、景观等单个维度描述具体农村地区空间商品化现象的产生、特征、机制等，而缺乏从综合维度分析农村空间商品化的形成过程、特征及机制；（2）推崇新马克思主义理论中的"三重空间模型"和空间再生产理念，据此探讨城市空间再生产或乡村空间再生产，尚未领略"空间再生产"的本质是"地理空间资本化"的意指，忽略了从资本化视角对乡村空间再生产的探讨与研究；（3）侧重于深度访谈、问卷调查、民族志等定性研究，忽略了定性分析和定量研究的有机结合；（4）以发达国家为主要研究对象，尚未普遍关注发展中国家大都市周边农村业已存在的空间资本化现象，更缺乏从空间资本化的过程、格局、形成机制等方面的深入讨论。

国内少量既有理论和研究成果的不足：(1)乡村研究侧重于耕地、农地产出、生产率等生产性指标的定量评价，而这些指标缺少了田园风光、地方性、乡村文化等作为消费导向型乡村主要特征的思考，不适合大都市周边乡村休闲消费导向的衡量；(2)研究对象以苏南等城镇化水平较高农村地区为主，忽略了京津沪等大城市周边地区的研究；(3)推崇新马克思主义理论的空间再生产理念，研究城市空间资本化现象，尚未出现地理学界或农村学者对乡村空间资本化现象的探讨；(4)注重特征、概念等的描述和研究，缺少过程与内在机理的考量；(5)侧重于从宏观或中观尺度分析农村空间发展、区域差异等，缺乏从村域、村民等微观视角的解读，这对于社会基层的乡村地域而言，其视角过于宏观，不易把握和操作。

4. 我国大城市周边休闲型乡村空间资本化现象研究的缺失

国外乡村空间资本化的相关研究早于我国，基础理论和研究成果比较系统、深入，这为我国开展农村空间资本化研究提供了基本的研究思路及研究方法，尤其是一些共性问题，对我国有重要的借鉴价值和参考价值，如乡村空间生产理论、城乡连续谱等。但这些理论都是以西方发达国家城市居民迁居为背景，农村区域范围不仅局限于大城市周边，还包括远离大城市的偏远农村，而我国囿于社会经济发展，在城乡关系、发展阶段、政治体制、思想观念、行为偏好等方面与西方国家存在很大差异，乡村空间资本化的演变过程、特征以及机制必然明显不同于西方国家。因此，不能片面地采取"拿来主义"的态度来分析我国乡村空间资本化现象，须结合我国的实际情况适度变通。

近年来，休闲型乡村作为我国大城市周边乡村最为常见，也是最主要的发展形态，其空间经历了再生产过程，即空间资本化过程，实践证明，资本化不仅使其物理空间形态发生了重大转向，同时也会致使社会文化空间的复杂化，但目前研究成果尚未及时关注这一新的变化。因此，本书选取实例，剖析休闲型乡村的空间资本化现象的形成过程与运作机制。

基于国内外相关研究特点和局限的分析，确立本书的切入点：针对国内外研究的空白和不足，选取北京市作为案例区，以休闲型乡村为对象，探讨北京市休闲型乡村空间资本化的过程，深入挖掘资本化机制。同时，结合案例区实际，对研究维度的选取以及影响因素方面进行改进，修正西方学者的"乡村三重空间模型"，构建北京市休闲型乡村空间资本化模型，以期拓展空间再生产理论。

## 第三节 研究目标与研究意义

### 一 研究目标

本书将北京乡村空间置于国际消费乡村导向背景下，针对业已出现的乡村空间资本化现象，测度乡村空间资本化的变迁过程，分析其形成机理，丰富已有空间再生产的研究内容，从而达到两大理论目标：

1. 以微观视角全方位探讨北京市休闲型乡村空间资本化的变迁过程、形成机制与运作机理。

2. 根据乡村实际情况，修正乡村三重空间模型，构建北京市休闲型乡村空间资本化模型。

### 二 研究意义

1. 识别大城市周边乡村空间发展方向和诉求

城市化不断推进以及社会经济发展促使大城市周边农村空间功能的转变，这对于现阶段的我国来说是一种新的发展方向，也是一种新型产业形态和消费业态。然而，我国地理学界关于农村空间功能转型及发展需求的研究成果尚不多见。因此，本书以最能体现乡村社会经济转型和乡村功能变化的集聚体——农村空间为着眼点，以最具代表性的大城市——北京市为案例区，深入农村生活环境之中，对其聚落形态、土地利用、居住空间、社会关系等微观环境元素进行深度剖析，识别其由封闭走向开放的演变过程及变迁规律，探测城市元素不断植入农村后，村民及村集体的响应，识别乡村空间的发展方向及发展诉求，这也是我国新时期实现城乡一体化发展目标和有效解决农村矛盾的根源所在。

## 2. 拓展乡村地理学研究视野，丰富空间再生产理论

近年来，随着农村新兴工商业、旅游业、住宅产业等商品化生产，以及各类资本不断注入乡村空间，农村空间已超越了传统意义上的"生产容器"性质，其更是作为资本增值的工具参与进资本运作的过程，因而，资本化的对象已超越了空间再生产理论体系中的"城市空间"界线，扩展至乡村空间。同时，在城市居民、外来企业、村民、村集体等多种力量的交合作用下，乡村人口结构趋于复杂，村民关系更加微妙，农村空间资本化特征渐趋显化。然而，虽然近年来已有少量学者关注大城市周边农村复兴的现象，并进行了初步研究，但对乡村空间资本化现象的演变、机制等问题尚未触及。因此，本书试图以新马克思主义理论为基础，从微观视角剖析乡村聚落空间、居住功能、社会关系、土地利用方式等多个维度的资本化过程，探讨不同力量之间的关系与较量，构建休闲型乡村空间资本化模型，为拓展我国乡村地理学研究视野提供了新的素材和研究思路，丰富了空间再生产理论体系，弥补了国内外学者关于乡村空间资本化理论研究和实证分析的空缺。

## 3. 为政府制定有效的乡村政策提供理论借鉴及路径选择

近年来，我国出台的一系列旨在缩小城乡差距、减弱城乡矛盾、实现城乡共同发展的城乡一体化政策，并没有实现预期效果，城乡差距不仅没有缩小，反而有拉大的趋势，城乡矛盾越来越突出。究其原因主要有两个：一是政策的制定缺少了对乡村发展规律的认识和发展诉求的判别；二是长期以来的城乡发展模式，实际上仍未摆脱以城市为中心、割裂城市与乡村相统一的困境，从而忽视了城市发展对乡村的推动作用，以及商品化和资本化对农村功能转变的空间指涉。本书侧重于从多个角度对北京市乡村空间资本化的变迁过程和发展规律进行挖掘和整理，识别新时期北京乡村空间的发展问题和发展诉求，探测农村空间消费转向的动因与机制，为北京市政府制定有效的乡村发展政策提供理论上的借鉴，并为现代乡村环境建设和城乡经济社会一体化发展提供路径选择。

### 三　研究对象选择

首先，研究对象需要毗邻大都市。本书所研究的对象是休闲型乡村空间资本化问题，要求研究对象毗邻大都市，因为大都市社会经济发展较快，对周边农村地区渗透和辐射能力强，且在城市资本地理空间扩张过程中，乡村人口特征、空间形态、社会结构、生活方式、土地变更、经济发展等要素的变化比偏远地区的农村更为复杂，城市元素对乡村的侵入更为严重，空间资本化倾向更为明显。而透过这些要素的变化才能够反映出农村空间资本化的变迁，并折射出城乡一体化发展存在的问题及未来路径。因而，本书将研究范围界定在大都市周边农村对研究乡村空间资本化更具实践意义。

其次，首都更能体现出"城"与"乡"的推拉关系。自改革开放以来，北京城市化发展速度领先于全国，城市化发展不断蚕食周边农村地域，致使农村地域不断退却，促使乡村聚落空间、居住形式、生活形态、土地利用等剧烈变革，乡村空间受商贸、旅游及服务等第三产业影响较大。在城市化冲击下，乡村地区充斥着各类资本甚至城市资本的运作，透视着北京城市的发展和时代的变化，城乡关系的"推"—"拉"动态机制体现得最为明显。因而，将北京市作为本书研究对象具有典型性和代表性。

最后，莲花池村是休闲型村落的典型代表。村落是构成国家的基本单元，任何一个村落的变化都能映照出城市甚至国家发展的细微变革。本书主要选取一个村落，通过解剖麻雀的方法，从微观视角审视其空间的资本化过程和运行机制，以此为中心向外延伸，推演出北京市此类村落的变迁规律。由于在城乡关系转变过程中，乡村空间的变化是村落自身与城市因素相互交合的结果，须将其置于城乡相互关系之中讨论，才能找到乡村变化的完整机制。因此，村落的选取不仅要在空间上独立，与城市保持一定的距离；而且还要受城市发展的影响和辐射，唯有如此，才能既保存着原汁原味的乡村特色，又体现出历史与现代、城市与乡村的结合。

莲花池村作为怀柔区"雁栖不夜谷"西线的源头和主要节点，在民俗旅游业的发展过程中，农民人均纯收入有了较大幅度的提高，这样的经济发展趋势反映了北京市大多数休闲型村落的发展状况。另外，村落地理位置距市区适中，空间相对独立，村内生态环境良好，吸引着一些城市居民长期入驻以及城市资本前来投资，因此，村落既受城市发展波及，又保持着突出的乡村特色，与众多远郊区县乡村类似，在城市元素不断扩散和各类外来资本不断涌入下，该村社会、经济、聚落等多重空间均发生着巨大变化，乡村空间资本化现象显现。可见，莲花池村作为实证对象具有明显的代表性，能够描绘出北京市远郊区县众多休闲消费型村落发展的基本轨迹。

## 第四节 研究内容与研究方法

### 一 研究内容

空间的重塑和再构具有显性和隐性两个方面，其中，显性方面主要表现在聚落、土地、居住等物质实体空间的交叉与组合，形成具有不同使用价值的物理空间产品。而物理空间的交叉与组合必然包含社会主体的参与，隐含着各种社会空间和社会关系的形成，这就构成了空间再构的隐性方面。因而，本书在梳理国内外相关研究基础上，遵循"格局—结构—过程—机理"的地理学主要研究范式，从显性空间和隐形空间两个层面探讨乡村空间资本化的过程与运作机理，构建乡村空间资本化模型。主要研究内容如下。

1. 我国乡村空间功能转型与乡村空间资本化的宏观背景。本部分将城乡连续谱理论内嵌于本书始终，构建乡村发展类型指标体系，识别我国乡村发展格局与空间转型。然后，选取北京市为案例地，以1992年为时间节点，梳理改革开放以来北京市城乡关系的发展，归纳总结城乡关系推演过程中资本空间拓展的变化特点，并基于当前城市人口的郊区迁移、第二家园的出现以及产业近域郊区化扩散的市场背景，指出城市居民的消费需求，以及休闲化取向促使城市资本投资空间及投资方向的转移，成为休闲型乡村空间资本化运作的市场铺垫。

2. 莲花池村聚落空间资本化演变。本部分依据空间再生产理论，选取莲花池村为案例区，梳理村落空间由生产功能向资本增值工具演替的历程，分析其不同阶段的表现，解析聚落空间的资本运作循环过程。

3. 莲花池村土地资本化过程与路径选取。乡村空间资本化最直接、最显著的体现形式就是耕地、宅基地等土地资源。本部分根据莲花池村土地结构的特点，分析以果林和自留地为代表的农地资源以及宅基地资源的资本化过程，研究在城市外界推力作用下，两种类型的土地资源在不同历史时期资本化利用呈现的差异性。

4. 莲花池村居住空间资本化与功能重构。本部分首先根据实地调研获取的有效数据，借助二元 Logistic 回归分析模型，分析莲花池村居住区位变迁特征，以及村民选取迁移居住区位时所考虑的因素，从而折射出城乡关系的变化，以及资本对居住区位推移的控制作用；另外，对村民宅院空间进行归类处理，并选取不同时期、不同类型的典型宅院，采用空间句法凸状模型，提取各个典型宅院的五大主要功能空间，量化分析五大主要功能空间的全局整合度，探寻在资本利润驱动下，住宅空间的演变规律，以及不同院落类型背后隐藏的地域性社会文化特质及相互关系。

5. 莲花池村社会空间资本化与关系异化。首先，从村落人口结构以及村民职业的变化解析村落社会关系的分层；其次，通过对村落中两大异质群体日常生活琐事的追踪，分析城市外来群体对村落居民生活方式和生活内容的重构与再生产，揭示社会空间资本化过程；最后，借助社会关系网络理论，解读村民在农忙时节互助网络、日常交往、资金获取等对邻里关系网络以及业缘关系网络，解释在资本运作逻辑下各种社会关系的变化及深层次原因。

6. 北京市休闲型乡村空间资本化机制与模式构建。依据行动者网络理论，梳理出行动者网络图，分析不同力量之间在网络中的利益与观点，分析乡村空间资本化运作机制。在前述研究基础上，提取政府、市场、资本和乡村地方性四大核心驱动力量，本着 Lefebvre 的资本逻辑下"空间再生产"理念，根据我国乡村实际，对乡村三重空间模型进行修正,提出了权力、资本、市场和乡村地方性的四维驱动下的休闲型乡村空间资本化模式。

## 二 研究方法

为了达到预期的研究目的,欲使用地理学中的"空间分析法",并借助社会学的"参与式农村评估法""社会网络分析法"、建筑学的"空间句法"等研究方法,多角度剖析乡村聚落、农户、院落等多种元素资本化过程。

### 1. 参与式农村评估法

参与式农村评估方法是20世纪90年代初国际上发展起来,并迅速推广运用的农村社会调查研究方法,其核心是通过与当地人之间相互沟通和对话的过程,了解当地情况(席建超,2011)。农村、农民问题的研究不仅需要宏观统计数据,更需要从微观层面真实把握农村空间各元素及农户的决策心理,于农户家中或田间地头,实地勘踏,与农民零距离接触显得尤为实际和必要。基于此,本书主要采用参与式农村评估法来获取乡村聚落空间、住宅形式、院落空间、土地资源、人口构成、社会关系等的变迁资料,从变迁中透视乡村空间资本化的运作机制。因而,该方法是本书借助的最基本,也是最主要的分析方法。

### 2. GIS空间分析法

地域差异和空间分布规律是地理学研究的着眼点,而GIS分析工具可以将地理现象的空间布局及分布规律直观形象地展示出来。本书运用地理信息系统软件ArcGIS中的数据和空间分析工具,将北京市城市及乡村发展、人口等数据以及莲花池村居住区位、道路、地形等信息转化为空间模型,以此为基础分析和显示研究区域空间景观的动态分布、演变过程以及这些数据之间的空间关联性,以便更直观地体现城乡一体化以及乡村空间的变化特征。

### 3. 空间句法

空间句法是通过量化描述建筑、聚落等人居空间结构,研究空间内在组织逻辑与其承载的社会逻辑之间关系,并发现隐含于其中的认知、理解、使用的方式。由于空间句法兼具空间逻辑分析与社会文化逻辑分析的双重特点，因此，本书借助空间句法量化莲花池村居住空间构形，准确地推断出住宅空间对家庭生活和组织方式的各种支持，以解析隐藏在居住空间背后的重构逻辑与变迁规律。

4. 社会网络分析法

社会网络主要是用来描述和分析事物之间的关系，是分析村落社会关系的有力工具。本书根据莲花池村农户内部关系属性数据的一手资料，借助社会网络分析方法，利用 UCINET 软件，实现莲花池村村民之间的社会关系网络结构特征分析。

# 第五节　研究创新点

本书基于国内外既有研究所构建的理论基础和研究体系，结合研究区域的实际进行剖析与解读，主要的创新点体现为：

1. 领略空间再生产理论中"地理空间资本化"的意旨，构建了微观剖析北京市乡村空间资本化及运作机制的分析框架，创新性地将空间资本化的研究对象由城市空间扩展至乡村领域。

2. 遵循"资本三重循环体系"，剖析研究区聚落空间资本化运作过程，引入空间句法量化描述居住空间资本化与重构机制，借助社会关系网络解读资本运作逻辑下社会关系演变与异化机理，发现乡村空间在权力、市场、资本以及社会等各方力量相互博弈、竞合过程中，逐步成为资本元素，并参与了资本运作。

3. 针对既有"乡村三重空间模型"不能完全解释北京市休闲型乡村空间资本化的现象，构建了适合于北京市休闲型乡村实际的空间资本化模型，修正了乡村三重空间模型，提出四维驱动下的休闲型乡村空间资本化模型，在一定程度上弥补了国外已有理论研究欠缺的局限。

# 第二章 乡村空间资本化理论框架

## 第一节 理论基础

国际乡村地理学界普遍认同乡村空间是一个杂合的空间。对此，Clock 认为，在研究这种复合杂糅的乡村空间时，两大理论备受推崇：即空间再生产理论和行动者网络理论（Cervone，2017）。首先，乡村空间作为一个社会多面体，其物质的、想象的、实践的乡村多重性在本质和发展动态上的交错呼应，正好印证了空间再生产理论的社会性（Halfacree，2006），符合城乡发展不平衡性以及资本主义空间的固有特征，利用 Lefebvre 的空间再生产理论为探讨乡村空间形成提供了理论依据。另外，乡村同样也是一个包罗万象的共构空间，由多样的异质实体以各种方式排列所形成复杂的网络，而排列方式的不同决定了乡村间的细微差别，这正是行动者网络理论所强调的网络空间（Murdoch，2003）。鉴于此，本书选取空间再生产理论和行动者网络理论，作为昭示乡村空间资本化的两大理论依据。

### 一 空间再生产理论

随着社会经济以及城市化进程的发展，空间已不仅仅停留于物质生产的"容器"本性，而是更突出地表现为动态性和自觉性的特征。正如 David Harvey 所说，"马克思经常在自己的作品里接受空间和位置的重要性……但他未能在自己的思想里建立起一种具有系统性和明显地具有地理和空间的观点，因此破坏了他的政治视野和理论"（大卫·哈维，2004）。基于此，20 世纪六七十年代，面对资本主义国家普遍出现的城市危机，形成了以 Henri Lefebvre 和 David Harvey 为典型代表的新马克思主义者，他们认为资本的运作逻辑造成了地理空间性质和形态的改变，对资本逻辑的空间内涵和外延进行了延伸和拓展。

1. Henri Lefebvre："空间生产"逻辑

20 世纪 70 年代，西方国家在科学技术和社会生产力方面都有了飞速发展，资本依靠银行、机场、高速公路等设施整合能源、原材料以及信息，环境的组构、城镇和区域的分布等都市空间"作为一个整体，进入了资本主义的生产模式，被利用来生产剩余价值。土地、地底、空中甚至光线，都被纳入消费主义，变成可用来交换、消费和控制的商品，城市及其各种设施成为资本的一部分"（Glass，1980）。法国著名哲学家、社会学家 Lefebvre 敏锐地意识到了空间在现代生活中地位的重要性，认为此时的资本主义生产方式已经超越了马克思时代"空间只是生产场所的综合和各种市场的地盘"（衣俊卿，2012）的特性，于 1974 年首次提出了"我们已经由空间中事物的生产转向空间本身的生产"的著名论断，开创性地提出了"空间再生产理论"。

Lefebvre 认为，传统的空间观是把空间形式和物质内容联系起来，从空间的物理属性和自然属性的角度来解读空间和理解空间，这种空间观明显地忽略了空间的社会属性。而"空间的生产"则在认可物质生产的同时，更加突出了物质产品的空间属性和空间的意义，因为"空间的生产始于对自然节奏的研究，即对自然节奏在空间中固化的研究，这种固化是通过人类行为尤其与劳动相关的行为才得以实现的"。因此我们可以看出，"空间的生产"本身就包含了"空间中的生产"（Glass，1980）。诚然，空间本身是事先给定的，但空间却是社会变化、社会经验和社会实践的产物。在 Lefebvre 看来，"空间的生产"是生产力自身发展以及有关空间知识在物质生产中直接介入的产物，是以能量流、原料流、劳动力流与资讯流为表现的一种流动经济（唐旭昌，2014），它使传统的物质生产部门打破原来的孤立与独存状态，表现为空间上的整体性。空间与生产是一种辩证的关系，它具有生产、交换和消费的特点，尤其是在当今空间被人为地稀有化、片段化

## 乡村空间资本化过程与机制

和碎片化的语境下,空间的价值尤为凸显,并直接性地介入生产与自我生产之中(林贞,2014)。*The Production of Space* 中认为:空间生产实质上就是空间被开发、设计、使用和改造的过程,是社会利益集团通过控制土地和建筑物等空间主要特征,来塑造和影响城市空间形态和组织的过程,而这一空间生产过程又受资本逻辑的支配。

Lefebvre 认为资本不断渗透进空间生产,引起了空间生产资本化现象,且在这一过程中,空间生产不仅保持被资本控制、渗透的趋势,而且还起着执行资本增殖功能、充当资本运行工具的作用。随着都市化和现代工业的发展,空间生产已渗透日常生活空间的诸多角落,从总体上推动着空间生产资本化(孙全胜,2016)。空间生产本身成了资本积累的过程,这是因为空间生产同资本积累一样,具有明显的工具性和掠夺性,起着赚取利润的经济功能(孙全胜,2016)。然而,由于资本最大限度地追求剩余价值的本性,因而在生产过程中,必然会出现过度生产和过度积累的矛盾,为了解决此矛盾,过剩资本将不断寻求新的投资方式和投资空间。由此,空间资本化既以空间生产为前提,又是对空间生产的进一步促进和发展,既有的文明成果得以保存,既有的生产力也变成了资本生产力(Pablo,2017)。Lefebvre 进一步提出,空间是一个社会生产的概念,是一个社会产物。每一个社会、每一种特定的生产模式和生产关系都会生产出自己的独特空间(李秀玲,2011),并存在着三个相互作用的层次:感知的空间(空间的实践)、构想的空间(空间的表征),以及生活的空间(表征的空间),这三个空间层次被称为"三重空间模型"(见表2-1)。

表2-1 三重空间特征

| 空间层次 | 空间特征 |
| --- | --- |
| 感知的空间<br>(空间的实践) | ①特定社会空间内的物质环境以及由此形成的人类活动、行为、体验的中介和结果;<br>②空间实践通过居住者的日常生活活动以及对该空间的普遍印象共同刻画;<br>③在三个空间层面中最具体的层面,可由人们身体直接感知。 |

续表

| 空间层次 | 空间特征 |
| --- | --- |
| 构想的空间（空间的表征） | ①其实质是一种概念化、抽象化，被构思出来的空间想象，代表了生产的秩序与结构关系，在现实中成为权利的发源与行为；<br>②是指由社会中资本投资者、科学家、规划师、学术界等特定人群所陈述的空间概念，这些群体将"生活与感知的现存"视同"构想的现存"；<br>③除抽象化空间表述外，可通过纪念碑、工厂、规章制度、生活规范等具体形式据以表达。 |
| 生活的空间（表征的空间） | ①由人类日常生活中的琐碎事情与活动所支撑、构建出来的"物质性空间"；<br>②受使用者的心智意向驱使，通过使用而产生人际互动、发展人际关系，对"构想的空间"意识元素进行整合，成为使用者落实想象而塑造的暂时性产物；<br>③是一种多元且矛盾、松散的想象与象征，投射出空间的抗争性，隐含着个体与社会、现实与理想之间的差异及反抗。 |

空间再生产理论的核心观点是空间是产品，其含义包括以下几个方面：（1）物质空间正在消失，但其重要性并没因此而减弱；（2）任何社会、任何生产方式都会生产出具有自身特征的社会空间；（3）在"空间的实践、空间的表征以及表征的空间"三重空间模型中，在不同社会经济发展条件下，三者将产生不同程度的作用；（4）社会形态的变化必然带来特定历史条件下空间性质的变化，且空间具有历史性特征，因此，从一种生产方式向另一种生产方式的过渡，必将推动新空间的生产（唐旭昌，2014）。

空间生产理论从空间与社会视角探讨了城市空间的社会属性以及城市空间与生产关系的关系，不仅将空间概念带入了马克思的生产理论之中，更重要的是对空间的生产和性质进行了反思，揭示了空间生产与资本积累之间的直接关系（大卫·哈维，2006），但他认为，城市是研究"空间生产"的最佳场所，为城市发展研究补充了空间维度。

2. David Harvey："资本循环"逻辑

Lefebvre 指出了基于资本逻辑的"空间再生产"现象，但未能解

| 乡村空间资本化过程与机制

释资本为何要进行空间生产。基于此，Harvey 在汲取 Lefebvre 的空间再生产理论的前提和思想源泉的基础上，注重从空间的多重属性尤其是空间的资本属性和权力属性视角，分析、探讨和批判城市空间的生产过程。Harvey 认为，空间已成为资本要素，并在资本运行框架中，完成了对城市空间形态的填充，因此，空间景观、生活方式、社会关系、住宅等城市空间的变迁实质上是资本控制和作用的结果，资本运动成为城市空间发展及转型的原动力。为了更好地解释资本运动与城市空间发展的相互关系，Harvey 提出了空间资本三级循环体系（见图 2-1）。

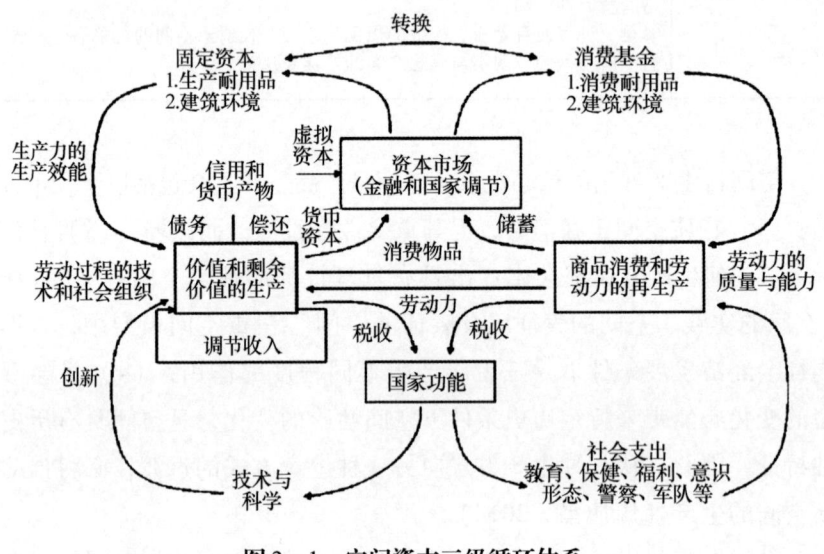

图 2-1 空间资本三级循环体系

**第一级循环：资本的生产性投入，即投向于一般生产空间和消费空间**

哈维认为，资本的第一级循环是指马克思所阐述的那些发生在工业资本生产过程中资本的流动和流通，即普通商品生产的那部分资本。这一循环以资本的基本职能为出发点，经过"生产—流通—交换—消费"等环节，实现价值和剩余价值的生产，以达到满足物质资料的生产和扩大再生产的目的。

首先,在生产和流通环节,城市空间的生产过程和组织形式出现了与以往不同的特征,呈现出"功能集中化"和"地理分散化"的网络化特征,即在地理区位选取上,不同生产组织呈现功能相似性,而生产组织活动呈现地理空间的分散化。为了积极参与到全球生产体系中,地方政府积极创造条件,利用政策制度、招商引资等优惠形式吸引和固化资本,从而形成了总部新城、产业园区、大学科技园等地方生产性空间。但由于生产组织"集中化"和"分散化"形式共存,物资流和信息流的畅通是生产顺利进行的基础和保障,因此,城市中公路、铁路、机场、信息网络等流通空间的构建备受资本推崇。另外,资本循环要求产品只有通过交换和消费环节才能获取利润,"消费是所有生产的唯一的终点和目的"(斯密,2011),创造需求、引领消费成为资本逻辑体系的又一核心任务,故而,城市空间的消费特征越来越突出,大型商业中心、休闲娱乐空间等休闲消费空间正日益成为现代城市的基本类型和基本功能。Harvey创造性地把生产和消费过程中的固定资本以及为生产和消费提供物理框架功能的资本统称为"人工环境",以凸显现代城市空间的本质是由各种各样的"人工环境"要素混合而成的人文物质景观。我国城市作为世界空间生产体系的重要节点,同样也是空间生产和消费逻辑运作的结果,呈现出显著的消费性特征。

**第二级循环:空间作为资本要素成为新利润焦点**

从资本的趋利性来看,在第一循环体系中,资本对剩余价值的无限追求导致了资本过度积累危机的内在性矛盾。为了缓解过度积累危机,一方面,在第二级循环体系中,资本通过时间延迟、地理空间扩张、空间重组、不平衡地理发展等方式寻求开拓新的生产空间,从而形成城市的郊区化发展,Harvey将其称为"时空修复";另一方面,当空间生产因资源、经济或劳动力等自然限制而受阻时,空间便作为生产要素之一进入生产体系,参与资本循环,空间本身作为要素成为资本投资和获取新利润的焦点。因此,随着资本由第一级循环向第二级循环转移,空间开始资本化。

改革开放以来，为了缓解我国"城市病"，加速生产与消费以及缩短资本运行周期，资本不断跨越城市边界，一方面在区域尺度上形成了都市圈、城市群、经济带等新经济体，在城市尺度上则出现招商引资、工业用地与商服用地的大规模出让，以及村镇合并、撤县设区等行政区划的不断调整和郊区化发展；另一方面，随着城市消费特征的常态化以及城市空间的拥挤化，城市消费特征不断向乡村蔓延，毗邻城市、环境优良的农村空间日益成为城市居民的休闲娱乐对象，这种现象在大城市周边表现得尤为明显。因此，北京周边乡村空间的生产过程轨迹遵循资本逻辑，符合空间生产的基本规律。

**第三级循环：维持社会平衡发展**

资本的循环和空间的拓展使新空间成为一种被结构化的社会关系，正是这种关系间的抗争和博弈塑造了"不同主体之间的空间"（Yang，2018），从而造成了社会资源的不平衡发展。Harvey认为，空间具有社会属性，完整的资本流通过程必须包含投资于科学、技术、教育、医疗等社会公共事业的资本，以达到"带有福利性质的社会平衡调节"，和维持生产关系再生产的目的（杨宇振，2009）。因此，第三级循环体系的主要目的是维持社会平衡发展，资本主要流向福利性住房、教育、医疗卫生服务等领域。

从三级循环体系来看，资本促成了生产要素在空间中的不断积聚，促进了空间生产的发展与壮大，使得空间由生产要素之一转为生产本身，空间在现代社会生产中的地位和作用凸显，其幕后的操纵力量就是资本。在资本的不断增长和利益驱动下，一方面，资本不断对道路、住房、景点等空间进行生产和扩张，并冲破地域限制，从而带动空间生产范围的不断扩大，一般来说，资本的流动能够不断超越区域边界，产生空间压缩和去地方化，同时，资本能够通过商品化、区位选择而塑造空间；另一方面，空间能够通过不断提供资本盈利的场所而改变资本的运动，如通过改善基础设施条件，提供廉价土地等吸纳资本的流入，提高区域的竞争力（王丰龙，2011），使得地域之间相互依赖。与此同时，地方为了保持或增强区域竞争力，将采取措施吸引资本的进驻，进而形成区域景观分异、地方保护等，从而出现空间的同质化和断裂化的双重特质（李春敏，2010）。因此，资本是空间再生产的根本因素，经由三次循环体系不断地形塑着城市空间。

## 二 行动者网络理论

行动者网络理论（简称"ANT"）是由以法国社会学家 Michel Callon 和 Bruno Latour 为代表的科学知识社会学家提出的理论，源于科学技术研究但发展于社会科学领域。在批判科学知识社会学"强纲领"的不对称分析的基础上，Latour 提出了侧重对称地看待自然和社会对科学知识解释作用的新对称性原则——广义对称性原则。这一理论消解了传统的主体与客体、自然和社会的二分法，将宏观结构与微观行动相结合，构建了科学实践研究的总体思路，为揭示知识和社会的复杂联系提供了一种新的方法和理论平台（刘宣，2013）。

行动者、异质性网络和转译构成行动者网络理论的三个核心概念。其中，"行动者"既可以指人类，也可以指市场、资源、资本等"非人类"的存在和力量，"行动者"都具有相同的行动能力，每一个行动者就是一个结点，结点之间经通路连接，共同构建一个"无缝之网"；网络中每个行动者都是转译者而不是中介者，所有行动者都处于转换和被转换之中，这种承认彼此间平等地位的网络具有去中心化和多中心化的特点，但每个行动者在利益取向、行为方式等方面又是异质性的。因此，网络的稳定性就取决于每个行动者利益的不断转译，但网络内部也可能因异议而出现偏离网络的力量。转译是行为者网络理论的核心内容，也是构建行动者网络的基本途径，其实质是核心行动者将其他行动者的问题和兴趣根据自己的理解转换出来，即意味着每个行动者的角色都是根据其他行动者的转译而得到界定的，因而，转译成功的关键是要使被转译者满意其进入网络后的角色转变（王能能，2009）。转译过程经历问题呈现、利益共享、征召和动员四个基本环节。其中，"问题呈现"是指核心行动者通过指出其他行动者利益的实现途径，使不同行动者关注的对象问题化，从而结成网络联盟，同时使核心行动者的问题成为实现其他行动者目标的"强制通行点"；"利益共享"是指通过各种装置和策略强化问题呈现环节中对行动者角色的界定,其结果是行动者被"征召"而成为联盟成员;"动员"即建议者上升为整个网络联盟的代言人,并对其他联盟者行使权力,以维护网络的稳定运行,在此过程中可能会出现需要克服的异议(见图2-2)。

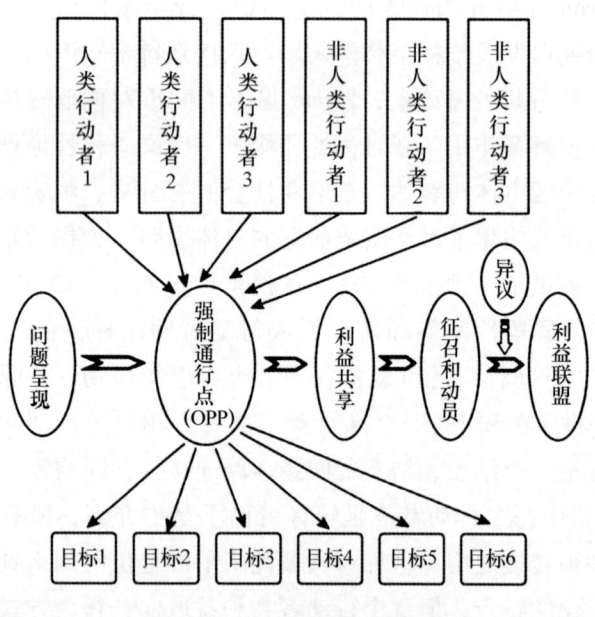

**图2-2 行动者网络转译过程**

人类因素和非人类因素的行动者通过转译过程的展开,互相嵌入、共同建构或演进成一个异质性网络,并通过不断互相解释,界定各自在网络中的角色,将来自社会和自然两个方面的一切因素纳入统一的解释框架之中。行动者网络理论正是通过关注行动者和网络之间的并置和相互作用的过程,来揭示网络构建的动力与模式,分析网络的稳定性与可能发展(Law,1992)。

空间的过程与机制是地理学研究的核心,而行动者网络理论可以有效地联系空间、空间关系以及复杂网络,为解释空间建构与机制提供新的分析视角和方法(Murdoch J.,1995)。在行动者网络理论视阈下，空间中人类的、非人类的、物质的和社会的、地方的和流动的等元素都是网络中的节点，这就消除了基于互联网的"网络空间"和基于实体的"物质空间"的二元对立，促使传统的"地方空间"和资本流、信息流、技术流、组织流等"流动空间"无缝融入"行动者网络空间"之中，从而对各种空间进行了重新整合，并加深和加强了对"空间"的理解和认识。

乡村空间资本化是在自然的、政策的、资本的、人为的等各种因素相互作用下形成的异质行动者网络的变迁、过程与运作，而行动者网络理论正是通过对称性原则，将这种人类行动者和非人类行动者置于动态的空间网络结构中，来进行分析的一种独特视角和有效方法。因而，行动者网络理论适用于本书对乡村空间资本化的变迁与运作机制的解释。

### 三 城乡连续体理论

城乡连续体理论是由美国人类学家 Robert. Redfield 提出的城乡关系理论，时至目前已成为城乡关系理论中最普遍的区分城市与乡村社区类型的方法，也是城市社会学家、人类学家采用了一个多世纪的理论。但地理学家与社会学家、人类学家对城乡连续体的关注视点有些许差异。

1. 聚落连续体

地理学家认为，从巨大的城市集聚体到小的聚落，甚至是分散的住宅，其间没有明显的断裂点，城市消失的地方就是乡村的开始点，因而聚落连续体是沿着一条线从极点的一端——乡村，逐渐演变到另一端——城市。因此，城乡聚落的划分必然是人为的。从规模上看，城乡聚落体呈现连续现象。而城乡聚落的职能上同样也存在着连续性，即从单一的农业聚落、农副业聚落、兼农业聚落，直至完全非农业聚落等的变化，呈现出城乡的经济连续体。

聚落地理学进一步揭示出，聚落规模的连续体现象一方面取决于我们研究的尺度大小，大的国家或者是从超国家范围而言，聚落规模不一定是连续的；另一方面，聚落规模的连续性也取决于经济发展水平，经济落后的地区聚落首位度往往较高，经济发达的地区聚落逐步向连续体方向接近（张小林，1999）。

2. 乡城连续体

与地理学家对区域变化的关注点不同的是，人类学家和社会学家更侧重于从社区以及文化的视角，来透析城市与乡村之间的关系。19世纪，社会学界把乡村社会与城市社会看作截然不同的两种社会类型，后来，人们逐渐感觉到这种两分法过于简单，因为，城乡之间有着一连串递次不同的社会类型。为此，Robert. Redfield 提出了从小农村直到大都市的连续体概念，用以描述墨西哥各种社区之间社会形态发展序列的区别（汝信，1998）。社会学家埃弗里特·M. 罗吉斯也指出，虽然乡村与城市亚文化的差异常按二分法划分，但在现实中，可以从典型农村到典型城市排列成一个连续谱（罗吉斯，1988）。农村与城市的差别主要在于发展程度上的差异，许多城郊区和城乡的交错区就处于连续谱的中间位置，城乡之间不存在明显的断裂点（见图2-3）。因而，城乡连续谱理论既可以用来区分城市和乡村这两类社区，还可以作为描述从城市到乡村的社会生活变化，为区分城市和乡村提供了一个社会转变的理论。

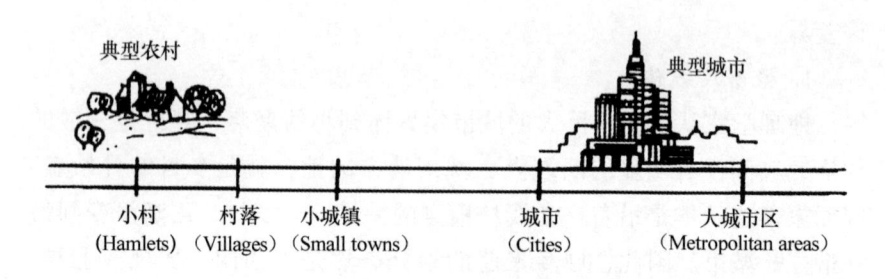

图2-3 城乡连续谱

乡村空间研究必须将乡村置入宏观的城乡空间网络之中，对城乡关系及其空间模式的认知和解释，是乡村聚落空间研究必不可少的前提。这成为本书讨论乡村空间资本化的一个基本出发点。

## 第二节 基本概念

要研究乡村空间资本化问题,首先要明确"农村与乡村""空间与乡村空间""资本化与空间资本化"等几个核心概念。由于学术界对这些问题研究的多学科性,使得这些概念的内涵和外延都非常丰富。基于明确本书研究的目的,有必要先对这些概念进行明确界定。

### 一 农村与乡村

Halfacree 强调,"任何乡村或乡村空间的讨论必须明确乡村(乡村性)这个地理学问题"(Halfacree,2006)。但何谓农村?何谓乡村?这是一直困扰着地理学界以及社会学界的问题,不同学科对这一概念的理解和划分标准也不尽相同。本书的目的是研究乡村空间资本化,故而首先必须明确"农村"和"乡村"这两个比较含糊的概念,因为这是研究对象、范围以及内容的前提。

1. 农村

"农村"在英文表达中经常出现的词语有"Village""Country""Rural""Rurality"等,但西方国家倾向于采用"Rural",也就是中文中所说的"农村"。但由于西方发达国家城市化进程迅速,农业、农民的比重日渐缩小,其乡村特征日益模糊,于是,"农村"的说法已经被抛弃。现今,发达国家更偏向于采用"乡村"这个概念。我国对农村也有"农村""村庄""乡村"等不同表达方法,目前在使用上仍未统一,多重性的表达足以证明其概念使用的随意性,一般来说,"农村"的使用对象主要是在我国。究其概念和内涵,"农村"和"乡村"仍然存在着细微的差别。

在我国,最具权威性的综合性词典——《辞海》和《现代汉语词典》均对"农村"给出了这样的解释:"以从事农业生产为主的劳动者聚居的地方",其概念界定均是以农村为出发点,把农业视为农村赖以存在和发展的前提和基础。对于一般使用者而言,"农村"与"乡村"在本质上无太大差别,均是对社会区域基本概念的一种描述。但从学术角度的概念界定和使用上来说,其内涵和外延并不完全一致,目前概念的内涵和外延都显得不太严密(张小林,1998)。自20世纪80年代以来,随着我国社会生产力的发展以及城市化进程的加快,农村产业结构已经超越了农业主导,表现出向第二产业、第三产业的不断融合,农业地位持续下降,农事活动和非农事活动并存,甚至非农事活动占主体,以农业为主的传统产业结构和经济格局正在或已经被打破。同时,农村人口数量快速减少,尤其是在远离大城市的偏远农村地区,外出务工的人口数量迅速增加,农村出现"候鸟"式流动,从而导致农村的空心化。因而,纯粹的传统农村的两大显性特征渐趋淡化,乡村的城市转型特征逐渐增强。在后现代主义时期,继续采用"农村"来界定农村地域在实践中具有不可操作性,也不符合当前社会发展的特征。

2. 乡村

国际地理学界对"乡村"概念的界定主要遵循两条路径:一是"实证"主义路线,重在以量化标准从职业标准、场域功能、土地使用、人口密度等多个侧面识别乡村,如依据农民这一职业,将以农业生产为主的聚居场所视为农村聚落,将拥有大片农业、林业用地或为开发土地为主的地区、附着小型低层次的住宅、显示其建筑和广阔的风景有较强联系的多数居民视为乡村(Clock P,2000)等;二是"概念化"路线,着眼于社会文化视角,捕捉传统的、同质的、地方性的乡村社会本质,认为乡村是指社会生活中长期以来形成的、以家庭为中心的互动和相互统一的独特文化,并对传统乡村社会中的人、自然、社会形成一种规范。

这两条界定路线分别从不同角度对乡村进行了剖析,分别有着不同的适用范围。一般来说,政府在进行城乡规划和统计需求时,常常采用"实证"定义,但这一定义意味着承认城乡二元对立的存在,并且乡村的定义取决于非城镇和职业,而实际上随着乡村和城镇的不断变化,城乡之间相互补充和渗透性日益增强,农村产业结构发生了巨大调整,农业地位逐渐降低,第二产业、第三产业逐渐凸显,乡村社会经济结构日益多元化。因此,基于"二元对立"视角下的职业、场域、密度等实证方法，明显不适应乡村的发展。为了克服"实证"定义的弊端，乡村地理学家认为在一些乡村地区仍可按"实证"界定，而对于接近城镇中心的乡村地区，则需寻求"一种社会构建和文化构建"，而这类乡村多见于富裕国家，因为在这些国家中的城镇和乡村之间的模糊地带日益明显，乡村概念及田园牧歌的构建作为文化现象已被广泛商品化（丹尼尔斯，2014），这里的乡村仅是一种幻象，一种符号与象征，这也会催生出脱离实际地理空间的"乡村"。

然而，对于发展中国家的我国来说，尽管近年来部分乡村，尤其是大城市周边的乡村存在着不同程度的乡村复兴，或成为休闲旅游地，或成为小产权房，或成为租种土地等，致使传统农业导向的生产结构和生活结构改变、生活空间异化、聚落空间形态与结构面临更新与分异等，但是与西方发达国家相比，我国几千年以来基于土地与血缘家族构成的乡村社会是均衡的和安定的，"是富于地方性的……在地方性的限制下成了生于斯、死于斯的社会……只要以土地为中心的生产生活方式未发生改变，乡村社会的演变就十分缓慢"（费孝通，2009）。因此，首先，在城乡相互作用日益增强的现代社会，"城中有乡、乡中有城"，乡村的"社会"空间未必与"地理"空间相吻合，乡村表征将脱离乡村社会，有悖于社会构建的初衷；其次，我国大城市周边乡村空间的快速变化，致使城乡界限变得愈加模糊，但乡村文化、乡村空间尚未达到西方发达国家"广泛商品化"的状态，且城乡二元机制依然坚固，甚至有加深的倾向，因此，社会建构视角的界定对于我国的乡村也存在困难；最后，我国乡村富于地方性，"十里不同乡、百里不同俗"的地域观念尚未被打破，乡村地区同质性的论断值得推敲。

可见，我国乡村在城乡关系的变迁中，既非发达国家的边界显著模糊，又非传统意义上的孤立隔绝，乡村呈现出社会、经济、人口的动态性、不整合性以及相对性的新特征（张小林，1999）。因而，针对我国乡村复杂而又模糊的新特征，对"乡村"的界定需要使用一种新型的城乡关系来取代传统粗暴的城乡二分法。

综上，尽管对"乡村"概念的理解从广度和深度上有所不同，但有一点已达成共识,即通过乡村与城市的相对性来把握和理解乡村的本质特征,乡村空间的研究必须置于宏观的城乡空间网络之中。因而,在现代城市化语境下,本书对乡村的界定倾向于国际上流行的乡村性概念,根据研究区域乡村性质的强弱来界定乡村,以便更广泛、更全面地把握我国大城市周边乡村空间的变迁。

## 二 乡村类型与特征

不同乡村地区的自然地理条件、资源环境禀赋,以及经济社会发展不均衡性造就了不同的乡村发展类型(Halfacree, 2006),而不同的划分标准又呈现出不同的乡村发展类型。如按照地貌特征标准,可以划分为平原型乡村、山区型乡村、丘陵型乡村;按照经济活动类型,可以划分为种植业型乡村、畜牧业型乡村、蔬果型乡村、林业型乡村、渔业型乡村以及非农业型乡村;按照人口分类标准,可以划分为疏居制乡村和密居制乡村。近年来,国内外学者通常以产业为标准来刻画乡村发展类型,如姚建衢等按产业为标准划分为中水平农业、低水平农业、中水平农工商、中水平第三产业——农业,以及高水平城郊贸工农五大功能类型(姚建衢,1992);龙花楼等(2009)划分为农业主导、工业主导、商旅服务以及均衡发展四大乡村发展类型;张义丰(2009)基于自然地理条件和资源环境禀赋的差异性,将北京市山区的乡村划分为资源型、农业型、工业型、旅游型、文化型、商贸型和复合型7种基本类型,但是这些乡村类型的划分均以单一标准来刻画乡村类型。事实上,乡村地域是一个政治、经济、文化、环境等多元化的综合体,乡村类型的变迁受到多重因素的影响与制约,尤其是与乡村有着千丝万缕联系的邻近城市的经济发展状况,目前我国地理学界对乡村类型的划分尚未充分考虑这一因素。

国外学者的研究更加注重城市与乡村的一体化与连续化,依据乡村与城市的相对性来划分乡村类型。如 Paul (1977)、Woods (2005)依据人口密度、住宿设施、外出就业居民比重、距城市中心距离、住户满意度等16个指标的测度,将乡村类型划分为极端型乡村、中间型乡村、中间型非乡村、极端型非乡村以及城市区域五大类别;Hoggart（2005）根据距离城市的远近，将乡村划分为纯农区型、城郊型、城中村型。不同类型的乡村产业结构大相径庭，体现的城乡关系也泾渭分明，其乡村空间资本化的程度更是截然不同。而目前中国乡村的发展正日益受到邻近城市的影响，与邻近城市的距离不同，其乡村空间特征也不尽一致，而资本化的程度亦必然在空间上随距离呈现衰减趋势。因此，基于本书的研究目的，笔者采用 Hoggart 对乡村类型的划分方法，更有助于对我国乡村空间资本化进行研究。

一般来说，乡村具有五大基本特征：（1）自然性。广阔的地域空间、良好的生态环境以及宜人的自然风光等自然性是乡村空间最显著的特征。（2）地方性。由强烈的血缘和地缘关系构成，空间内部结构基本稳定，有明确的地理空间界限。（3）动态性。乡村地域组合要素、社会需求以及外部环境的变化，都将引起乡村空间要素的变迁。（4）单一性。人口稀疏，以从事农业为主，经济活动相对单一。（5）依赖性。乡村空间的变迁不仅依赖于乡村内部或邻域间的变化，对城市空间集聚与扩散机制也有着更强的依赖性。

### 三 空间与乡村空间

1. 空间

空间是个抽象的哲学概念，是指与时间相对应的一种物质存在形式，可将其定义为："物质存在的一种客观形式，由长度、宽度、高度表现出来，是物质存在的广延性和伸张性的表现。"空间不仅具有地理位置属性，其本身还是事物存在的形式和可利用的资源。从哲学意义上来看，空间是由绝对空间和相对空间，以及物质空间和精神空间构成的。但这一哲学概念过于抽象，对于刻画事实的地理学来说不易把控，但其深邃的哲学思想深刻地影响着地理学思维。

自古以来，地理学就是通过地理现象的空间分布来发现空间的类型和发展模式，空间、空间关系以及空间中的行为过程与变化都是人文地理所关注的核心要素（约翰斯顿，1999）。Lefebvre 认为，空间是由"容器"和"生产性空间""自然空间"和"社会空间"两个层面构成，其中，"生产及其产物是同一过程里不可分割的两个方面"（包亚明，2003）。空间不仅是社会的产物，还反映和反作用于社会，也就是说，从空间可以观察各种权力、社会关系和社会结构变化；而反过来，权力、社会关系和社会结构也在不断地重塑着空间（王丰龙，2011）。空间与社会关系相互作用，社会关系存在并创造物质空间，物质空间生产社会关系同时也被社会关系所生产。地理学者认为，空间除了充塞在其中的各种自然要素、社会经济要素外，空间本身也是这些要素的存在形式，因而也是客观实体，即空间不仅是事物的容器，而且还体现了事物的属性及相互关系（陆大道，1988）。哈维（1996）认为，"空间的概念框架不是静态的……现在的空间概念已发生了实质性的变化"。随着人类实践能力的深化与发展，人们对空间的认识进一步得到升华，对空间的理解和界定，逐步从地理空间或物质空间走向了文化空间和社会空间，完成了从了解空间的物质属性到了解空间的社会属性的巨大转变。美国地理学家Edward W. Soja 认为，"空间本身也许是原始赋予的，但空间的组织和意义却是社会变化、社会转型和社会经验的产物"。因此，"空间"的变迁是记载人类社会蜕变的基本维度之一，而乡村空间的演化可以透视乡村社会经济的发展历程。"空间中事物的生产"向"空间本身的生产"的转向，意味着空间不仅保持着物质空间的基底，更蕴含着政治、文化以及社会的多重含义。

因此，现代地理学者更多地从社会关系的角度和视阈来理解空间和界定空间，即关注空间的要素分布、功能组合、社会结构与社会关系等在地理空间上的映射。那么，对于乡村空间来说，地理学研究的对象则是透过不同时期的乡村空间，映射出空间中的要素分布与变迁、功能组合、社会关系变迁，以及空间本身不断资本化的过程与机制，等等。

2. 乡村空间

"乡村"从字面意义上来看，是由"乡"和"村"两个字构成。《说文解字》中"乡"的解释是"乡，国离邑，民所封乡也。啬夫别治。封圻之内六乡，六乡治之"，"村，邨也"。也就是说，"乡"体现的是行政管辖的区域，"村"体现的是农村社会关系和社会结构。这就说明，自古至今，我国乡村是一个地域观念很强的社会，它是一个有着固定社会成员以及明确边界线的社会地理空间，是承载着个体、家族以及村落记忆的场域，而透过不同时期乡村空间的变化，可以描绘出乡村经济与社会关系的变迁。

何为"乡村空间"？不同的学者有着不同的认识。张小林认为，乡村空间是一个包括经济、社会、聚落等各方面内容的复杂系统，由经济空间、社会空间以及聚落空间三大空间构成，其中，乡村经济空间是指以聚落为中心的经济活动、经济联系的地域范围及其组织形式；乡村社会空间是指乡村居民社会活动、社会交往的地域结构；乡村聚落空间是指乡村聚落的规模、职能及空间分布结构，三者密切相关（张小林，1999）。龙花楼将乡村地域空间划分为生产空间、生活空间和生态空间（龙花楼，2013）。上述研究主要是基于乡村空间的功能，对乡村地域进行划分，偏向于物质空间的变化。然而，随着城乡关系的日益密切以及城市环境的恶化，乡村生态环境越来越受到重视，尤其是在大城市周边，乡村成为吸引城市居民最强有力的元素。而城市居民的消费性进入对乡村空间产生了很大的影响，不仅造成乡村空间在物理空间形态上发生了重大转向，而且社会文化空间也变得日益复杂，甚至空间本身也已成为消费和生产加工的对象。因而，国内外学者依据空间再生产理念，进一步拓展了乡村空间的类型，如Halfacree（2006）从乡村地方性、乡村空间表征以及乡村日常生活空间三个层面论及乡村空间；Frisvoll（2012）指出，旅游驱动下的乡村空间是由物质空间、非物质空间以及个人空间三个维度构成；刘云刚等（2011）认为，城乡结合的空间可划分为物理空间、社会空间以及制度要素空间三大部分；郭文等（2012）从资本维、生产维、权力维、阶层维、生活维以及社会维六个维度对周庄古镇空间进行了探讨。尽管现代学者们对乡村空间各个维度赋予了不同的内涵，但均隐喻了乡村空间应包含物质空间、制度空间以及社会空间三个主要方面，且在空间消费和再生产的过程中，三大空间相互影响、相互交织。

因而，借助空间再生产理论，针对我国乡村所具有的浓厚文化特色和宗族制度，笔者认为乡村空间应包括物质空间、社会空间、文化空间以及制度空间。其中,物质空间是以实体空间为基础,侧重于聚落、住宅、土地、生态等地理景观形态;社会空间是指情感归依的生成领域,侧重于身份认同、村民关系、社会网络等各种关系;文化空间包括宗族信仰、传统习俗、乡规民约等文化存在,社会空间和文化空间是权力运作的媒介,而制度空间是指国家和地方政府颁布实施的各种规划及政策文件。

### 四 资本化与空间资本化

1. 资本化

资本的概念比较丰富,1678 年《凯奇·德弗雷斯词典》最早将资本定义为产生利息的成本;Adam Smith 认为,资本是指提供收入和利润的财物;马克思则在《资本论》中,从政治经济学视角对资本进行了深入而透彻的解析,认为资本具有流动性,在不断流动中无限谋求自身生产,实现自我增值。资本不仅具有自然属性,而且还具备社会属性,它在现实生活中总是表现为一定的物质,但物质的自然属性并不能使之成为资本,只有在特定历史条件下,当其担负特殊的社会经济职能时,才能成为资本,资源和资产是资本形成的基础。

资本化就是指资源、资产等转化成为资本的过程与趋势,使其在不断流动中转化为具有商品特性、能产生或带来价值和剩余价值的有用物。资源资产在资本化以后就会以各种形式向各种方向流动,以追求促进增值为目的,追寻能够实现最大资本的收益,这一过程在客观上加快了资源资产的配置速度(毛科军,2013)。资本倾向于将土地、文化、劳动力等各种资源资产进行商品化,并使之进入市场,根据市场的供求关系自动调节商品的价格和生产需求。同时,市场将在资源、资产资本化的过程中,根据自身需求生产出适合的社会空间,同时,资本形态的演变也会引起相关空间形态和社会结构的变化。因此,资本和空间构成了一种互动关系。

2. 空间资本化

由于资本对利益追逐无限扩张的历史本性,空间范围的拓展成为资本发展的必然结果,因而,资本的积累过程,实质上就是地理空间扩张的过程，即空间的资本化过程。具体来说，空间的资本化过程就是指资本占有空间，将原有社会空间变为资本化空间的过程，期间伴随着对既有空间的改造、重构和重新定义，最终按照资本的逻辑创造出一个满足自身增殖需要的新空间。新马克思主义认为，在资本逻辑推动下，资本运行规模逐渐从工厂内部空间的调整，过渡到城市空间的构成与重组，再到全球空间的最终形成，这是资本为解决自身危机的一种地理转移，其地理转移过程不是一个简单的、线性的转移过程，而是与资本本身复杂的构成、与资本和权力连接的疏密关系、与地方的劳动力素质与成本，同时也与地方的建成环境（其中特别是公共基础设施的水平）等共同构成的一个复杂的、动态的关联网络。因而，地理空间形态的变迁屈从于资本积累的运作逻辑，而资本积累的运行逻辑也必然会不断改变传统空间的资本化形式，导致甚至加速地理空间的分化与重构。

新马克思主义认为，空间资本化的最佳对象是城市，资本是城市化的内生性动力，城市的繁荣或衰败与资本的扩张或萎缩紧密联系在一起。按照资本逻辑，城市化过程中的产业结构、人口迁移、城市数量及规模、区域不平衡发展是资本积累的后生性结果。城市空间的资本化过程往往显示出资本对城市空间资源的"选择性占用"，总体来看，风景优美、通达性较好、与公共资源更为接近的地段与区域更易成为资本青睐和占用的空间（杨宇振，2016），由此，在宏观上造成地理空间发展的极大不平衡；在微观上造成城市空间的片段化和马赛克化，在空间上表现为具有资本特性的"中心—边缘"关系。

综合以上概念，资本的本质是体现在物上的人与人之间的生产关系，这种关系存在于任何一种社会形态之中。资本作为一种发展经济的有力手段，虽然表现出社会制度的本质，但更是利益团体发展意图的逻辑体现。资本不仅是资本主义国家的特权，而且也是社会主义国家发展经济的根本途径。改革开放以来，在我国快速城市化发展进程中，城市范围不断侵蚀农村地域，造成农村地区范围的逐步萎缩，表现出资本逻辑的显著特征，体现为大规模的招商引资、农用地的快速城镇化，以及工业用地与物流仓储用地、商服和居住用地的大规模出让等（武廷海，2012）。与之相伴而生，我国大城市周边的农村地区，处于城市空间发展的尾端，受城市资本逻辑的影响较为显著，表现为不同程度的空间解构与重构。因而，农村空间的运动轨迹和发展规律同样遵循着资本的运作逻辑，其空间资本化趋势不断显现。空间生产是资本控制和作用的结果，城市化过程的实质就是资本的城市化。

## 第三节 理论分析框架

新马克思主义理论体系中，Henri Lefebvre 和 David Harvey 分别从社会和资本逻辑对空间再生产过程进行了深层次的解释，认为空间本身已经成为资本元素进入生产领域，空间再生产就是空间的资本化现象。"空间资本三级循环体系"显示，为了解决第一级循环中出现的过度积累危机，资本通过时间延迟、地理空间扩张、空间重组、不平衡地理发展等方式铲除空间障碍，不断向农村拓展空间。同时，农村地区为了自身发展，地方政府和居民也适时地做出各项调整，以吸引资本固化，农村空间也作为资本元素进入了再生产过程。Halfacree 以 Lefebvre 的三重空间模型为基础，根据对后生产主义时期激进型乡村的研究，提出更为复杂的"乡村三重空间模型"（见图 2-4）。

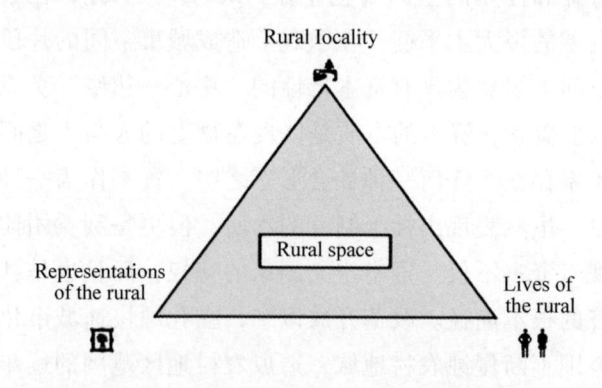

图 2-4 Halfacree 乡村三重空间模型

与 Lefebvre"三重空间模型"中对"再现"的强调不同的是，Halfacree 更加注重"实际的血肉和文化"的联系以及与"现实生活的关系和事件"的表达，即突出乡村空间中的"直接行动"以及内在"结构一致性"。Halfacree 认为乡村空间共有三个部分构成。

1. 乡村地方性。乡村地方性就是围绕环保嵌入式、分散和相对自给自足与自力更生的生活模式，其最好的表达方式就是低影响开发，即发展时应提升或不显著降低环境品质，尽量不影响环境，其开发标准共有九条（见表2-2）。Halfacree 认为低影响开发可以通过一些具体的行为次数来体现：①"另类"的返迁移民。这一群体主要是以小规模农场和自给自足的农耕生活为主要追求，从而建立与土地相关的人类或非人类行为（如家畜、农作物、土壤、自然等）的联系。②采用"永续生活"形式，即追求人、土地和自然要素的重新融合，通过"永续"的方式为人们提供食物、能源、住房等物质和非物质需求。③感知经济实践。乡村地方性超越了单纯的农业生产形式，农业更与实践教育、手工业等后生产性的生产主义行为关联紧密。④构筑于地方的实践活动。乡村地方性直接体现于地方制造（当地生产商）、目的地（当地市场）、流通（小型运输）以及生产与消费商品的季节性。⑤双向移民潮。城市与乡村之间因季节性工作、节日、聚会等复杂综合的原因，致使城市、乡村以及乡村内部的移民潮是双向的，且正是出于这种双向移动的生活方式，打破了传统的城乡分野。

表2-2　　　　　　　低影响开发（LID）的九条标准

| | | |
|---|---|---|
| • 暂时 | • 当地物质 | • 少流量交通 |
| • 小规模 | • 提高生物多样性 | • 可持续目的 |
| • 不显眼的 | • 非再生能源消费 | • 积极的环境效益 |

因而，乡村地方性具体是通过与生产和消费行为相关的独特空间实践而表现和刻画的，如村民生活特质、农耕产品、聚落风貌等。但

与之相对应，这些行为不是仅存在于乡村空间中，而是这一空间中任何具体或无形的行为或事物的改变，都可能对乡村的地方性产生不同程度的影响。

2. 乡村表征。乡村表征是人们在想象与建构下被刻意创造出来的乡村表现形式。具体表现为资本主义利益相关者、文化者、规划者或政治家，在政策、规划文件、产业利益中的一些表述，以及乡村被整合到资本主义生产和交换过程中的方式，这里的乡村是一种超现实的商品（萧昆杉，2007），也是乡村商品化的途径。

> 正式再现代表的是建构乡村空间的核心概念，其内涵有着对建造乡村空间的憧憬与想象，并有着不同于过去传统乡村的特色。甚至注入了人类对地方的情感与生活体验之后，升华为更高的地方与乡村认同。
>
> ——Halfacree，2006

乡村表征有两个关键性概念，即本地化以及根植于土地活动的乡村。本地化是一组相互关联且具有"压倒性权力"的政策，它不仅可以支配生产者和消费者，同时还可以掌控社会面和生态面的冲击。而"根植于土地活动的乡村"中的"土地"，是定义"乡村"最有力、最本质的要素，因为所有的乡村活动都立基于土地，不论是乡村经济还是乡村文化，都根植于脚下的泥土。因此，土地巩固了许多乡村未来的激进表征。Halfacree将此概念延伸，探讨了城乡间不平等的"掠夺"关系，结果显示，当城市"进驻"乡村时，种种名为乡村规划的实践，事实上却改变了乡村原有的土地性质与功能，致使乡村性的消没。

此外，乡村表征还具备其他几项要素，如强大的"社区"语境、土地多样性、深层生态信仰以及人与土地和谐共存的价值。也就是说，乡村表征除了规划的"构想面"，将乡村"构想"为一个"适合所有人类和非人类的多样性之家"外，同时也包含着"实践面"，得以进行"反思性的努力"。

3. 乡村的日常生活。乡村的日常生活，即那些生活于具体乡村地域或作间歇性乡村生活的城市住民，其身体落实、体验的生活形态。乡村日常生活本身不可避免地具有松散性和碎裂性特性，与正式性或学术性陈述有所差异。这与居民们的乡村表征有很大的关系，因为这代表了这一群体对乡村不只抱着憧憬与想象，更进一步地创造实现他们理想中的生活，造就乡村的特色。日常生活虽然以非常生活化的方式呈现，却代表了这一群体的生活态度，甚至展示其追求美感的人生意义，使生活更加艺术化（Halfacree，2006）。

这一层面的乡村空间需要考虑的关键因素是乡村空间日常生活维度的颠覆性。乡村主导表征在生产主义时期和超生产主义时期在地方性、田园和消没性乡村空间中有着明显的颠覆，这种颠覆性存在于乡村的每一角落，不论是土地的、想象的或是实践的空间。因而，这一颠覆性在后现代主义乡村空间中是一种"常态"。

乡村地方性、乡村表征以及乡村日常生活三个层面是相互依存的、不可剥离的，在解读乡村空间时没有任何一个层面的空间能够独立分离出来，这就是乡村三重空间模型。乡村三重空间模型除延续Lefebvre的三要素一体概念外，Halfacree更特别注重从每日生活中再度连接乡村空间的整体性含义。乡村空间内部的"结构一致性"是指乡村地方性、乡村表征以及乡村日常生活等所有元素以相对平稳、一致的方式凝聚，而呈现出农村标准一致性的程度。

近年来，北京城市空间迅速扩张，地域范围逐渐向周边农村蚕食，致使周边农村发生着剧烈的变化，新兴工商业、休闲旅游业、住宅产业等商品生产导向的发展凸显和增强了农村空间的商品化特征（王鹏飞，2013），在地方权力、资本阶层以及追求田园风光的城市居民等各方利益的角逐下，农村空间不仅成为城市空间"整理"的对象，而且自身也在不同程度地进入资本化的过程中。

然而，空间资本化理论体系以及乡村三重空间模型的研究，仍存在几点问题需要反思。

（1）空间正义的缺失引发社会问题

空间再生产理论认为，空间是政府、资产阶层、居民、市场等各种利益团体角逐的目标和利益交织的场所。在资本逻辑操控下，其生产必然会完全按照资本逻辑扩张，从而忽视和剥夺部分人应享有的空间权益，造成资源分配不均以及机会和结果的不平等，最终引发人与自然，以及社会群体间的对峙与冲突等一系列社会经济问题。因此，针对空间社会化改造进程中资本内在的盲目性缺陷，在城市空间的建构过程中，不仅仅要遵循资本形塑空间的逻辑，还应在人本主义理念指导下清楚地考虑"城市的发展是为了谁"这一本源问题（强乃社，2011），有效解决诸多社会经济危机。

(2) 空间资本化研究缺少乡村空间维度

列斐伏尔认为，城市起源于乡村，但城市空间则聚集了多种不同的空间元素和力量而成为空间生产的中心，并主导着乡村空间，因而，空间的资本化研究自然就成了城市空间的资本化研究。然而，随着资本的地理空间扩张，资本化的空间范围逐渐外扩，广大乡村地区，尤其是大城市周边乡村受城市进程影响严重，城乡关系发生了前所未有的变化，远离喧嚣和污染的乡村空间不仅成为缓解城市空间资本积累的理想场地，而且也日益成为吸引城市居民的最强有力元素。因而，乡村空间也经历着与城市空间相似的资本化过程。但空间资本化研究以城市空间为研究对象，缺乏乡村空间维度的分析与探讨。

(3) 根据我国乡村社会实际反思与调整空间再生产理论

空间再生产理论脱胎于西方国家的城市空间研究，虽然认为空间资本化是资本、权力、土地、制度、市场、文化等多方力量的综合，但主要强调资本和权力的作用。而我国乡村社会经济发展状况不同于西方城市，对于城市空间来说，其变化外在引力较小，内在发展动力更大，资本和权力的力量更加显著，而对于部分农村地区，尤其是大城市周边的农村地区来说，空间景观的剧烈变化一方面是在城市这一强大外在引力作用下发生的，由外来资本的不断流入以及城市居民的消费需求等因素致使的被动变化局面愈发明显；另一方面，宗族制度、熟人关系以及乡土观念，对外来变化的抵制具有根深蒂固的作用，其空间资本化的变迁及运作显然不同于城市。因而，对于乡村空间资本化问题的研究需要转换视角和思路，不能片面地运用、模仿西方城市空间再生产理论,来解释我国乡村空间资本化现象。要透视我国乡村空间资本化现象,则需根据我国乡村实际情况对空间再生产理论建构进行反思和调整,适当修订空间再生产理论的语境及其假设条件。

(4) 乡村三重空间模型忽视了区域差异性及内外动力元素的影响

尽管 Halfacree 在 Lefebvre 的城市三重空间模型基础上,进一步发展出更为复杂的"乡村三重空间模型",充分考虑乡村空间的多重变化,探讨乡村地方性、乡村空间表征,以及乡村日常生活空间三个层面的"结构连贯性"程度问题。然而,该模型是以英国激进型乡村为实证对象,此时的乡村空间已经处于发展利用的高级化阶段,城市居民已经替代了原住民而居于乡村空间的主体,他们更加强调对地方环境、乡村特质等物质元素的保护,突出规划、制度等权力因素的制约与促进,政府作用相对较弱。然而,对于发展中国家,尤其是中国来说,虽然大城市周边的乡村可能具备了多功能主导的条件,但整体来说,乡村空间的资本化利用程度还处于初级阶段,原住民仍是构成村落人口的主体,乡村文化对村落变化的制约作用非常明显,社会因素、政府权力等作用尤为强大,而该模型则忽视了乡村空间形态形成的地域性特征、权力机制以及发展阶段的差异。同时,该模型将乡村空间的变化局限于乡村空间内部的变化,探讨乡村空间再生产的过程与机制,忽视了城市、资本、权力等外界力量的干扰,以及特定生活状态对乡村空间变化的影响。基于此,本书试图通过对北京市休闲型乡村空间资本化过程与机制的深入分析,进一步修正乡村三重空间模型,以更适合于解释我国大都市周边休闲型乡村空间资本化的发展过程。

# 第三章 乡村空间功能转型与资本化判识

城市作为消费及资本积累的最主要空间,在城乡生产及生活关系的转变中不断将问题向乡村转移。因此,乡村发展困境并不完全来源于乡村自身,其主要动力源在于城市,其解决方法也不能局限于自身空间,而需将其置于城乡相互关系之中,将乡村纳入城乡"资本积累"的一元框架中,才能寻找到真正的解决方案(杨宇振,2016)。本章重点梳理改革开放以来北京市城乡关系发展进程,分析城市休闲消费的宏观市场背景以及乡村空间资本化趋向。

## 第一节 乡村空间功能转型

### 一 指标体系构建

国内外学界通常将农村经济发展速度、发展阶段、发展动力、功能和产业结构等作为划分乡村类型的依据,城乡移民作为其主要研究基点,依据乡村与城市的相对性,充分体现城乡连续谱的思想。但是国外学者对乡村类型的划分主要基于西方发达国家乡村空间语境下,是以城乡移民为切入点进行选取的,而对于正处在城市化进程加速阶段的我国来说,城乡移民还为时过早,因此,这些衡量方法并不适合我国现阶段乡村的发展状况,但其中饱含的城乡连续谱思想可为分析我国城乡发展所借鉴。

近年来,国内学者延续国际通用的以经济基础衡量乡村发展的思想,以产业比重作为标准刻画区域范围内乡村发展类型,如姚建衢等结合乡村经济的产业功能，采用相关分析和变异度分析方法，将黄淮地区乡村划分为五大功能类型（姚建衢，1992）；龙花楼以此为标准将东部沿海地区乡村划分为农业主导、工业主导、商旅服务以及均衡发展四大乡村发展类型（龙花楼，2009）；张荣天（2014）、孟欢欢（2013）、王光耀（2019）等学者对长三角地区、安徽省和长江经济带等乡村发展类型进行了划分。基于此，本书参考已有研究成果，采用国内外常用的乡村发展类型衡量方法，以县域尺度对我国乡村发展进行类型划分，动态地识别乡村发展以及空间布局，以便重新认识现阶段的乡村空间特点。

## 二 乡村发展类型变迁

基于2001年和2018年《中国县域统计年鉴》以及部分市县统计年鉴获取全国1740个县市的地区生产总值以及第一、二、三产业产值，构建乡村发展类型划分指标。由于数据缺失以及行政区划调整，2000年和2017年县域数量发生很大变化，基于数据获取可得性以及区划调整，选取1971个县域进行对比，根据中国各县域一产、二产和三产产值占地区生产总值比重及平均值和标准差（见表3-1），从而确定县域乡村发展类型，标准差反映了乡村类型的离散程度。

表3-1　　　　　　　我国乡村发展类型划分依据

| 年份（年）<br>指标（%） | 2000 | | | 2017 | | |
|---|---|---|---|---|---|---|
| | 第一产业 | 第二产业 | 第三产业 | 第一产业 | 第二产业 | 第三产业 |
| 平均值 | 35.84 | 33.51 | 30.64 | 18.43 | 40.78 | 40.79 |
| 标准差 | 15.75 | 14.42 | 8.54 | 10.72 | 14.45 | 10.25 |

一般来说，如果县域单元的第一、二、三产业中某一产业产值比重超过全体样本的平均值与标准差之和，则表明该产业在地方经济发展中占据主导地位（龙花楼，2009）。基于平均值和标准差计算结果，将我国乡村划分为农业型、工业型、服务型以及均衡型四种类型（见表3-2）。

表 3-2　　　　　　　乡村发展类型划分指标体系

| 指标＼年份（年） | 2000 | 2017 |
|---|---|---|
| 农业型 | 第一产业产值≥51.59% | 第一产业产值≥29.15% |
| 工业型 | 第二产业产值≥47.93% | 第二产业产值≥55.23% |
| 服务型 | 第三产业产值≥39.18% | 第三产业产值≥51.04% |
| 均衡型 | 三次产业产值均不高于当年相应平均值与标准差之和 ||

1. 2000—2017 年乡村发展类型

根据测算与分类结果，采用 ArcGIS 中的最佳自然段裂法，把乡村空间的四种类型进行空间展示（图 3-1）。结果显示，2000 年以来，在工业化、城市化快速推进以及全球化下延的过程中，村民、文化等农村地域内核系统以及城市、资本等外缘系统相互交织（李玉恒，2018），共同促使我国乡村社会经济发生剧烈变化，从而形成不同的乡村发展类型。

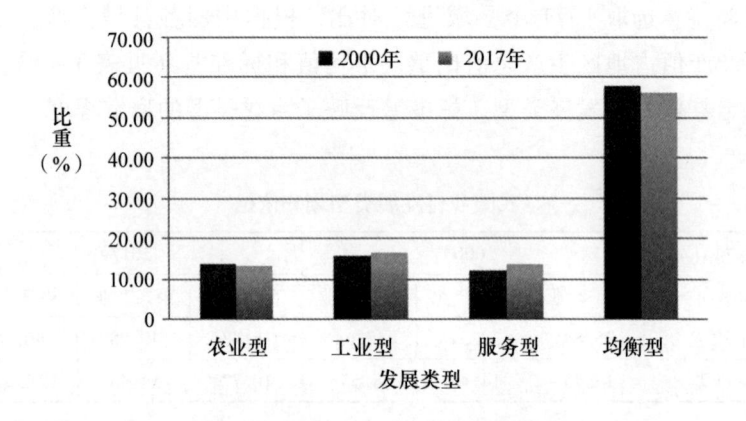

图 3-1　我国县域乡村发展类型比重

2000 年，均衡发展型乡村占全国县域的 57.94%，成为乡村发展的主要类型，其余三种发展类型相对均衡，如工业主导型所占比重为 16.03%，农业主导型占比 13.65%，服务主导型占比 12.38%，这一结果表明，我国大部分乡村发展的主导方向尚未明确。从空间布局来看，这一时期，均衡发展型乡村主要分布于陕西、河南、山东等黄河中下游地区，江苏、浙江等东南沿海地区以及江西、广西、广东等南部沿海地区，散布于青海、西藏、新疆、内蒙古等西部地区，分布较为广泛，其中黄河中下游以南分布相对集中。与均衡发展型不同，农业主导型的县域分布比较集中，主要分布在青海和西藏的大部分地区，以及内蒙古和东北等西北部的个别地区。工业主导型乡村布局较为密集，呈团簇状发展态势，集聚于江苏、浙江省等长三角地区，山西、河南、内蒙古等黄河沿岸部分地区，以及甘肃北部、四川、西藏等西部个别地区，呈带状布局。服务主导型乡村数量最少，布局也最为分散，散布于全国各个地区，但以西北地区和西南地区乡村最为显著。

经过近20年的发展，我国乡村发生了巨大变化，2017年，均衡发展型乡村比重仍为我国乡村主要发展类型，但比重有一定程度的下降，由2000年的57.94%降至2017年的56.32%，工业主导型由2000年的16.03%升至2017年的16.54%，农业主导型由2000年的13.65%降至2017年的13.5%。可见，除农业主导型的比重有细微降低外，其余两种发展类型均有一定程度的增长，我国乡村呈均衡性发展趋向。从空间布局来看，在这一时期，青海、内蒙古、新疆、陕西等西北部乡村均衡发展程度逐渐降低，转向于工业和农业发展，均衡发展型乡村布局不断退缩，向河南、山东等黄河中下游地区，江苏、浙江等东南沿海地区以及江西、广西、广东等南部沿海地区集中，但这一类型的乡村分布仍最为广泛。农业主导型乡村逐渐由集中走向扩散，除青海和西藏的大部分地区仍较为集中外，其布局不断向黑龙江、吉林等东部和北部扩散，总体形成西部和东北部两大集中区。工业主导型乡村布局主要集聚于山西、河南、内蒙古等黄河沿岸部分地区，以及甘肃北部、四川、西藏等西部地区，与2000年相比，江苏、浙江省等长三角地区工业发展消失。因此，我国工业主导型乡村团簇状发展态势更为突出。服务主导型乡村数量开始增多，布局仍较为分散，散布于全国各个地区，西北和西南地区集聚特征愈加凸显。

2. 2000—2017年乡村发展类型变迁

2000—2017年，我国共有844个县域乡村发展主导类型发生较大变化（参见表3-3），占全部县域数量的7.45%，其中，变化数量比例最高的发展类型为工业型变更为均衡型，变更比重为16.82%，其次变更比重在10%以上的依次为均衡型变更为工业型、均衡型变更为农业型、均衡型变更为服务型，以及服务型变更为均衡型、农业型变更为均衡型，变更比重分别为15.17%、13.98%、13.86%、11.26%和11.02%。基于以上数据可以看出，乡村发展主导类型为均衡型的县域比重不断下降，由均衡型转变为具体产业的现象较为明显，这一结果表明，在近20年的发展过程中，乡村发展方向日益明确，乡村分工更为细致。

表3-3　　　2000—2017年县域乡村发展类型变更

| 变更类型 | 变更数量 | 变更比重（%） | 变更类型 | 变更数量 | 变更比重（%） |
| --- | --- | --- | --- | --- | --- |
| 服务型—工业型 | 29 | 3.44 | 均衡型—服务型 | 117 | 13.86 |
| 服务型—均衡型 | 95 | 11.26 | 均衡型—工业型 | 128 | 15.17 |
| 服务型—农业型 | 31 | 3.67 | 均衡型—农业型 | 118 | 13.98 |
| 服务型—农业型 | 26 | 3.08 | 农业型—服务型 | 38 | 4.50 |
| 工业型—均衡型 | 142 | 16.82 | 农业型—工业型 | 24 | 2.84 |
| 工业型—农业型 | 3 | 0.36 | 农业型—均衡型 | 93 | 11.02 |

从空间布局来看，2000—2017年，我国乡村发展类型的空间分布发生了规律性的演化，农业主导型与服务主导型乡村进一步扩散，不断向东向北转移，其中，农业主导型乡村总体形成西部和东北部两大集中区；工业主导型乡村重心西移，集聚性特征进一步增强；均衡发展型乡村仍占据乡村发展主流，整体布局变化不太明显。

基于以上分析，造成2000—2017年我国乡村发展类型与空间布局变迁的原因，除了与自然资源禀赋直接相关外，与我国近年来城市化、工业化以及全球化的发展成果，以及我国区域发展协调政策密切相关。一方面，2000年以后，我国先后实施了西部大开发、振兴东北老工业基地、中部崛起、乡村振兴等战略，从区域协调上推动中西部乡村不断调整地域发展政策，发掘自身资源优势，驱动新兴产业；另一方面，随着城市化进程的加快和全球化的下延，城市资本、城市需求不断下移，对乡村空间、乡村资源的需求日益强烈，从而迫使乡村迎合城市需求，不断改变乡村发展类型。

### 三 乡村空间转型特征

**1. 乡村空间逐步由封闭走向开放**

基于2000—2017年我国县域乡村类型的变更态势可知，虽然总体上我国乡村以均衡发展为主导，但随着大城市城市化进程的不断加快，以及行政区划的调整，乡村不断受到冲击，尤其是紧邻城市的乡村地区，一方面，乡村地区外来人口逐渐增加、农业生产更加多样化、休闲旅游业规模逐步扩大，乡村空间资本化显现。乡村除传统农业生产这一基本功能外，休闲旅游发展、商贸批发、农村电商、景观环境保护等成为农村农业发展新路径和新功能（参见表3-4），农村空间资本化现象渐趋显现；另一方面，城市空间拓展不断蚕食着周边农村的空间，并将城市的社会结构、经济发展、生活方式、土地利用方式等，以圈层结构向周边农村渗透，原有的城乡关系不断被打破。由此，在城市元素不断植入农村，以及城市元素与乡村元素碰撞过程中，乡村经济转型模式与乡村重构模式不断多元化，乡村空间逐步由封闭走向开放。

表3-4　　　　　　农村发展转型路径与模式对比

| 农村空间转型路径 | 乡村经济转型模式 | 乡村重构发展模式 |
| --- | --- | --- |
| 传统农业生产 | 农业现代化转型模式 | 劳务输出带动型 |
| 商贸批发 | | 专业市场组织型 |
| 休闲旅游消费 | 乡村休闲转型模式 | 农业专业化和产业化带动型 |
| 景观、环境保护与管理 | | 文旅产业带动型 |
| 现代农产品加工+互联网 | 乡村工业化转型模式 | 乡镇工业带动型 |
| 城乡一体化发展 | 城市化转型模式 | 城镇建设带动型 |

注：乡村经济转型模式和乡村重构发展模式根据参考文献（樊立惠等，2020）整理。

## 2. 乡村发展多元化现象凸显

随着城市居民休闲需求的日益强烈，以及乡村工业和乡村旅游的快速发展，乡村自然环境越来越多地作为经济资产用于地方发展，与之相伴而生，乡村经济由自然环境的资源化利用，向田园牧歌式的乡村审美转变（Overvåg K，2010）。由此，我国农业传统生产功能不断弱化，乡村空间休闲功能日益凸显，乡村发展日益多元化，其中，中国地理标志产品、中国最美休闲乡村、特色小镇等是乡村发展多元化的重要表现。农业是乡村性最有效、最持久的标志之一，2005年，国家工商总局商标局、国家质检总局和国家农业部三部门联合通过《地理标志产品保护规定》，对国家地理标志产品进行注册、登记和管理，截至2010年，全国共有地理标志产品1008件，分布范围较广，尤以中东部最为密集，西北、青藏高原地带受自然条件制约，地理标志产品数量相对稀疏。由于地理标志产品兼具较高的经济附加值，并发挥传播地域乡村文化、社会价值的作用（樊立惠，2020），因此，农业地理标志产品的推进和保护在提升农业质量、效益和竞争力的同时，通过消费和保护价值嵌入资源使用，促进了农产品的多元化发展和乡村地方性的保护。

随着城市居民乡村休闲消费需求的日益强烈，良好的乡村生态环境正在成为吸引城市居民的强有力元素，风景资源禀赋良好、区位条件优越、毗邻城市的乡村，凭借自身资源优势，逐渐成为城市居民和城市资本的投资地，从而促使消费空间在乡村大量出现、乡村功能更加多元（姚娟，2019）。从中国美丽休闲乡村、特色小镇空间布局来看，虽然与地理标志产品的分散性布局类似，但中部和东南部的集聚性特征更为突出，造成这一现象的原因除了与自身禀赋相关外，更主要的是与区域发展水平、区位条件、人口密集程度有着密切关系。基于此，采摘、体验等休闲农业，以及美丽休闲乡村、乡村旅游特色村等特色村落、特色小镇应运而生，尤其是诸如北京、上海等大城市周边乡村，传统生产功能正逐渐被现代休闲消费功能所取代。

## 第二节 北京市城乡关系推演

改革开放以来,北京市城乡关系经历了由隔离的城乡分治到融合的城乡联动状态转变,长期以来形成的彼此孤立、相互隔绝的城乡二元格局步入良性的发展轨道。回望改革开放以来北京市城乡关系的演化历程,1992年城乡一体化思想的提出,以及1993年小城镇建设的试点,成为北京市城乡关系发展的关键时间节点,因此,本书以1992年为时间节点,将北京市城乡关系发展划分为两个时期,分析与提炼不同时期城市资本的空间扩张特征以及乡村空间发展趋势。

### 一 1978—1992年:向心式积累

1978年以后,城市空间成为我国主要生产源与消费源,城乡隔离的宏观背景造就了生产资料由农村向城市的直线式、单向度的流动与延伸,城市资本呈现由乡村流向城市的内敛式积累方式,北京市城乡关系也遵循着这一典型的工业化发展逻辑。但由于首都性质的改变,北京市城乡二元隔离松动的境况领先于全国,从而为城市资本的外延式拓展及反方向的空间选择架构了桥梁。

1. 经济体制改变

1978年,党的十一届三中全会的召开,标志着我国改革开放的开始,农村改革位于前列。与全国农村改革步伐一致,1979年,北京市农村人民公社制度迅速解体,实行以按劳分配为主体的家庭联产承包责任制,极大地激发了农民对农业生产的生产和投资积极性。经过六年的发展,北京市农民人均收入有了极大提高,由1979年的151元增长至1984年的854元,远远超过当年的全国平均水平。同年,城镇居民与农村居民收入差距缩小至1.84:1,是改革开放以来北京市城乡居民收入差距最小的一年,农村改革初见成效。

1982年至1986年,中共中央连续五年发布以"三农"为主题的"中央一号"文件,对农村改革和农业发展作出部署。1985年,"中央一号"文件取消了实行30多年的农副产品统购统销制度,农产品市场逐步放开，剩余农产品进入流通市场，极大地解放和发展了农村生产力，农村经济迅速增长。1986年，北京市率先开始以城乡一体化的思路指导农村经济工作，统筹农村建设与城市发展，以城市工业支援乡村建设，试图扭转城市与乡村相互隔离的对立状态。1991年，北京市提出加快城乡一体化步伐的思想内容，逐步建立城乡互补的经济体系，发展以城带乡和城乡协调的城镇建设体系，逐步缩小城乡差别。因而，北京市一系列的农村经济体制改革为农村第二、三产业的发展，以及城乡关系的改善奠定了基础。

2. 乡镇企业发展

1979年，在《中共中央关于加快农业发展若干问题的决定》和《国务院关于发展社队企业若干问题的规定（试行草案）》两大政策的支持下，北京市乡镇企业迅速发展，发展速度领先于全国。为了促进农村经济发展，改善城乡关系，北京市政府采取城乡工业大联合的策略，将乡镇企业作为城市工业的第二条战线，呼吁城市工业积极向农村扩散，并成立工业支农队帮扶农村。1982年，《宪法》规定"县、自治县分为乡、民族乡、镇"，乡镇取代人民公社成为我国农村基层的最小行政区域。1984年，中央决定把社队企业改名为"乡镇企业"，并要求各地、各部门积极支持乡镇企业发展。乡村政策的支持以及农村劳动力的释放，导致乡镇企业异军突起，承担了农村劳动力就业、反哺农业、增加农民收入等功能。1985年年底，乡镇企业总收入由1982年的18.1亿元，猛增到52.1亿元，增长了1.9倍，年均递增42.3%；利润总额也由3.75亿元增加到8.61亿元，增长了1.3倍，年均递增31.9%（李永进，2009）。在经历了前期乡镇企业大发展后，1986年起，北京市多数郊区县领导意识到城市消费市场对乡镇企业未来发展的重要性，制定了旨在吸引城市工业的项目、资金、人才的地区性优惠政策。1988年，北京市政府在《工农携手、团结协作，促进城乡一体化》报告中指出，乡镇企业的发展就是对过去城乡二元结构的突破，其必然引起城乡关系、工农关系的重新调整。为了发挥首都大工业管理与科技方面的优势，1989年至1990年，全市确定近200家城市工业企业在技术、管理等方面帮助乡镇企业。

在这一时期,乡镇企业的发展为农村剩余劳动力转移以及农业现代化做出了重要贡献,为农村经济发展积累了资本,缩小了城市与乡村的差距,城乡二元分割矛盾得到一定程度的缓解(李永进,2014)。

3. 城乡空间连通

党的十一届三中全会以后,北京市各郊区县在加快农村经济体制改革和乡镇企业发展的同时,加快郊区县城镇建设的步伐。1983年,《北京城市建设总体规划方案》指出,城市结构坚持"分散集团式"布局形式,严格控制市区规模,按照"旧城逐步改建,近郊调整配套,远郊积极发展"的方针进行建设,形成以旧城区为核心的中心地区和相对独立的10个边缘集团。同时,规划方案明确了北京的城市性质,即:北京是我们伟大祖国的首都,是全国的政治中心和文化中心;北京各项事业的建设和发展,都要适应和服从于这样一个城市性质的要求;中心城区不再发展占地大、耗能大、耗水大、污染严重的工厂;同时,为了适应农村现代化和农村经济的发展,必须重视并抓好郊区县广大农村集镇的建设(刘牧雨,2008)。因此,北京市城市空间的饱和以及城市功能定位的转变,增强了城市污染严重的重工业向郊区转移的政策力度,加速了周边集镇与主城区的连接,在很大程度上改变了城乡经济结构,在空间发展上进一步联通了城乡关系。

总体而言,在这一时期,由于乡镇企业的快速发展、北京城市性质的改变以及一系列经济体制的改革,城乡之间在资金、信息、技术、人才等各种要素间实现了双向流动,加速了城乡联动发展的频率。城乡居民收入差距的逐渐缩小,城乡二元结构在某些方面出现松动,城乡关系得到了一定程度的改善,但囿于经济发展的总体制约,城市资本呈现由乡村向城市方向流动。

## 二 1993年至今:离心式外扩

进入20世纪90年代中期,北京市市场经济快速扩张,城市资本在前期积累的基础上,希望通过扩展和延伸空间实现资本的扩张,权力、资本、空间开始联姻,并推动政府为资本的地理空间扩张扫除障碍,基于此,北京市城乡统筹发展战略以及城乡一体化发展等战略的提出，为城市资本和消费空间的溢出奠定了政策基石，城乡分割的格局进一步被打破，城乡关系在地域空间和经济联系中日趋紧密。同时，城市资本的离心式外扩，促使乡村空间作为生产要素参与到资本循环体系之中，并推动乡村多重空间的分化与重构。

1. 城市产业空间溢出

随着北京城市功能定位的转变以及城市性质的明确，城市产业结构急剧调整，至2001年，北京中心城区三次产业结构已完成了前期的"二、三、一"向"三、二、一"的转型，中心城区非精尖产业的郊区空间转移，房山区、通州区等近郊及远郊区县工业迅速发展，产业结构呈现"二、三、一"状态（见图3-2）。此后，随着免除农业税、种粮直接补贴、鼓励农民转移就业、加大农村基础设施投入等一系列农村扶植政策措施的出台，以及城市居民到郊区观光、休闲、娱乐需求的增长，权力与资本的深入联姻，共同促进京郊农村经济的发展，三次产业结构进一步调整，第三产业迅速超越第二产业（见图3-3）。因而，城乡产业空间的转移、城市消费空间的溢出，驱使传统农业生产功能逐渐退化，农村地区生活功能和生态功能趋强，农村和农业的多功能开发成为郊区乡村发展的客观要求，周边农村地域成为城市资本实现地理空间扩张的最佳对象。

在这一时期，各县区也在为吸引城市资本和固化地理空间采取积极措施，乡镇企业改制、引资模式转型、土地政策优惠等措施的实施，吸引和固化了大量城市资本的流入，农村空间与城市资本的融合加速了城乡一体化的进程。在资本运作逻辑下，农村地区的产业融入城市经济，参与城市经济功能分工，成为城市产业体系的一个组成部分。从整体来看，第三产业出现区域性差异，房山区、通州区、大兴区等近郊区整体呈萎缩趋势；而怀柔区、门头沟区、密云区等远郊区县则出现逆增长，从农村居民收入结构来看，非农产业已经取代农业生产成为农民收入的主要组成部分（张英洪，2014），农村经济和产业发展进入了城乡联动并逐渐融合的发展阶段。

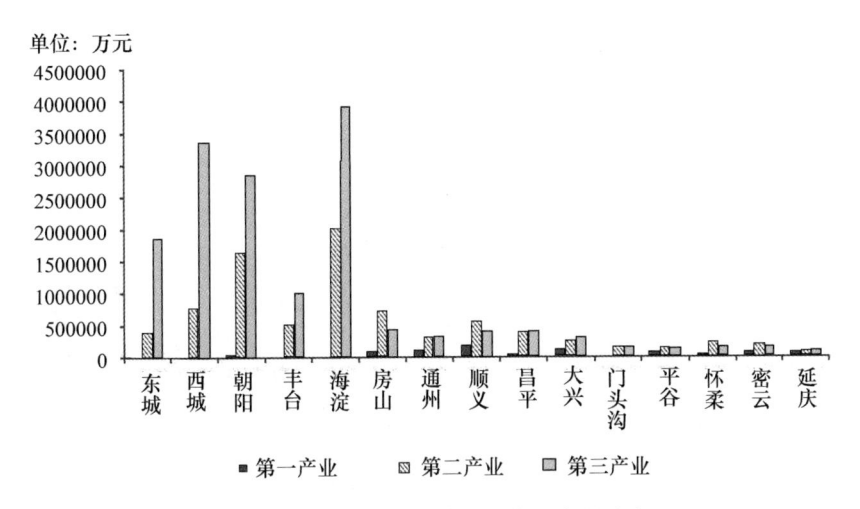

图 3-2 2001 年北京市三次产业产值分布

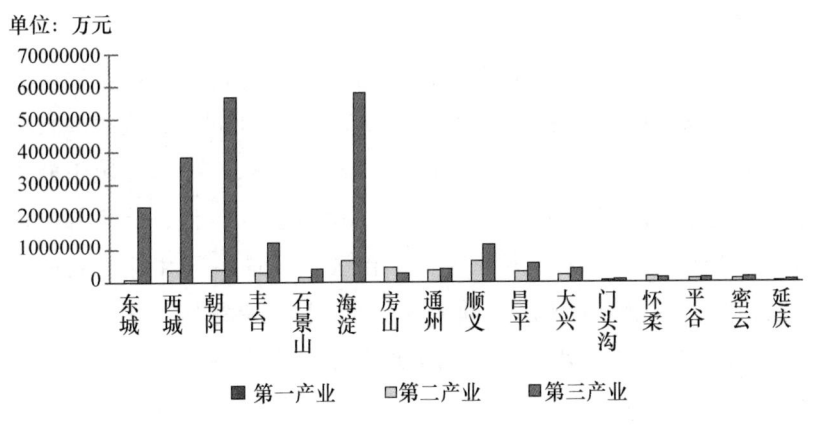

图 3-3 2018 年北京市三次产业产值分布

**2. 多功能农业空间迎合**

20世纪90年代中期以来，北京市第一产业种植面积锐减，种植空间不断向郊区县退缩。至2001年，东城区、西城区、崇文区和宣武区已不存在农业生产，朝阳区、海淀区、丰台区等城市功能拓展区也基本不存在农业生产，房山区、昌平区、通州区、延庆区等区农作物种植面积大幅萎缩，大兴区、顺义区、密云区、平谷区、怀柔区等远郊区成为农作物种植的集中地（见图3-4），其降幅还不甚明显。

· 83 ·

乡村空间资本化过程与机制

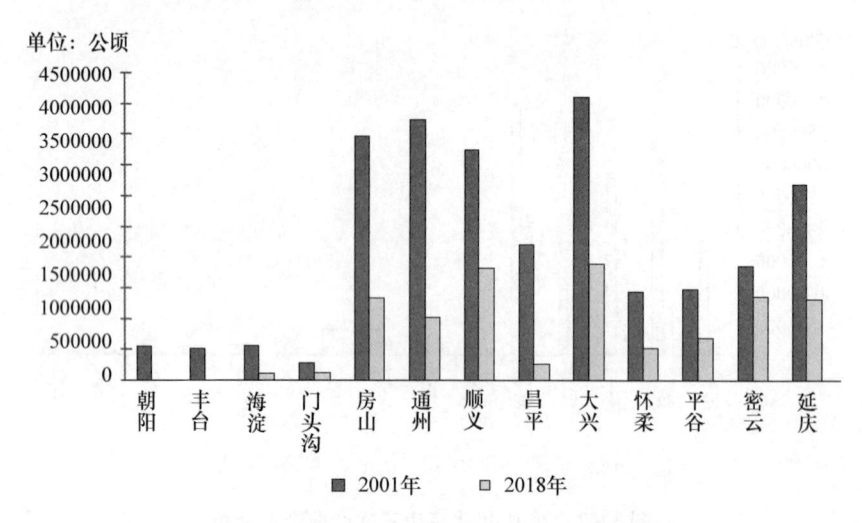

图 3-4 2001—2018 年各区县农作物播种面积

在 1992—2018 年的农作物种植结构中，代表传统农业生产功能的粮食作物种植面积由 73% 降至 52.36%，与此同时，代表现代农业的蔬菜及瓜果种植比重由 25% 快速扩展至 38%，种植区域不断由中心城区退缩。以蔬菜种植面积为例，20 世纪 80 年代，北京郊区的菜地 60% 集中在朝阳区、海淀区、丰台区、石景山区和红星农村等近郊区，26% 分布于通州区、顺义区、大兴区、昌平区、房山区、平谷区等区的 41 个乡，另有 14% 的菜地集中分布在各县城及工矿企业附近。从 1992 年起，北京市郊区菜地的分布发生了很大的变化，近郊区比重急剧下降，远郊区不断攀升，菜地的空间布局不断由近郊区向远郊区转移。农作物种植面积的不断减少以及区域逐渐退缩，一方面说明北京市传统农业生产功能的衰减，农业劳动力不断流入非农领域，乡村渐趋融入城市的发展进程中；另一方面也表明，中心城区的发展与乡村的关联日益紧密。

1995 年，北京市正式提出"首都经济"战略，要求郊区要按首都经济的发展方向和特点，优化种养业内部结构。2000 年，北京市政府大力发展符合首都经济特点的籽种农业、精品农业、观光农业、设施农业、加工农业、创汇农业六种农业，农产品结构由初级农畜产品向农畜良种等高附加值产品方面转变，农产品品种由一般农产品向名特优新稀品种转变。2002年以后，伴随着郊区旅游休闲度假的兴起，观光农业、乡村生态休闲、文化教育等农村功能不断被发掘。2013年和2014年全国农村工作会议提出，要建设"美丽乡村"，留住乡土文化。2015年和2016年"中央一号"文件指出，要"积极开发农业多种功能，挖掘乡村生态休闲、旅游观光、文化教育价值"，"厚植农业农村发展优势，深度挖掘农业的多种功能"。2017年，党的十九大报告提出乡村振兴战略，要求大力发展农业农村多元化，促进农村农业充分发展，并成为解决当前我国人民日益增长的美好生活需要和不平衡不充分的发展之间主要矛盾的重要抓手。在这一时期，农村及农业发展政策的演变，显示出北京农业多元化发展的进程，尤其是2000年以来，北京乡村旅游业的发展表现得更为明显。

基于此，面对北京这一巨大的城市消费市场，在多项农业和农村发展政策指引下，北京郊区农业在生产功能基础上，不断衍生出符合首都消费特点的生态服务功能及休闲文化功能，乡村与城市不断融合成为一个有机整体。

3. 城乡地理空间融合

在这一时期，北京市城乡关系的发展在空间上主要体现为：小城镇建设以及城市圈形成，在建设过程中，资本成为空间再生产的推动力量，政策规划是保障资本最大化运作的基础。1993年，北京市开始试点小城镇建设；1995年，北京市印发了《北京市小城镇建设试点工作意见》，此后，各郊县的小城镇和卫星城建设进入了一个新的发展时期，小城镇数量由1997年的115个，快速发展到2002年的132个，大致形成了旅游度假疗养型、商贸型、生态环保型以及工业型四种类型，带动了周边乡镇的经济发展，并构建了对城市居民和农村居民具有双重吸引作用的城镇体系。同时期，北京大规模的开发区迅速发展，几乎每个区县、每个乡镇都圈化了不同规模和级别的开发区，甚至不少村庄还建立了"工业大院"。因此，小城镇及开发区建设规模日益壮大，对周边乡镇的带动作用及辐射作用不断增强，为初步构建北京大都市城市圈，以及促进农村社会经济发展奠定了基础，

乡村空间资本化过程与机制

推动了北京城乡社会经济的联动发展。

1993年批准的《北京城市总体规划（1991年至2010年）》强调，在北京是"伟大社会主义祖国的首都、全国的政治中心和文化中心"基础上，新增"世界著名古都和现代国际城市"的城市性质。在城乡空间布局方面，强调卫星城的建设以及完善城镇体系布局的思想，发展现代化农村经济，城市建设的重点从市区向广大远郊县转移，构建"市区—卫星镇—中心镇——般建制镇"四级城镇体系，这是北京市城乡关系联动发展的关键环节。2004年，北京依据奥运理念和国际大都市发展理念，重新编制了《北京市城市总体规划（2004年至2020）》，要求城市建设要突出首都特色，增强城市的综合带动能力，形成"中心城—新城—镇"的城镇体系，大力发展适合首都特点的现代农业。《北京市城市总体规划（2004年至2020）》依据首都大都市及其延伸带不同地域的资源状况和功能特点，形成了以景观农业和会展农业为主的城市农业发展圈，以精品农业和休闲农业为主的近郊农业发展圈，以规模化的产品农业和加工农业为主的远郊平原农业发展圈，以特色农业和生态农业为主的山区生态涵养发展圈，以及与外埠基地横向联系的合作农业发展圈这五个农业发展圈。2016年，围绕"建设一个什么样的首都，怎样建设首都"，谋划首都未来可持续发展的新蓝图，北京市编制了新一版城市总体规划——《北京城市总体规划（2016年至2035年）》，规划落实北京首都功能，坚持全国政治中心、文化中心、国际交往中心、科技创新中心的城市战略定位，创新"中心城区—北京城市副中心—新城—镇—新型农村社区"的现代城乡体系，分区指导、分类推动、分级管控，推动城乡功能融合对接，积极发展城市功能导向型产业和都市型现代农业，推动乡村观光休闲旅游向特色化、专业化、规范化转型，将乡村旅游培育成为北京郊区的支柱产业和惠及全市人民的现代服务业。结合不同区域的农业产业基础和自然资源禀赋，完善旅游基础设施，提高公共服务水平，打造平原休闲农业旅游区、浅山休闲度假旅游区和深山休闲观光旅游区，加大治理力度，大幅扩大绿色空间规模。

综上，根据David Harvey的"时空修复"逻辑，北京市城乡关系逐渐由二元隔离到联动融合，表面上看是城市化进程的加快，以及农村的城镇化过程，而实质上是为了确保城市盈余资本的增值性，城市资本通过地理空间扩张的方式，选取周边农村作为投资对象，实现资本增值的过程，并致使农村空间不断资本化。与目前全国"重城轻乡"发展趋向不同的是，北京的首都性质决定了农村经济、社会发展的特殊性，而城市性质的体现和城市功能的发挥，又为乡村经济发展提供了许多其他城市无法比拟的有利条件和巨大的社会需求。因此，北京乡村依赖城市、城市依附乡村的城乡联动融合发展愈加突出。随着城市资本越来越多地投放于农村地区，乡村景观资源及生产、生活空间成为城市居民的消费对象，乡村与城市在人口、商品、资本、劳动力、信息等要素实现了双向交流和流动，农村空间和农业多功能性被逐渐强化，城乡关系的依存度和关联度将不断增强，城市与乡村的渐趋融合将不断推动北京市乡村空间资本化的发展，由此达到城乡共赢。

## 第三节　北京市乡村空间资本化判识

与利润追逐本性相伴而生，资本具有创新的本能和冲动，并驱使资本不断寻求利润高的投资领域，当物质生产部门的市场饱和时，资本便向非物质领域转移（庄友刚，2014）。2000年以后，在城乡行政壁垒以及二元经济结构消解的背景下，城市消费文化逐步兴起，城市居民的消费能力持续上升，人们的消费内容由旅游、购物等实物型产品，向环境、空气、文化等空间型产品转向，而乡村地区因其便捷的区位、迥异于城市的空间景观，以及异样的生活体验，逐渐成为人们休闲消费的新热点，越来越被纳入城市的总体消费体系之中，从而催生出乡村休闲消费市场的发展与繁荣，促使城市资本的投资对象由生产性产品向生活性产品转变，投资空间由城市向乡村转移。因此，消费产品的转向以及投资空间的转移，促使乡村空间的资本化运作。

### 一　远郊区人口季节性变化明显

市场规模是休闲型乡村实现空间资本化的前提条件，而消费群体源于城市人口的集聚度和扩散性。近年来，学者们纷纷从不同视角研

乡村空间资本化过程与机制

究不同时期北京市人口数量与空间的变迁特征，结果一致表明，北京市人口空间分布呈现出中心城区—近郊—中郊—远郊的空间递推趋势。然而，这些研究普遍基于人口普查数据对北京市人口演化特征进行探讨，而对第六次全国人口普查之后的2010—2014年人口的变化状况很少跟踪。

为了更加清晰地认识近年来人口的变化特点，本书根据《北京统计年鉴（2015年）》中的人口数据给予补充，追踪北京市人口发展特征。尽管年鉴中的口径与人口普查有一定差异，但能真实地反映出人口的发展趋势。1982—2010年人口年均增长率的数量与空间变化特征与众多学者先前研究相吻合，2010年至2018年，首都功能核心区和功能拓展区增速持续下降，至2018年，人口增速呈负增长。2010年以后，城市发展新区人口增速势头强劲，生态涵养发展新区增速震荡明显，尤其是怀柔、延庆两区，人口增速分别由2010年至2014年的-2.88%和-0.15%，增长为2014年至2018年的2.81%和3.27%，造成这一状况的原因可能是区域功能与城市居民对优良生态环境追求一致。因此，总体来看，2010年至2018年北京市人口近域郊区外扩趋势持续，远域郊区人口紧缩。

在北京城市化进程中，城市土地使用制度的变更、住房制度的改革、城市危旧房的改造、首钢等工业企业的外迁等一系列政策的强行实施，使得中心城区人口向近郊区及其外围迁移，北京市人口郊区化得以迅速发展（王放，2015）。但与西方郊区化不同的是，北京郊区化过程中人口外迁的被动因素大于主动因素，根据第六次全国人口普查数据，在2010年，北京市市内人口迁移中，因拆迁搬家的人口达104万人，占全部迁移人口的30.2%，遍及各区县，成为市内人口迁移的首要原因（见图3-5），被动式人口郊区化成为北京市人口郊区化的主要特征。

然而，近年来，随着北京市内环境污染持续恶化、交通条件的逐步改善以及生活水平的逐步提高，怀柔区、密云区等远郊区凭借着远离市区的先天优势，加之优美的生态环境和清新的空气，对市民产生了强大的磁力。在密云区、怀柔区、平谷区等远郊区县，公务经商、

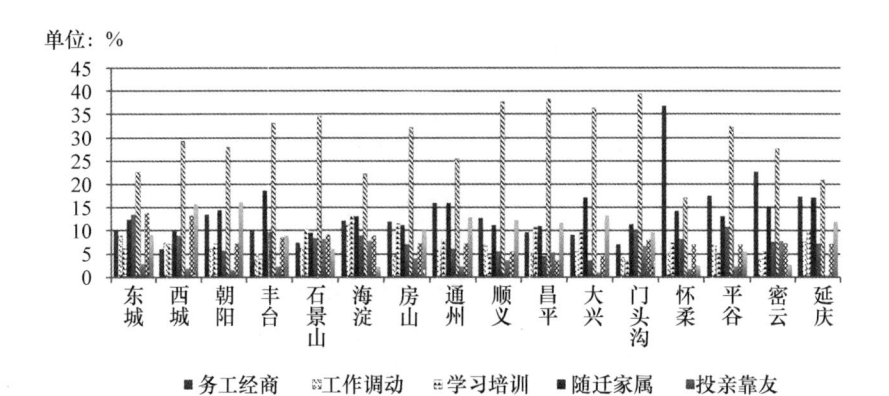

图 3-5 2010年北京各区县市内人口迁移原因

购置第二套房产、租住当地村民住宅，以及利用周末、节假日或固定季节前往第二套房产或远郊区县休息或度假的北京市民数量与日俱增。尽管这一现象尚未有官方统计数据予以支持，但在2010年北京市内居民迁移动因中可以得到大致印证。2010年，全市城市居民中因务工经商迁移的人口数量占比12.3%，成为仅次于拆迁搬家的第三主因。从空间布局上看，主要集中在怀柔区、平谷区、密云区、延庆区等远郊区县（见图3-6），这一现象与这些区县休闲农业、乡村旅游发展势头相吻合（见图3-7），且以怀柔区最为突出，成为怀柔区人口迁移的主体区域（见图3-8）。

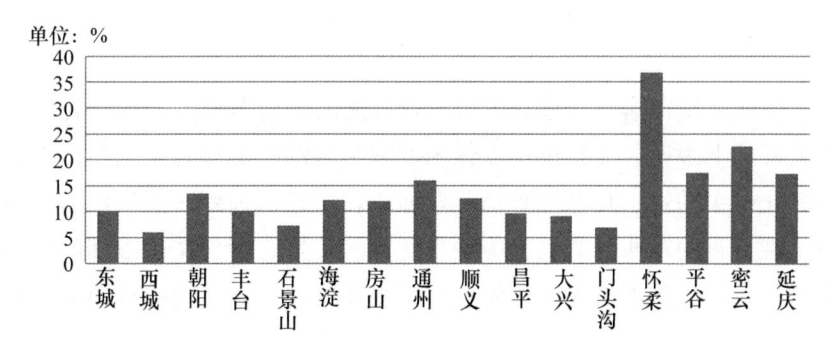

图 3-6 2010年北京市内务工经商人口迁移分布

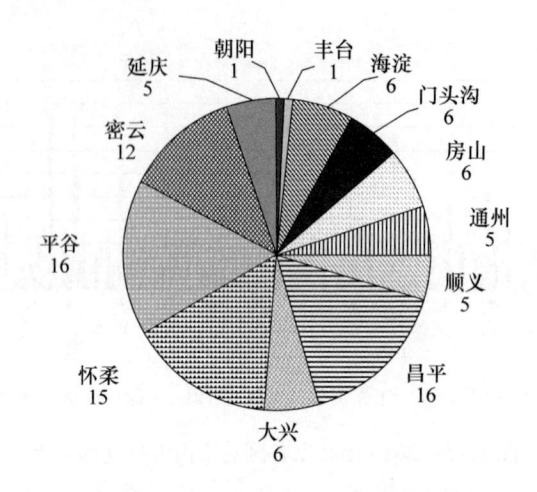

图 3-7　2018 年北京市农业观光园数量分布（%）

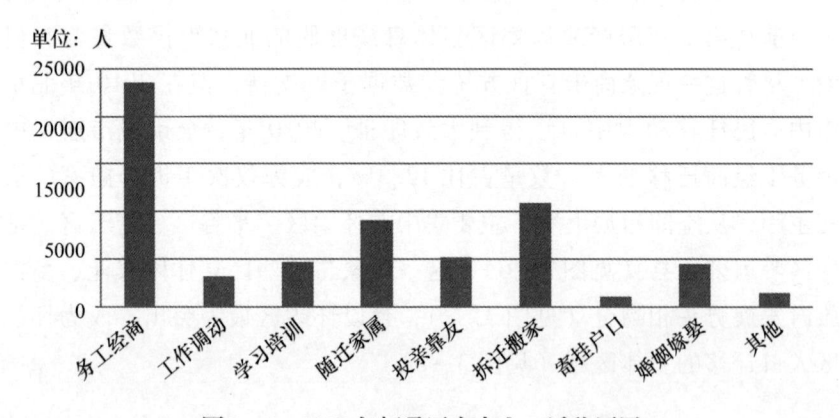

图 3-8　2010 年怀柔区市内人口迁移原因

因此，城市居民迁移动因与农业观光园空间布局的高度吻合，在很大程度上表明，北京市民以休闲度假为目的的需求日益强烈，人口郊区化的主动性、自发性被动化局面正在扭转，远郊区县呈现出人口季节性变化的苗头。风景优美、自然环境良好、乡村文化浓郁的远郊乡村，正在成为城市居民休闲迁移的主要目的地，休闲消费的市场规模日益扩增。

## 二 远郊区第二住宅现象初见端倪

随着城市居民消费内容的转向，近年来，空间产品在生活消费中的作用越来越重要，甚至成了商品参与市场交换及资本运作，远离城市的休闲型乡村中迁移人口数量的递增就是有力证明。改革开放以来，北京城市人口的郊区化推动着居住郊区化步伐的加快，城市功能拓展区的房产竣工面积快速下滑，由1984年的55%快速上升至2002年的76%，其后开始快速下降，至2018年降至41.8%。一直处于低速发展的城市功能发展新区则快速上升，房地产竣工比例由2002年的13.3%陡增至2004年的39.2%，至2009年开始超越城市功能拓展区，成为北京市居住主体区域（见图3-9）。与此同时，门头沟区、怀柔区、密云区等生态涵养发展区房地产竣工比例则一直处于低速平稳发展状态，2009年以前的比例为5%—7%，2010年后出现上扬势头。总体来说，北京市居住空间不断由城市中心区域向通州区、顺义区、大兴区等城市近郊区，再向门头沟区、怀柔区、平谷区等远郊区转移，扩散效应明显。

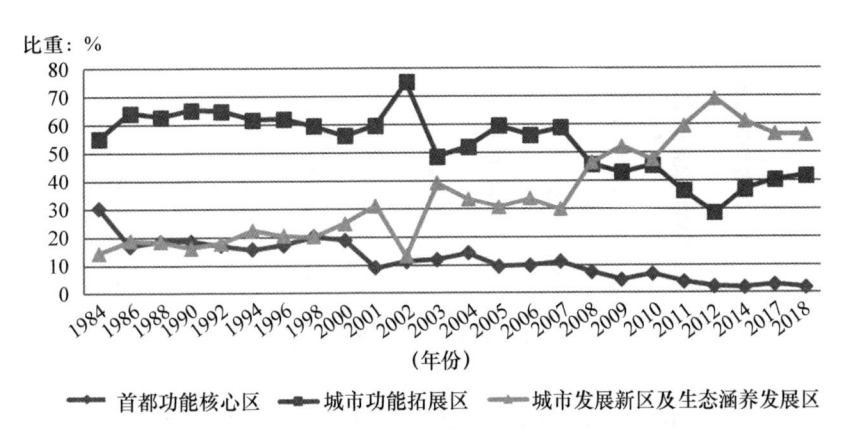

图3-9　1984年至2018年北京市房地产竣工面积比重

从居住类型区域布局来看，写字楼主要集中在首都发展核心区和城市功能拓展区，普通商品住宅和公寓主要集中在交通便利和基础设施较好的城市功能拓展区，别墅主要集中在风景宜人、环境优美的城市功能发展新区，甚至生态涵养发展区（宋金平，2007），区域布局差异明显。尤其是近年来，在远离北京城市中心、交通便捷、环境优雅的远郊区购置第二住宅的居民日渐增多。修大鹏等将房地产郊区化大致分为以成本和价格为主的经济起步阶段、以提升生活品质为主的持续发展阶段，以及以追求自然环境为主的稳定发展阶段，认为目前北京市房地产郊区化正处于由第二阶段向第三阶段迈进的时期，休闲居住、第二居所，以及养老居住将逐渐成为消费者的核心诉求（修大鹏，2013）。冯健于2004年对北京市居民765份样本的调研分析发现，有4.81%的居民在远郊区购置第二套房，其中出于追求自然环境及地域特点目的的居民占比27.4%（冯健，2004）。2010年，怀柔区、昌平区、大兴区、门头沟区、平谷区以及密云区等环境资源优美、休闲舒适的远郊区县农村迁移人口构成中（见图3-10），北京市城市居民占据着较大比重，这种由城市迁往乡村的发展态势，颠覆了以往由农村迁往城市的主流趋势。

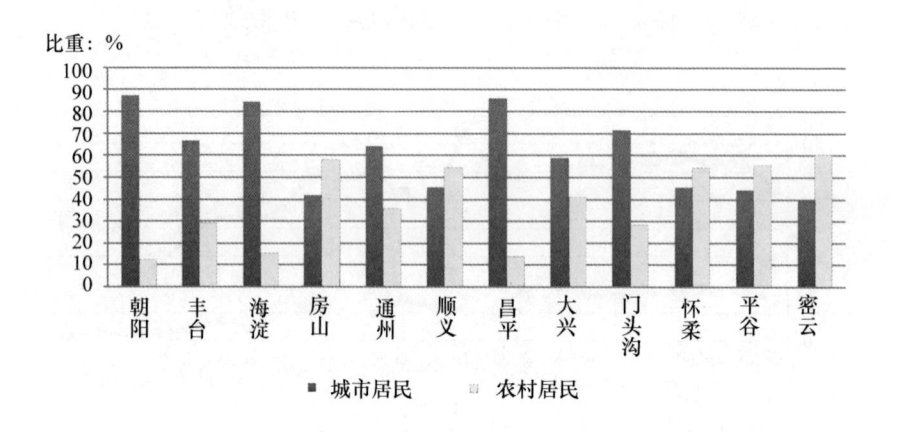

图3-10　2010年北京各区县农村迁移人口中市内城乡构成①

虽然2004年《国务院关于深化改革严格土地管理的决定》（国发〔2004〕28号）以及2007年《国务院办公厅关于严格执行有关农

---

① 资料来源：北京市各区县2010年人口普查资料，缺少延庆区数据。

村集体建设用地法律和政策的通知》（国办发〔2007〕71号）对"城镇居民不得到农村购买宅基地"的规定，大大制约了北京周边乡村第二居所市场的发展，但近年来，昌平区、房山区、怀柔区等周边区县屡禁不止的非法乡村"小产权房"发展态势，则隐含了郊区养老需求，以及第二居所不断攀升的强烈需求。因此，北京市民以追求休闲、环境质量为目的的第二住宅现象已初见端倪，乡村指向的居住季节性郊区化开始显现，空间作为生产元素直接参与资本运作，获取额外利润的现象愈加明显。

**三 产业远域郊区化扩散缓慢**

产业空间的转移及分布形态的变动是推动城市资本空间拓展的先导力量（焦新颖，2014）。伴随着大量城市人口的外迁，北京市工业、服务业、商业等均随之发生了剧烈变化，重塑着新的城市发展空间。

从工业郊区化的过程来看，城市土地有偿使用制度、"退二进三""退三进四"等政策的实施，以及2008年奥运会，导致中心城区土地价格和生产成本的不断攀升，城市资本危机迫使大量工业企业由城市中心向郊区迁移。除2008—2012年总体出现增加趋势外，20世纪90年代中期以来，首都功能核心区和城市功能拓展区从业人员减少的遍在性特征显著；2008—2012年出现东城区、西城区、宣武区、朝阳区等城市中心区仍保持集聚效应，顺义区、昌平区、大兴区等近郊区就业量缓慢增长，门头沟区、怀柔区、平谷区、延庆区等生态涵养新区就业量稍有增加。2012年以后，随着首都功能定位的凸显，北京市工业外迁力度加大，2012—2018年，除昌平区、大兴区以及门头沟区工业从业人数小幅增加外，其他区域工业发展大幅缩减（见表3-5），与人口近域郊区化相似，工业，尤其是制造业由城区向周边省市外移的空间特征非常明显。

表3-5　　　2001—2018年北京市工业从业人员增加量　（单位：人；年）

| 功能区 | 区县 | 2001—2004 | 2004—2008 | 2008—2012 | 2012—2018 |
|---|---|---|---|---|---|
| 首都功能核心区 | 东城区 | -423463 | -33916 | -26253 | -2566 |
|  | 西城区 | -682124 | -22918 | 30499 | -5627 |
| 城市功能拓展区 | 朝阳区 | -459293 | -94337 | -37661 | -28709 |
|  | 丰台区 | -264434 | -35620 | 128 | -3149 |
|  | 石景山区 | -70167 | -22280 | 6222 | -17976 |
|  | 海淀区 | -516672 | -35323 | -14443 | -11570 |
| 城市发展新区 | 房山区 | 18833 | -53422 | 10796 | -38171 |
|  | 通州区 | 92662 | 6094 | 12437 | -47306 |
|  | 顺义区 | 89926 | 18753 | 49601 | -80279 |
|  | 昌平区 | 39240 | -34299 | 35182 | 42346 |
|  | 大兴区 | 56790 | 58938 | 74849 | 9046 |
| 生态涵养发展新区 | 门头沟区 | -11745 | -4047 | -6210 | 47678 |
|  | 怀柔区 | 27271 | 867 | 7036 | -7363 |
|  | 平谷区 | 29414 | -14513 | 3473 | -4560 |
|  | 密云区 | 30472 | -16483 | 4972 | -6165 |
|  | 延庆区 | -14966 | -7077 | 3029 | -1206 |

服务业的空间分散与再集中构成新时期郊区化的主要内容，对都市区空间结构的重塑起着至关重要的作用（Coffey，2000）。从服务业从业人员增加量来看（见表3-6），2001—2004年出现东城区、西城区、朝阳区、海淀区等城市中心地域增量均衡，房山区、通州区、门头沟区、怀柔区、平谷区等城市发展新区和生态涵养新区服务业低速发展。2004—2008年服务业布局不均衡性增强，城市中心服务业发展状况持续，但出现由首都功能核心区向城市功能拓展区转移的趋向，城市发展新区和生态涵养新区增速放缓，甚至出现负增长。2008—2012年出现东城区、西城区、朝阳区等城市中心区仍保持集聚效应，顺义区、昌平区、大兴区等近郊区就业量缓慢增长，门头沟区、怀柔区、平谷区、延庆区等生态涵养新区就业量稍有增加。2012—2018年东城区、西城区、朝阳区、海淀区、丰台区等首都功能区和城市功能拓展区，以及顺义区就业量激增，城市发展新区以及生态涵养发展新区也有不

同程度的增加，但增幅相对较小。可见，服务业空间布局震荡式发展，呈现出中心城区发展新区——中心城区转移的趋势，远郊区由稀疏向密集态势转变，而怀柔区增幅最小，中心城区集聚状况则一直没有明显改变，且在2013年以后集聚程度显著增强。

基于工业郊区化和服务业郊区化的分析可以看出，无论服务业还是工业都存在着一定程度的城乡转移现象，总体来看，工业外溢程度显著高于服务业。其中，工业转移速度加快，尤其是2013年以后，工业外迁力度加大，规模锐减；服务业中心城区集聚性总体保持不变，远郊区呈不同程度的增加，2012年以后，中心城区集聚性显著增强。因此，基于首都功能的城市定位，北京市产业近域郊区化现象显化，这一发展趋势预示着远郊区空间相对独立，受城市生产影响相对较小，自然环境、社会文化等乡村元素保持完好。

表3-6　　2001—2018年北京市服务业从业人员增加量　（单位：人；年）

| 功能区 | 区县 | 2001—2004 | 2004—2008 | 2008—2012 | 2012—2018 |
|---|---|---|---|---|---|
| 首都功能核心区 | 东城区 | 420410 | 18958 | 86383 | 478766 |
|  | 西城区 | 432542 | 53999 | 300336 | 648498 |
| 城市功能拓展区 | 朝阳区 | 685886 | 349937 | 770289 | 1252166 |
|  | 丰台区 | 197219 | 205228 | 140911 | 435343 |
|  | 石景山区 | 29923 | 17885 | 110076 | 133936 |
|  | 海淀区 | 665714 | 511043 | 592592 | 1385061 |
| 城市发展新区 | 房山区 | 56716 | 4004 | 71708 | 42426 |
|  | 通州区 | 64167 | 28339 | 96526 | 66532 |
|  | 顺义区 | 108127 | 90911 | 143999 | 278616 |
|  | 昌平区 | 100218 | 35935 | 134132 | 144979 |
|  | 大兴区 | 92903 | 72432 | 176694 | 97482 |
| 生态涵养发展新区 | 门头沟区 | 37176 | 5428 | 23966 | 16556 |
|  | 怀柔区 | 20938 | -603 | 41519 | 31381 |
|  | 平谷区 | 29566 | 7630 | 31695 | 51377 |
|  | 密云区 | 22445 | 11007 | 42091 | 27323 |
|  | 延庆区 | 22663 | 4155 | 28264 | 10105 |

## 乡村空间资本化过程与机制

经过近30年的发展与融合,北京城乡发展冲破了地域壁垒,由早期相互隔离的"块状"地理空间,演变为相互融合的"链状"平面结构,为资源、人口、资本等要素的城乡间的自由流动疏通了通道。与之相伴而生,以怀柔区为代表的远郊区乡村因远离市区,生态环境良好,乡村要素保持完整,一直以来是北京市农业观光园最为集中的区域,成为城市居民休闲消费的理想场域,代表了当前北京市农村最常见的发展形态。

虽然当前北京市郊区化仍是以经济指向和交通指向的被动式、近域郊区化,但近年来,随着城市环境压力的增大和生活质量的提升,人们主动寻求具有优质生活环境和休闲生活方式的乡村作为消费空间的愿望日益强烈,空间因素在人们生活中的作用越来越重要,并促使空间本身作为产品参与市场交换。同时,产业近域郊区化的特征,从客观上保存了远郊区农村消费空间生产的完整性,当城市居民因休闲目的选择到这些农村消费时,乡村空间正在作为一项资本元素投入生产运营之中,其空间性质由农业生产型转向休闲消费空间型。因此,郊区人口的季节性变迁、第二住宅现象的出现,以及产业近域性扩散,为休闲型乡村空间的资本化运作保驾护航。

# 第四章　乡村聚落空间资本化演变

Lefebvre 认为，空间再生产首先是对物质空间的再开发、使用以及改造的过程，因为"空间的生产始于对自然节奏的研究，即对自然节奏在空间中固化的研究"，乡村物质空间主要包括聚落空间、居住空间、土地利用等层面，其中，聚落空间是空间再生产的首要对象。本书选取莲花池村作为典型案例区，剖析乡村聚落空间的资本化过程。因此，要了解莲花池村的空间资本化过程，需从历史的角度剖析和讨论聚落空间的变迁历程开始。村落空间的发展已不仅仅是传统意义上的自然生长过程，更是城市、政治、经济、文化等各种力量较量与合成的结果，而物质空间也是乡村资本化的空间形态。

## 第一节　村落基本概况

莲花池村，位于怀柔区雁栖镇西北部，距北京市 70 公里、怀柔区 20 公里，坐落在慕田峪长城东北侧，南临明代长城主要隘口之一的亓连口关。村落东、西、北三面环山（分别是红螺山、慕田峪东山和北将口山），平均海拔 304 米，属浅低山丘陵区，地处北长城牛角边与北将口之间的长园沟谷中，谷底两侧为河谷阶地，地下水异常丰富，埋深 5 米。村内年均气温 10℃—12℃，其中，1 月份平均气温为 -5℃，7 月份平均气温为 25.3℃。

明永乐年间，山西洪洞县康、吕、徐三姓迁此定居立村，村落由此形成。因村西有泉水从石空中喷涌而出，水柱高达 1 尺多，水花四溅，顶端开放状如一朵白色莲花，泉周围又是白色石头形成的池塘，故称

乡村空间资本化过程与机制

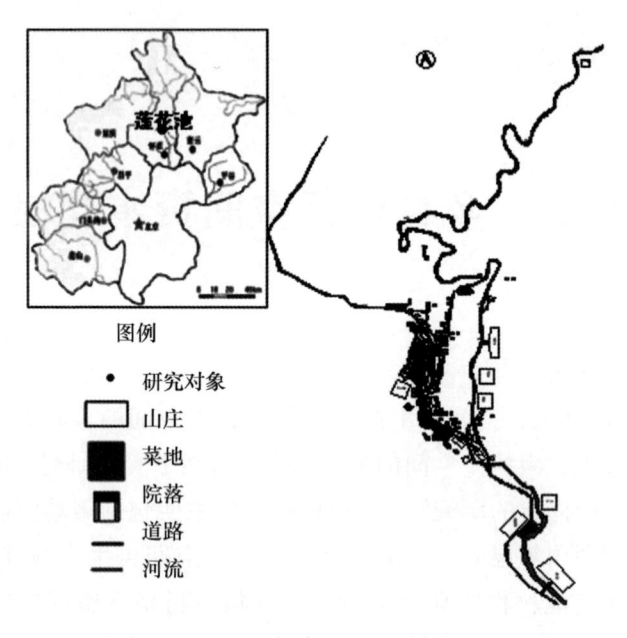

图例
- 研究对象
- 山庄
- 菜地
- 院落
- 道路
- 河流

图4-1 莲花池村区位图

"莲花池村"。村域面积8.3平方千米，整个聚落分为两部分，呈"人"字形布局，其中，北片主村略呈方形，南片村落呈带状，人口相对稀少，聚落面积6.8万平方米。1991年前，全村建有1所小学，有1名教师和12名学生。2014年，全村共有150户、334人，多为汉族，有满族5人，由傅、张、温三大姓氏组成，分别居于村落不同位置，其中傅姓为第一大姓氏。村落曾于1939年和1969年出现两次山洪暴发，水深1.3米，冲毁房屋6间，1980年，风、雹灾害损失严重。历史上，村落与外界联系的唯一一条道路就是修建于1958年的范（各庄）崎（峰茶）公路。从明代至1949年，该路一直是联系长城内外的驮运道，1958年，"全民大炼钢铁"，为了解决去西栅子拉矿石的需要，以突击方式在古驮运道的基础上抢修了能通行汽车的怀西公路。1969年8月，该公路被洪水冲毁，1972年，公路改线加宽，成为现在的范（各庄）崎（峰茶）公路。范崎公路的开通加强了怀柔境内平原和山区的交通与物资运输能力，加速了山区经济的发展。

据资料记载，明代在莲花池村口修筑了长城的水关——亓连关，此关一端与慕田峪长城相连；另一端与神堂峪长城相连，南北长城相连贯通。此处设守口城堡，为长城怀柔至密云两县境内四大主要关口之一，直至1972年为了修建"范（各庄）崎（峰茶）公路"（雁栖环岛至崎峰茶公路），而拆掉了亓连关水关长城的古城关。如今，莲花池桥的位置正是当年的亓连关遗址，守口城堡遗址被莲南发电厂占用，两端依存的烽火台，见证了当年京北水关"一夫当关，万夫莫开"的雄伟与险要，至今莲花池村仍留有当年的两棵参天古松。抗日战争时期，聂荣臻将军曾驻该村。

莲花池村的传统经济以玉米、高粱、谷子、豆类等农业种植为主。截至2015年，全村共有林地12600亩，其中山林9000亩，经济林3600亩，植被覆盖率为70%。山林植被有松、柞、山杨等，经济林则种植板栗、核桃、梨、山杏等果树。随着1991年民俗旅游的兴起，以及退耕还林政策的实施，耕地逐渐被占用，目前，全村基本没有耕地，仅剩12亩菜园。由于该村山泉资源非常丰富，作为雁栖河西支流源头的莲花池泉，常年冒涌不息，不受季节影响，水温常年保持在15℃，泉水出露标高300米，并以每秒15公升的流量涌出，昼夜可达432立方米，泉水清澈透明，水质优良，非常适合养殖虹鳟鱼以及生产矿泉水。

自1985年开始，莲花池村就利用该泉水建起了饮料厂和鱼场，生产矿泉水、汽水，并摸索出了利用虹鳟鱼冷水养殖产业向第三产业融合的发展思路，莲花池泉途径的莲花池、长园、环坨子、环坨峪四个聚落建成了虹鳟鱼养殖一条沟，共有垂钓、烧烤游乐点140余处，年接待游客30万人次，1989年虹鳟鱼养殖成为怀柔区产业化发展系列之一，并由此形成了"沟域经济"的雏形，莲花池村也因此而享誉京城，成为北京市民俗旅游专业村，摆脱了传统农业经济不断下滑的困扰，虹鳟鱼养殖产业为莲花池村民俗旅游的发展提供了契机。自1990年初发展民俗旅游业以来，莲花池村一直是怀柔区农民人均纯收入的百强村，1994年人均纯收入2205元，全区排名第88位；1998年为4577元，排名全区第78位；1999年为10493元，排名全区第1位；2001年为10978元，排名全区第7位（见图4-2）。因此，休闲旅游业的

乡村空间资本化过程与机制

发展为莲花池村经济发展注入了新的活力，成为村落经济转型的主要发展路径。

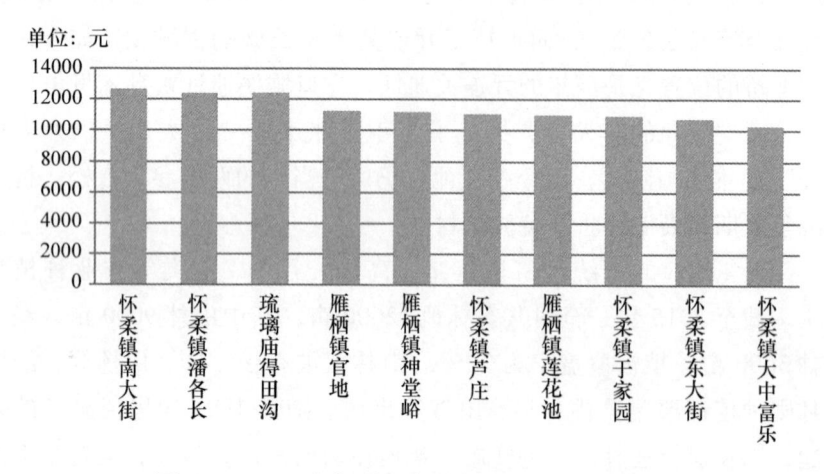

图 4-2 2001 年怀柔区农民人均纯收入十强村

2018 年，全村共有农户 166 户，371 人，其中，50 户为民俗经营户，其余农户或从事拉马、山地摩托、俱乐部，或在巴克公社、泰莲庭红酒烧烤花园、卧龙山庄等附近度假村工作，基本都从事着与休闲旅游相关的工作。依托于首都庞大的城市居民休闲消费市场，经过30 多年的发展，莲花池村游客数量持续增多，成为"雁栖不夜谷"西线的主要节点和源头，并发展成为"沟域经济"的样板。同时，由于莲花池村深居河谷阶地，距北京市区相对较远，乡村文化、生产方式以及生态环境等乡村元素得以保留。

在传统经济向现代经济转变过程中，莲花池村不仅依靠虹鳟鱼带动了当地经济发展，更因淳朴的乡村文化、良好的生态环境以及休闲的生活方式吸引着城市居民。城市经济与乡村的这种互动发展态势，使城市元素不断扩散到该村，各类外来资本开始不断涌入（见表 4-1），本地资本不断增强，莲花池村成为一个景区、生态、原住村民三大要素融合而成的物理形态，从而改变了传统乡村的生产方式、生活形态、聚落空间、环境利用以及社会关系等，乡村空间资本化现象显现，而农业与休闲的结合成为村落空间资本化的主要表现形式。

表4-1　　　　　　莲花池村域范围内主要投资来源

| 进驻年份（年） | 企业名称 | 资本来源 | 企业性质 |
| --- | --- | --- | --- |
| 1991 | N1 公社 | 北京市 | 大型企业 |
| 1991 | N2 山庄 | 北京市 | 大型企业 |
| 1993 | N3 山庄 | 北京市 | 个体经营 |
| 1993 | N4 庄园 | 怀柔区 | 个体经营 |
| 1993 | N5 山庄 | 怀柔区 | 个体经营 |
| 1995 | N6 山庄 | 北京市 | 小型企业 |
| 1997 | N7 俱乐部 | 北京市 | 小型企业 |
| 2000 | N8 度假村 | 北京市 | 小型企业 |
| 2003 | N9 山庄 | 怀柔区 | 个体经营 |
| 2007 | N10 酒店 | 北京市 | 大型企业 |
| 2008 | N11 度假村 | 北京市 | 大型企业 |
| 2017 | N12 庭院 | 北京市 | 小型企业 |
| 2017 | N13 山庄 | 北京市 | 大型企业 |
| 2017 | N14 度假村 | 北京市 | 大型企业 |
| 2017 | N15 庭院 | 北京市 | 小型企业 |
| 2017 | N16 山庄 | 北京市 | 大型企业 |
| 2018 | N17 庄园 | 北京市 | 小型企业 |
| 2018 | N18 庄园 | 北京市 | 小型企业 |

《广雅诂林》记载，"里、荒、间、衖……聚、落，居也"。乡村聚落是指与从事农业生产密切相关的人群，在一定地域范围内集中居住的现象、过程与形态（周国华，2010），是一种社会空间。随着社会的发展，在城市化等一系列的外力因素作用和影响下，越来越多的都市居民倾向于生活在乡村，尤其是在大都市周边的村落中，已经出现租赁农房甚至买断宅基地产权作为第二家园的现象，给村落生产生活方式、社会结构、产业结构、空间形态乃至心理意识等各个方面带

来重大变化，而这一系列的变化均会外化于物质景观之中。聚落空间的规模、布局、结构、形态和功能等的演化往往隐喻着不同时间段地区社会、经济以及政治等的发展轨迹，是乡村地域中变迁最直接，也是最明显的空间载体。改革开放以来，与全国大多数乡村一样，莲花池村在与外界市场交流与交换中，聚落空间逐步由封闭走向了开放。

## 第二节 聚落空间性质转变

### 一 1978年至1990年：传统农业生产"容器"

改革开放初期，莲花池村的经济生产和生活相对落后，交通十分闭塞，村落与外界仅有一条道路相连，村内道路有三条：一条是从村口通往村中心的主路，路面由碎石子铺设而成，崎岖不平，路面狭窄，只有一辆马车宽度大小；另外两条为泥土路面。城乡二元分离体制以及交通落后致使莲花池村比较封闭，几乎不受外界影响。在贫瘠的土地资源上种植玉米、高粱、谷子、豆类等农作物，传统农业成为村落的主要产业。受自然条件和土地资源的制约，1985年以前，村民住宅主要集中于主村落西北部的山谷中，由莲花池泉流经的河道与慕田峪东山围合而成，分布于莲花池泉两侧，因取水方便而成为全村的聚落中心，村落规模较小、密度相对较高。村落中心区外围则是村民的耕作田地以及山林，整个聚落布局非常紧凑。莲花池泉成为村民浇灌田地以及生活用水的主要来源，并因此而成为组织村落外部空间形态的主要因素，其走向、形状和宽窄变化构筑了村落的主体景观特征。村落东、西、北三面分别被红螺山、慕田峪东山和北将口山环绕，村内林木茂密，这种独特的地理位置和自然生态构成了聚落的骨架，在成为制约聚落空间发展最基本要素的同时，也为聚落空间提供了生产和生活资源的背景。因此，在当时相对封闭的条件下，传统的自然观决定了人们将顺应自然、因地制宜作为聚落营建的主导思想。

家庭联产承包责任制推行以后，村落农业生产效率相对提高，农业产出有了更大的资本效益，农村劳动力有了一定的释放。因此，这一时期，资本和劳动力都有一定程度的盈余。但在当时社会条件下，城乡二元结构的高度分割阻止了乡村盈余的资本及劳动力向城市的转移，资本和劳动力只能在村域范围内流动。于是，生产队便通过将资本由农业转移至工业的方式，创办社队企业或村办企业形式的集体企业，以吸纳盈余的资本和劳动力，获取更高的收益。因此，在积极发展乡镇企业的政策支持下，莲花池村社队企业有了一定的发展。经与村民的多次深入交谈，本书勾勒出1985年的村落布局图（见图4-3）。图中显示，在这一时期，村落建筑类型以村民住宅为主体景观，此外，还有成立于1974年的队办企业——旋木厂、肥皂厂和果脯厂；1985年的村办企业——冲压厂、汽水厂、帽子厂等企业建设用地。从区位上来看，这些企业主要集中于村落中心区东面以及范崎公路附

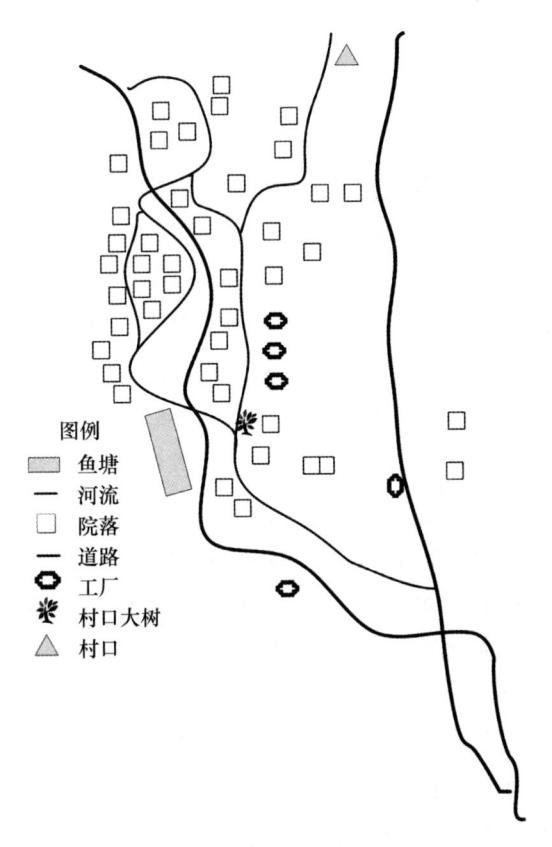

**图4-3　1985年村落布局**

近，即现村委会及前面两户住宅处和现国家公路局办事处。因此，资本和劳动力的盈余成为村落集体企业发展的主要动力，由于这一时期城市与乡村互为独立的空间，两者均具有很强的封闭性，因而城市资本无法进入农村，农村资本也无法流入城市，资本的原始积累主要限于乡村内部。

尽管村落拥有多处村办企业，但因市场缺失而经短暂更替后纷纷倒闭，传统农业景观成为村落景观形态的全部，延续着聚落自然生长的演化规律，乡土文化保持完好。受当时社会经济条件的限制，社队没有足够的财力支持生活以外的建设，因此，村落中缺乏需耗费巨额财力的祠堂、庙宇等公共场所的建造，以及村内道路等基础设施的改造。但是，固定公共场所的缺失并不表明村落公共活动空间的缺乏，茶余饭后，村民喜欢聚在村口明代遗留的两棵大树下或者莲花池泉边谈天说地，因此，村口以及河道边成了村落活动的公共场所。

## 二 1991年至2000年：农业生产"容器"松动

20世纪90年代初，在城市空间饱和以及城乡一体化发展的背景下，乡村经济结构开始转变，都市农业迅速发展，北京城市空间开始向乡村拓展，城市与乡村在资金、信息、技术、人才等要素方面的双向流动，为城市资本快速延伸至乡村疏通了通道。在经历了前期村办企业大发展之后，乡村有了一定的资本积累，为了发展农村经济，雁栖镇政府及莲花池村集体出台了一系列旨在吸引城市资本的项目、资金、人才的地区性优惠政策，对村内企业重组转制，由自办自营的"内生驱动"模式向招商引资的"外资驱动"模式转变，从而引致了N1、N2、N3、N4、N5、N9等大量外来资本进入村落。其中，最早进入莲花池村的企业是N1。1991年，北京人张爱民偶然来到莲花池村，见这里山好、水好、空气好，长城、溪谷、林木、山泉一应俱全，构成了一幅完美的乡村画卷，他敏锐地察觉到这种乡村生活必将成为未来北京市居民追求的新的生活方式，于是，便选择在亓连关旁、临近泉水源头，利用村落荒地投资建造虹鳟鱼垂钓园（即N1前身）。但90年代初，莲花池村仅有范崎公路通往山中，且道路很窄，公交车尚未普及。受交通等基础设施的限制,当时除外国人、各国使领馆及商务人士等个别阶层外,城市居民极少来此感受新的生活方式。

为了吸引和固化外来资本,充分利用乡村空间这一新的资本元素带动村落经济的发展,政府开始拓宽范崎公路,改善村落外部的交通基础设施。1995年前后,来此消费的阶层群体范围逐步扩大,由外国友人为主向政府官员群体扩大,休闲度假产业逐渐发展。农村经济和产业发展进入了一个市场化和城乡融合的阶段,以利用虹鳟鱼养殖和原生态的自然生态资源为目的的大量外来资本入驻莲花池村。这些外来资本通过对莲花池村土地、空气、生态、乡村文化、生活方式等乡村空间元素的生产、加工和设计,打造出满足城市居民需求的乡村产品,用以交换和消费。因此,这一时期,莲花池村的空间及其设施成为资本的一部分,被利用来生产剩余价值,乡村空间"农业生产"的"容器"性质有所松动。

在N1、N2、N3、N4、N5、N9等外来资本的带动下,村落产业结构和就业结构开始发生变化。2000年以前,村落中出现N33、N6、N7、N15、N28这5户自发经营的农家院,尽管村民经营农家乐的数量极少,但已经隐喻了村落的服务业发展趋向。2000年以后,随着城市消费者数量的逐步增多,村落空间也较前一时期有了较大改变(见图4-4)。首先,聚落空间向外围有了一定程度的扩散和蔓延,从迁移及新建建筑来看(见图4-5),虽然总体迁移数量不多,但比重差异显著,其中,沿村内主路迁移的宅院比重最大,占全部新建宅院的40%;搬迁至村口的宅院也占有一定的比重,占比21%,村民宅院的内部搬迁偏好表明,村民认知空间和活动空间缓慢性转移;同时,范崎公路两侧新建建筑增多,比重为10.6%,均是外来资本投资建造的山庄或度假村。其次,村落空间组织原则有了一定改变,为了方便消费者,1990年,由雁栖镇旅游公司出资硬化村落中心区东部的泥土道路,并加宽路面,取代传统沿河石子道路,使之成为村落中新的主干道路(简称"村内主路",下同),内外部交通基础设施的改善,改变了聚落组织原则,传统以莲花池泉为中心沿河而建的村落形态逐步转变为沿村内主路发展的态势，聚落布局开始以符合服务业发展需要为组织导向；最后，村内建筑类型有了较大改变，生产型社队企业不复存在，取而代之的是现代消费型的山庄及度假村。

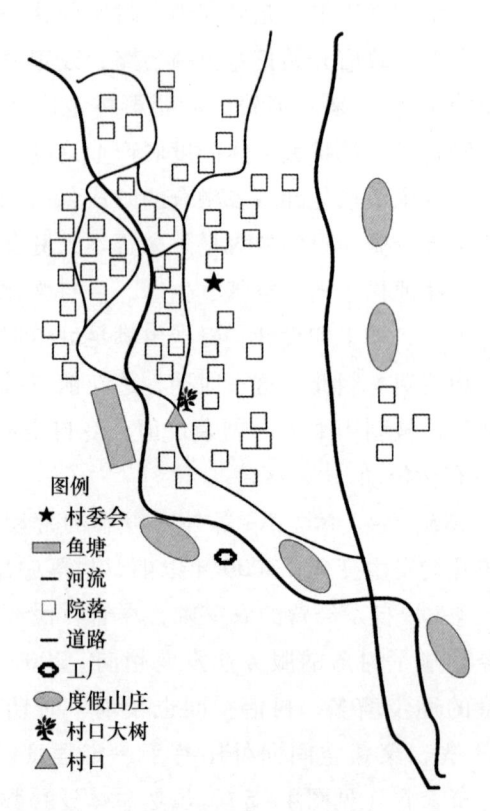

图 4-4　2000 年村落布局

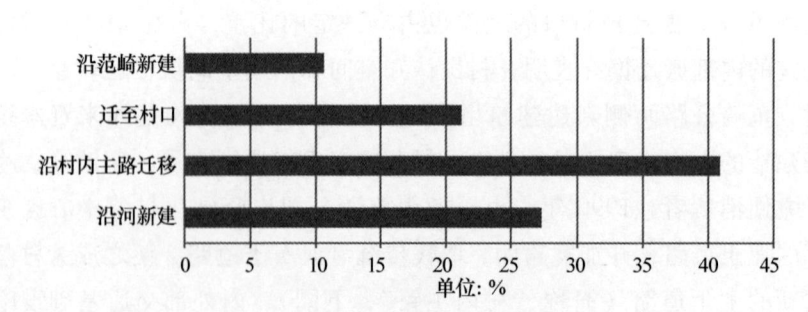

图 4-5　2000 年莲花池村迁移及新建建筑比重分布图

## 三 2001年至今：资本增值的手段与工具

进入21世纪，随着北京市城市化进程的加快、城市功能定位的转变以及城市居民休闲需求的日益增长，农村和农业的多功能开发成为郊区乡村发展的客观要求，乡村空间逐渐成为北京城市居民休闲、娱乐、消费的理想场所。

2000年以后，节假日进驻村落休闲消遣的城市居民数量迅猛增长，每逢周末，沟谷之中都会"车满为患"。市场的力量驱动着资本类型的多样化，村落中除外来资本的先期进驻外，本地村民也迅速参与其中，农家院数量直线上升。在调研中发现，几乎每家农家院门前都有绿色、红色、黄色或棕色的"市级民俗接待户"经营牌，经与农户交谈并查阅相关资料获悉，"市级民俗接待户"牌是北京市农村工作委员会和北京市旅游局分别于2001年、2005年、2010年和2017年分四批对民俗旅游接待户进行评定后颁发的。本书通过统计村民门前的"市级民俗接待户"牌，并结合与村民的交流，最终确定不同年代农家院经营者户数，2001年全村共有27家农家乐经营户；2006年共有28家；2010年共有39家；2010年以后新增11家，截至2019年8月份，全村拥有营业执照的农家乐经营户共52家，其中有46家在正常经营（见图4-6），其余6户因家庭原因已经不再从事经营或暂停经营。除传统农业种植外，开办农家院、拉马、山地车、售卖土特产、附近度假村打工、保洁员等成为新的谋生手段，除少量农户仍以务农为主外，大部分村民都从事着与休闲服务业相关的职业，乡村休闲业的快速发展，改变了村落传统的生产方式。

乡村休闲业的发展凸显了村落内部土地"级差地租"的存在，资源分布、自然地形、地貌、朝向、交通，以及建成环境等因素对地段的选取造成影响，成为影响村民居住区位选择的重要因素，但区位地段的优劣是相对的，随社会经济发展而具有动态性和不稳定性。改革开放初期，村落相对封闭，优势地段集中于莲花池泉沿岸以及山麓边缘，但由于农业生产主导的经济形态维持着村落长老的地位，经济利益的均衡性没有过于凸显地段的优劣势。随着村落休闲旅游业的快速

乡村空间资本化过程与机制

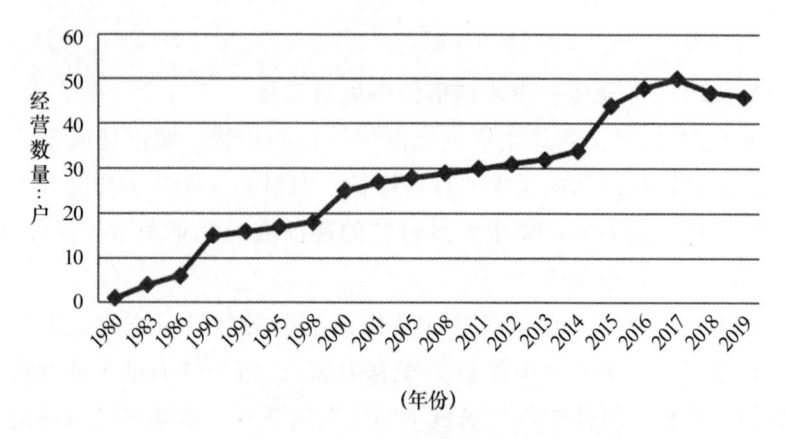

图 4-6　2001—2019 年莲花池村农家院数量

推进，内外资本的介入不仅生产出具有使用价值的休闲消费空间，而且还使村落空间本身成为具有交换价值的空间属性，传统意义上的优势地段也随之发生了变化，村落中山水俱佳、交通便利的区域开始成为黄金地段，并成为住宅和农家院经营最为密集的区域。但因使用目的不同，衡量优势地段的标准也有差异，对于未从事经营的村民来说，出行便利、环境安静是优质地段的标准；而对于从事经营，尤其是农家院经营的村民来说，因交通便利、有山有水、生态环境良好的地段最受旅游消费者喜爱，从而最能给农家院带来高额利润，所以这类区域便成为优质地段的标尺。

地段等级差别引起资本生产率的等级差别是级差地租形成的条件。范崎公路两侧及距离村口较近的农家院具有绝对优势，地租价格最高，利润水平也最高；紧邻山麓，生态景观较好，环境相对幽静的西部及西北部的农家院地租价格次之，利润也相对较低；相对于这两种类型的土地而言，村落中部且不紧临村内主路的农家院地租最低，利润也随之最低，这是因为中部空间相对拥挤，没有足够的空间供旅游者停车。笔者在调查中获悉，村落中所有农家院均采用网上营销工具销售客房，经常使用的营销网络有"去哪儿网""百度""艺龙网""芒果网"等。本书选取农家院使用频率最高的"去哪儿网"，对 2019 年 10 月标准间预定价格进行统计，发现不同地段农家院价格差异较大，暗

· 108 ·

示了不同地段给农家院带来较大的极差利润（见表4-2）。因而，现代村落服务经济的发展，打破了传统经济条件下经济利益的均衡性，级差收益凸显了"级差地租"的存在。

表4-2　莲花池村不同地段部分度假村及农家院住宿价格

| 地段 | 名称 | 价格（元） | 地段 | 名称 | 价格（元） | 地段 | 名称 | 价格（元） |
| --- | --- | --- | --- | --- | --- | --- | --- | --- |
| 范崎公路两侧及村口 | 巴克公社度假村 | 560 | 村中 | 海香农家院 | 120 | 山麓 | 雲岭农家院 | 114 |
| | Hi MaMa 亲子庄园 | 1509 | | 春凤农家院 | 90 | | 山里人农家院 | 150 |
| | 山野小吧 | 206 | | 金华农家院 | 80 | | 金苹农家院 | 109 |
| | 德翠农家院 | 260 | | 龙泽农家院 | 100 | | 溢彩宏度假村 | 171 |
| | 花草香农家院 | 200 | | 靠山农家院 | 150 | | 焦家大院 | 80 |

　　级差收益在空间上的表现就是促使聚落空间进一步调整。首先，沿村内主路新建住宅数量快速增加，农家院越来越多地集中于主路两侧，即村落中部和东部，并向村口方向蔓延（见图4-7）。同时，聚落的扩散"建新不拆旧"，西北部及北部，即原村落中心区域闲置或废弃住宅的数量不断增多。这些信号释放出村落正由沿河布局向沿路布局转化，原聚落中心向东和向南方向偏移扩张，随着莲花池村规模和空间尺度的不断增大，其空间层次逐渐增多，传统聚落规模的小型化和布局的紧凑型发展格局受到挑战。其次，村落入口转移。传统村落村口位于村落北部，与范崎公路相连，但随着旅游业的发展，为了更加便捷地吸引游客，村口位置逐渐由北部向南部转移，除村口的移动外，公共活动空间也随之发生变化，河道周边的公共场所功能已经消失，主路两侧、超市门口、村委北边的大树下成为新的公共场所。最后，聚落布局、规模、住宅材质和颜色等的高度均质性特征开始被异质性代替。一方面，村落内部的分化致使村民按照自己偏好及经营需求新建住宅或对原有住宅进行改造，在建筑类型、建筑色彩及材质等方面有了较大程度的差异；另一方面，城市外来者因被村落自然环

境和乡村生活方式所吸引，或购置宅基地，或租赁民宅，并根据家庭偏好自建或改建成与村落基底完全不同的中式合院或别墅建筑类型，聚落布局的均质性被打破。

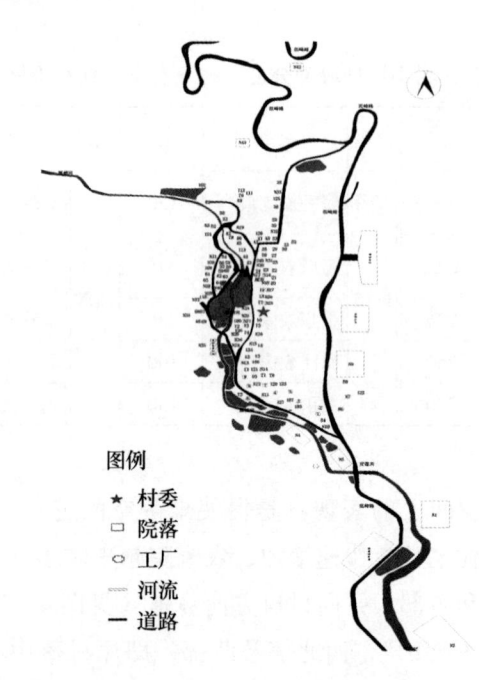

图例
★ 村委
□ 院落
◎ 工厂
〰 河流
— 道路

**图 4-7　2019 年村落布局**

在市场驱动和政策的指引下，村落资本类型逐渐多样化，社会资本逐步加入其中，内外资本并存。在外来资本和内部资本的运作逻辑下，莲花池村空间农业生产的"容器"性质正在向"空间自身生产"转变，村落空间正在成为资本增值的手段和工具，其空间环境的创建和塑造，在资本作用和控制下不断调整和发展。因此，莲花池村空间的变迁是资本运作的产物，其实质是聚落空间的资本化过程。

## 第三节　聚落空间的资本化运作

在资本、权力等多方利益主体的改造、设计和再生产下，莲花池村落价值得以重新认识，资本属性日益显现，聚落空间正在由农耕生产型社会形态向现代消费型社会形态演替，而这一演替过程是在休闲消费市场的宏观环境影响下，资本、权力、村民等多种因素相互交织、重叠以及竞合博弈的结果，其中权力和资本起着主导作用。

### 一 资本控制回路

随着信息技术的高速发展以及城市化进程的加快，资本对于空间的选择和排他性占用是空间发展和重新构建空间秩序的动力。莲花池村聚落空间的变迁和形态的变化实质上是资本控制和作用的结果，并在资本的运动过程中，创造出与其生产方式和生产关系相对应的物质空间。

#### 1. 资本控制的第一回路

改革开放初期，囿于城乡二元体制的桎梏，村落盈余资本以工业资本形态流动于村落内部，通过投资创办冲压厂、汽水厂、帽子厂、矿泉水厂等物质资料的生产而获取利润。从资本的循环上来看，此时资本以三种不同的职能形式存在于物质产品的生产与流通环节，即以货币资本形式购买原材料、以生产资本形式生产物质产品，以及以商品资本形式出售产成品，而这一系列的循环都是在村落空间范围内完成的，村落空间仅仅是为工业发展提供物质资源的砝码，并不是资本增值的直接来源。工业资本的运行致使聚落空间在地理景观上呈现出"集中"与"分散"相互交织的空间状态，居住空间相对分散，社队企业相对集中于村落的新中心，村落布局也从"农业生产+居住生活"状态向"农业生产+居住生活+工业生产"状态转变。因此，在原始资本积累阶段，资本投入的目的是扩大物质资料的生产和再生产，侧重于对地理空间的扩张，而缺乏对空间质量的提升。

与利润追逐天性相伴而生的是资本的创新能力，这种能力存在于生产、分配、交换和消费等各个社会生产环节，某一产品的市场饱和利润的降低会推动资本更新产品，物质生产领域增值能力的有限性会促使资本转向增值性更高的非物质生产领域。20世纪80年代末和90年代初，亚洲金融危机给我国经济发展带来了不利影响，为了确保经济的持续发展,需要启动国内消费市场,确保资本循环的顺利进行。在这一宏观局势下,莲花池村办企业产品市场受限,利润急剧下降,村内资本面临衰退危机,急需更新产品。此时,正值北京市城市化进程快速推进,城市经济外溢效应显著,城市与乡村开始联动发展。基于此,宏观经济背景、中观政策及微观局势,为城市资本进驻莲花池村以及本地资本的转移提供了天然通道。

乡村空间的生产过程和组织形式出现了"功能集中"与"地理分散"的网络化特征,这一特征要求区域内物质基础和流通空间的建造,而公路、高速公路等交通基础设施网络的创建是生产过程顺利进行的关键保障,也唯有如此,莲花池村才能受到城市外来资本的青睐,继而促进当地经济的发展。于是,京承高速、京密高速、范崎公路高架桥、怀丰公路、雁栖湖联络线等多条高速公路及城市快速路的建设,成为怀柔区、雁栖镇及莲花池村政府投资的重点。同时,范崎公路、村内道路硬化、路灯、污水处理等基础设施和公共服务的投入,也为吸引内外资本的大规模投入奠定了物质基础。地方需求为资本的到来创造了有利条件,地方生产性空间成为资本存在的主要方式。

基础设施和服务设施等"人工环境"的修建与完善,为城市外来资本在莲花池村的运行与扩张奠定了物质基础,资本与空间的联姻不断生产出新的聚落空间形态,其中,城市资本积累对空间占有是乡村变迁的内在动因。莲花池村聚落空间环境质量的提升,更能满足城市居民的休闲消费需求,呈现出一定的消费型特征。因此,在这一时期,资本符合 David Harvey "三重循环体系"中第一回路——"生产性投入"的运作规律。

2. 资本控制的第二回路

资本的创造力还表现为对消费需求的创造。消费是一切生产的目的和起点,也是资本获取利润的核心节点。当消费需求不足时,资本需要创新消费形式,培育消费市场。法国哲学家让·鲍德里亚(Jean Baudrillard)认为,需求体系是生产体系的产物,需求和消费实质上是在资本逻辑体系运作下的生产力的延伸,而消费空间的生产正是资本创造需求的有效手段之一。

1991年始,巴克公社、山中传奇、莲花山庄等城市资本,充分利用莲花池村的乡村空间,对村落土地、空气、生态、乡村文化、生活方式等乡村元素进行生产、加工和设计,并带动了少量当地资本的参与,这一现象隐喻了莲花池村的村落空间及其设施已经成为资本的一部分。资本对消费型乡村地区的投放,优先选取生态景观优美的优质地段,早期入驻的山中传奇征用了村落中最好的地段,地势平坦,紧邻范崎公路,交通便捷,又毗邻莲花池泉,生态环境绝佳,以此吸引城市消费者。进入21世纪以后,北京市城市化进程的加快造就了大量城市富裕阶层,城市空间的拥挤及环境的恶化,将这一阶层裹挟进乡村空间消费的需求体系之中,城市资本利用乡村空间、环境资源、农耕场景等乡村景观吸引城市消费市场,作为乡村符号的保留及内外资本的无限征用,意味着土地生产功能渐趋消失、景观功能逐渐展现。与城市空间相对应,对乡村空间的征服和整合,亦成为资本主义体系赖以维持的主要手段,乡村空间的消费特征因此凸显,并成为城市居民休闲、娱乐、消费的理想场所,毗邻大都市的莲花池村落的消费特征就此应运而生。资本和消费逻辑开始控制并主动去创造各种消费需求,资本、权力和空间进行着广泛而深入的联姻,乡村空间作为一个整体进入生产体系,参与资本循环,空间本身作为生产要素成为资本投资和获取新利润的焦点。

资本和消费逻辑摧毁了莲花池村传统农业生产关系,强有力地形塑着聚落空间形态与布局,致使村落空间逐渐破碎化,生产生活方式发生了极大转变,村落中心不断由西向东转移,加速了村落内部空间的新一轮更替,并在一定程度上造成了村落空间差异和不平衡发展。因此,2000年以后,莲花池村落空间不仅是资本生产的物质基础,空间本身也成为资本增值的元素,这意味着莲花池村落空间自身进入资本化过程,对应于"三重循环体系"中的第二回路。

3. 资本控制的第三回路

在莲花池村落空间的变迁过程中,资本与空间广泛而深入的联姻,势必促使聚落空间内部社会关系的结构化,首先,居住群体已由传统的单一性向多样性转化,城市居民租赁农宅的现象较为普遍;另外，资本驱使越来越多的村民加入农家院的经营行列，村民内部出现了不同程度的分化。长此以往，一方面，城市元素的过度侵入必将造成莲花池村的乡村元素特色消退，乡村空间同质化加剧，资本的获利能力降低；另一方面，村落内部社会结构的转变必将造成不同主体间的抗争和博弈、资源分配的不均以及成果分享的不平等。

为了保持乡村空间剩余价值生产的持续性，维持村落生产关系的和谐性，资本借助当地政府的权力加大对社会秩序的关注，增强村落的凝聚力。第一，由于城市居民涌入数量的增加，给村落的环境造成了较大压力，为了平衡不同群体间的权益，2006年，市政府在村口和莲花池泉眼北边分别建造了污水处理设施，对全村污水进行统一处理，污水处理费由村委会集体缴纳。第二，村落内配备6名环卫工人，定时对村落环境进行清扫，保持村落居住环境的整洁。第三，全村的自来水费也由村委会集体缴纳，村民个体不需单独缴纳水费。第四，为了增强劳动力的再生产能力，政府加大对村民整体素质提升的投入，每年对农家院经营人员进行统一培训。

虽然村落基础服务设施的增加、村民整体素质的提升没有产生直接的经济效益，但居住环境的改善、劳动力再生产能力的提升、村民自我经营能力的增强等因素间接影响着资本增值的速率。正如David Harvey对空间生产危机原因的反复强调一样，空间危机的产生主要是忽视了"人"这一生产主体的生存与发展的考量，要想真正化解危机，促进社会全方位的进步，就必须将投资重点从空间的物质领域向人的社会福利领域转移，提升"人"的价值。因此，莲花池村环境质量的改善、村民素质的提升、资源分配的均衡等一系列改进措施的实施，与资本"三重循环体系"中的第三回路相吻合。

## 二 权力固化资本

莲花池村传统空间的瓦解和现代空间的形成，是在资本控制和作用下完成的，但资本的能量具有局限性，需借助地方权力得以完成。一方面，资本控制下的生产网络需根植于地方，当资本进行时空修复时，必然会遇到地方制度、乡村文化、土地产权等各种障碍，仅靠资本的力量无法消除这些障碍；另一方面，若完全按照资本的运行规律控制乡村空间，势必会造成资源分配的不均衡，影响乡村社会的稳定。因而，资本与权力的结合，不仅能为资本的运行铺平道路，而且还可以调节、促进和约束资本活动，为资本的顺利运行提供保障。

在乡村空间再生产过程中，存在着多种纵横捭阖的权力关系，如以地方政府为代表的政府权力，以国资、民资和外资为代表的市场权力，以社区和非营利组织为代表的社会权力，等等（马学广，2008）。但与资本紧密结合的权力主要是指政府权力，因此，本书特将权力限定于政府权力。

1. 筑巢引凤

改革开放以来，行政权力的下放和分税制的实行，促使"企业化"地方政府的出现，发展当地经济、增加地方税收、创造最佳的资本投资和运行环境，似乎成为地方政府的使命与发展动力。于是，为了更好地吸引资本、信息、技术等生产要素在本地停留，地方政府便通过制定制度规范、行政规划、优化地方形象、完善基础设施建设等一系列措施，积极融入资本生产网络体系，促成莲花池村空间的资本化。

（1）政策支持

政策制度是资本进入乡村空间的首要障碍，制定优惠的政策也是地方政府吸引资本入驻的"杀手锏"。20世纪90年代前，在计划经济体制下，莲花池村的"空间生产"是政府导向，社会经济发展缺乏足够的灵活性和自主性，因而，村落的空间生产在低水平层次徘徊甚至倒退。进入20世纪90年代以后，经济体制的市场化转型以及北京市城乡市场的逐步开放，为城市资本进入莲花池村提供了契机。"任何一个社会，任何一种生产方式，都会生产出自身的空间……从一种生产方式转到另一种生产方式，必然伴随着新空间的生产。"（包亚明，2003）于是，政府由计划经济时期政策的执行者转变为规划者、协调者，甚至是参与者。

政府的力量非常强大，但只有与资本结合，或促使资本的联盟，才能促进乡村空间的更新与演变。因此，雁栖镇政府及村委会出台多项优惠政策吸引城市资本前来投资，放宽资本性质和规模，并鼓励当地村民发展垂钓养殖和民俗旅游业。同时，由于我国现行的《土地管理法》对农村土地的使用权与所有权有了比较严格的规定，复杂的产权关系决定了外来资本仅靠自己的力量无法获取土地资源，唯有与权力的结合才能使这一问题迎刃而解。于是，地方权力与资本开始联合，2002年，雁栖镇政府构建了"土地转换"招商平台，为外来资本破除土地制约提供了契机。

权力的固化不仅限于外来资本，对本地资本同样进行鼓励与支持。早在1985年生产队解体之初，村落经济发展非常落后，为了促进本地经济发展，鼓励村民开办农家院，凡因建农家院需用的土地，村里一律批准，无数量制约。2005年实施"新农村建设战略"、2006年"雁栖不夜谷"的规划建设、2009年百里坚果长廊的现代农业生产基地建设、2010年"雁栖不夜谷"文化升级等一系列制度的制定，也为内部资本的参与提供了宏观层面的政策保证。

权力与资本的紧密结合，为内外部资本循环创造了良好的内部投资环境，极大地提高了莲花池村落空间的利用效率，获取了更多的资本利润。从土地改革到"宅基地置换"，乡村要素的资本化加速了莲花池村落空间的分化与重组。因此，在地方政府的一系列干预下，莲花池村落空间由传统缓慢裂变期进入快速突变期。

（2）设施环境建设

物质基础设施的建设有助于加快资本的积累，政府对交通、信息、电网等基础设施的改善，以及治污、治河等对环境的美化，可以大大降低内外资本的投资风险。因此，为了吸引和固化资本，当地政府一般把基础设施的建设作为主要任务，而莲花池村作为"虹鳟鱼一条沟"的起源地，更加受到当地政府的重视。

在交通设施方面。在政府的推动下，京承高速、京密高速、范崎公路高架桥、怀丰公路、雁栖湖联络线等多条高速公路及城市快速路先后修建与开通，这大大缩短了莲花池村与市区的距离，使得村落与外部环境的联系更为紧密，同时也为城市居民选择莲花池村提供了便利条件。2005年，雁栖镇政府投资103万元硬化了2公里长莲花池道路。2007年，公交车开始普及。这些物质环境的构建有助于加速乡村空间的资本积累。

在环境治理方面。2005年,怀柔区中央农业综合开发生态综合治理项目实施,对莲花池村的水域进行了治理,控制水土流失。2007年,怀柔区雁栖镇采取"三治一建"措施,完成了莲花池、长园两村的污水治理,清除雁栖河、莲花河的全部垃圾,疏通河道,加快"雁栖不夜谷"的环境改造升级。2010年,雁栖镇政府加强村落卫生环境整治和管理,对垃圾进行密闭化分类管理。2013年,雁栖镇实施农村垃圾无害化处理。2017年,雁栖镇政府加强对雁栖河流域养殖场户排放水质检测。2019年,雁栖镇政府加大对居住环境的整治力度。

在公共设施方面。2006年,雁栖镇政府利用科技创新成果,在农村推广使用新能源、清洁能源,为沟域内安装了700盏太阳能路灯、45盏交流灯,增设停车泊位500个,新建、改建国家二类公厕10处,同时完善了医疗卫生、健身场所、污水以及垃圾处理等设施,初步形成了"雁栖不夜谷"。同年,北京市政府为莲花池村建造了2个污水处理点,硬件环境明显改善。当地政府为了吸引更多资本,村内度假村及民俗户的污水处理费用全部由村委会集体缴纳。2008年,借助北京奥运会的举办,长园村到莲花池村15公里的重要路段又安装了草坪灯、工艺灯箱、度假村安装外轮廓灯等,为莲花池村落空间创造了良好的经营环境。为了便于资本流通,雁栖镇政府于2008年统一为村落内所有度假村及民俗户安装了北京农村商业银行POS机具。随着休闲群体的逐步增多,2012年,雁栖镇政府在民俗户安装了游客住宿信息采集系统,方便建立旅客信息及时汇总档案,协助民俗户提升管理水平。2018年,新增怀柔南站至莲花池村、慕田峪至莲花池两条公交线路。

基础设施的完善及娱乐项目的丰富,不仅吸引了众多外来资本,同时还为本地资本的积极参与扫除了障碍。高速公路、基础设施等的修建与完善,为资本插入或进一步接近村落提供了绝好的机会,更是成为资本投资的首选领域,提高了资本增值的速率。

(3) 形象环境优化

为了最大可能地获得资本的青睐,地方会不断地提升和优化自我形象,商务活动、产品推介、大事件、体育赛事、旅游营销等成为地方政府勾勒地方独特空间的常用手段，资本以此方式找到了落脚点，其中，权力在此过程中起到了推波助澜的作用。

莲花池村作为"雁栖不夜谷"的重要节点，当地政府的一系列营销手段及形象塑造，为莲花池村落空间的再生产及资本的固化起到了很好的引导作用。从1985年村民温显祥冷水养殖虹鳟鱼开始，到20世纪90年代初村民自发发展民俗旅游，经过十余年的积累与发展，以莲花池村为主的"虹鳟鱼一条沟"在京城小有名气。为了加大推广力度，凸显"雁栖不夜谷"，从2005年开始，雁栖镇政府依托清明、端午、中秋等传统节假日，打造清明风筝节、端午风情节、虹鳟美食月等活动，如2005年至2006年，分别在劳模山庄举办"怀柔区国际虹鳟鱼美食大赛""企业家虹鳟鱼垂钓大赛"和"第二届中国（怀柔）国际虹鳟鱼美食节暨北京啤酒欢乐季闭幕庆祝晚会"，并通过北京电视台《生活面对面》和《食全食美》播出；2008年，承接了奥运会接待部分运动员和官员的参观游览；2009年，举办了第二届不夜谷"风筝节"暨怀柔旅游产品推介会；等等。同时，雁栖镇政府还引入高端文化产业，打造中国民族画院雁栖创作基地，引进知名艺术家和艺术作品，定期举办书画展、笔会、拍卖会，更新旅游宣传网站及制作《诗画雁栖》宣传册不定期推介，等等。

美食节、奥运会等承担重大事件的营销方式在短时间内提升了"雁栖不夜谷"的知名度，同时也提升了莲花池村的出现频率，成为当地政府宣传和美化雁栖镇及莲花池村落环境的重要战略工具。与此同时，生态环境、虹鳟鱼、不夜谷、核桃、村落等元素也成了莲花池村的"空间表征"。

（4）乡村规划

当乡村空间转变为资本的生产元素时，意味着空间组合的变化将会产生不同的空间生产结果，带来不一样的剩余价值。因此，为了使资本循环顺利进行，资本会促使权力空间重组，地方规划成为乡村空间重组的重要手段。

1990年以前，莲花池村落空间的演变更多地体现在乡村的自然演替，尽管从1990年开始，村落内出现了外来资本，部分农村参与到农家院的经营中,但总体来看,这些因素对聚落的空间布局影响不大,且政府尚未对本村进行过多的人为规划。但与全国乡村的一般演替规律不同的是,随着北京市城市功能和定位的变化及首都发展特点的要求,2000年以后,莲花池的村落功能分化及空间形态变迁更多地体现为政府的参与与影响,规划成了莲花池村空间重组的直接影响因素。

作为"雁栖不夜谷"的源头及"莲花河休闲垂钓沟"的核心村落,莲花池的村落规划主要围绕"雁栖不夜谷"规划方面的改造与升级。2006年,雁栖镇政府投资3000万元打造"雁栖不夜谷",整合了莲花池村、长园村、官地村、石片村等五个行政村的资源,营造人文和自然景观以及夜景观,推出"赏雁栖夜景、吃虹鳟冷鱼、品不夜美酒"等全新旅游项目,以及垂钓大赛、夜场演出等特色活动,村落硬件环境、接待水平均有了较大提升,从而激发了更多本地资本的参与。2008年,《北京市怀柔区雁栖不夜谷旅游规划》对项目规划建设现状、总体布局与建设重点、旅游景观文化提升工程等10项内容进行了详细论证和规划设计。怀柔区"十二·五"规划全面深入发展"雁栖不夜谷",规划莲花池村至北湾村沿途建苹果、大枣、红梨、核桃、红果、板栗果品在内的20个观光采摘园,种植10万株彩叶树种,形成彩叶林观光带,不仅将莲花池村核桃种植产业化发展,而且营造了良好的生态环境。在怀柔区"十二·五"旅游休闲产业规划中,莲花池—慕田峪长城1.2公里交通隧道的打通,将实现"雁栖不夜谷"与怀柔区著名景区点的连接网络。2012年,雁栖镇"一中心两带三区三组团"规划,重点打造"神堂峪一条沟"的神堂峪村、官地村、石片村和"莲花池一条沟"的长元村、莲花池村的"3+2"两沟组团,发展休闲度假、产业文化、都市农业、生态涵养为主的特色经济。2000年以来,通过市级、区级以及镇级政府的一系列政策和规划的制定与实施,优化和重组了"雁栖不夜谷"沿途村落,莲花池的村落空间也因此得到了极大的利用与提高,村落空间不断资本化,并获得了更多的盈余资本。

莲花池村聚落空间的演替,实质上是资本与权力结合的产物,空间的变迁是权力的隐喻和象征,并渗透和遵循着权力的逻辑。在地方政府一系列配套政策的推动下，村落基础设施不断完善，规划的实施使得莲花池村与周边村落形成资源互补，空间利用趋近"帕累托"最优。资本逻辑与权力逻辑的交织与耦合，促使莲花池村聚落空间的不断更新与演替。

2. 规范约束

权力塑造的制度空间虽然是非物质形态的，但作为地方发展的维护者和主导推动者，权力同样需要通过行政的、经济的措施约束或规范资本和市场活动，间接作用于具象的资本空间生产。同时，权力还须引导和约束村民的生产和生活活动，维护和平衡社区利益。

（1）规范

随着越来越多的本地资本参与村落空间再生产，区级及镇级政府在改造和完善硬件设施的同时，规范农家院和度假村的生产活动。2001年，怀柔区首次对"虹鳟鱼一条沟"农家院进行评定，颁发"市级民俗接待户"。2015年，怀柔区旅游委全面启动乡村旅游等级评定试点工作，该次评定采用新标准，对民俗经营户进行星级评定，促进乡村旅游市场的有序竞争，推动产品的多层次发展及产业升级换代。2007年，民俗经营户使用的餐具与京怀维康餐饮具消毒中心签订合同，由消毒中心统一配送。2007年开始，雁栖镇旅游服务中心每年为度假村及民俗经营户进行为期10天的免费培训，主要培训内容是接待礼仪、客房服务、服务态度、厨房卫生、烹饪等，为雁栖镇旅游行业的发展奠定坚实基础。2010年，雁栖镇联合区相关部门，对度假村及民俗经营户开展食品安全、调解消费者纠纷技巧等相关内容培训、督导和检查，要求经营者依法自行解决消费投诉事件，营造良好的民俗旅游消费环境。2011年，雁栖镇旅游办邀请区卫生局工作人员，对民俗经营户的食品卫生许可证进行年检。2014年，民俗经营户客房壁画、宣传册以及民俗经营户服装由旅游局统一免费配发，菜单统一制作，客房床单被套购买市政府给予80%的补贴。

（2）约束

2008年，怀柔区实行封山育林工程，同年，镇政府加大对范崎公路和神堂峪路两侧的绿化美化，投资6万元建生态林管护站2个，设专职人员看守。2008年,莲花池两处泉眼被旅游局封锁,以保护水源。2010年,雁栖镇在招商引资中,对企业性质进行了限定,支持和鼓励发展"三低一高(低投入、低耗能、低排放、高效益)"新型企业,坚决杜绝重污染企业进入,从根本上控制住污染源头。为了配合2014年APEC会议期间雁栖湖周边的卫生,2013年,雁栖镇政府对"雁栖不夜谷"沿途村落载客马匹进行限制,要求村民在2013年9月1日前售卖载客马匹,并以每卖一匹奖励3000元的价格进行鼓励,至2014年,莲花池村原有的29匹马仅剩4匹。APEC会议期间,不让生烟火,政府补贴每家200元。

(3)维护

随着村落城市居民的逐步增多,基于我国当前农村宅基地制度的限制与约束,宅基地无法进入资本市场进行交易,以较低的价格私下将宅院或宅基地租赁或出售给城市居民成为惯用的交易方式。但随着聚落空间资本增值工具的凸显,宅院价格快速上升,早期出租或私自出售宅院的村民,与城市居民之间产生了冲突,导致住宅无法索回。为了维护村民利益,政府出台政策,禁止村民出租或出售宅基地,早期出售的宅基地予以回收。

2010年,充分保障村民就业,利用"在岗提升式"技能培训、"订单式"和"定岗式"技能培训等方式对中青年劳动力进行技能培训,对从事民俗旅游业的人员进行中式烹调、民俗礼仪、食品安全、营养膳食培训,对从事果树种植的农民进行栽植、养护、管理方面的培训。针对游客、民俗经营者以及当地村民间日益增多的矛盾,2010年,雁栖镇联动了该镇派出所、司法所、旅游办、工商所、法庭等多个部门,成立旅游景区调解委员会。2011年,市政府对村民住宅北房建设给予4万元补贴,统一更换和建设墙体保温和窗户。2011年,雁栖镇政府投资4万余元购置肥料,发给北部山区坚果长廊种植户,并针对山区村落年轻人外出打工、果树无人照料的现实,组建核桃树管理服务队进行管理。2013年,在新旅游法实施的第一个黄金周,雁栖镇下发《致不夜谷民俗接待户一封信》,对垂钓点、民俗户入户宣传、讲解新旅游法,维护经营者和游客的利益。2018年,怀柔区政府颁布《怀柔区促进乡村旅游提质升级奖励办法（试行）》，对民俗村建设、餐饮服务等基于奖励，以实现乡村旅游的组织化、品牌化和市场化建设目标。

### 三 村民迎合资本

莲花池村的发展不是一蹴而就的，与北京市周边很多远郊农村一样，空间的演替伴着城市化的痕迹。作为莲花池村的拥有者，当地村民既是村落空间的生产者，又是村落空间的使用者，他们在物质和精神两个层面生产与发展着村落空间，其中村落精英起着尤为关键的作用。

1985年以前，莲花池村是一个深藏于低山丘陵地区的贫穷小山村，土地贫瘠、交通闭塞、工业不景气成为村落的代名词，经济落后在保留乡土风貌和生态景观同时，也激发了村民对"富裕"的渴望和追求。1985年，村民温显祥承包村里鱼塘，利用莲花池泉水养殖虹鳟鱼，并成为雁栖镇"虹鳟鱼一条沟"的发起者之一，对村民起到了良好的示范效应，也为莲花池村民俗旅游的发展提供了契机。

> 那会儿国家穷，村里也穷。我们都是挣工分，收入很低，当时妇女干一天活得三毛五，男子得七毛。即使在家庭联产承包后，村里地也不多，土地比较贫瘠，加上企业又不景气，所以有5、6户村民都搬走了，去县里或市里了。
>
> ——村干部，2015年6月

表4-3　1995—2007年莲花池村农民人均纯收入及怀柔区的排名

| 年份（年） | 人均纯收入（元） | 名次 | 年份 | 人均纯收入（元） | 名次 |
| --- | --- | --- | --- | --- | --- |
| 1995 | 2205 | 88 | 2003 | 12608 | 5 |
| 1996 | 2501 | 80 | 2004 | 12749 | 8 |
| 1998 | 4577 | 78 | 2005 | 12863 | 13 |
| 1999 | 10493 | 1 | 2006 | 17092 | 1 |
| 2001 | 10978 | 7 | 2007 | 13957 | 21 |

# 第四章 乡村聚落空间资本化演变

随着城市居民这支强势消费力量的进入，在巴克公社、山中传奇等外来资本的带动下，村民自发发展民俗旅游，村落经济增速明显（见表4-3），并于1995年成为怀柔区农民人均纯收入百强村。民俗旅游业对村落经济及家庭收入的提升，驱使村民非常拥护这一产业的发展，并积极从事农家乐经营、真人CS、拉马、沙滩摩托、售卖土特产品等与民俗旅游相关的活动与行为，本地资本的积极参与是本聚落演变的内在驱动力量。

在乡村这个熟人社会里，村落精英如同"守门员"一般，处于村落政治经济系统的边界上，嗅觉十分灵敏（龚晓洁，2011），他们不仅对村民起着带动和引领作用，而且还成为推动村落社会经济变迁的一股重大力量。与之相对应，莲花池村落的巨变同样与乡村精英的作用密不可分，从乡村精英宅院的变迁可以折射出聚落空间形态的演替。一般来说，乡村精英主要由政治精英和经济精英两类组成，其中，政治精英指的是在村庄中发挥着领导、决策、管理作用的村干部，因其权力优势掌舵着村落的发展方向，其宅院的位置在一定程度上代表着村落的权威中心。改革开放以后，几任村干部的宅院表现出不同时期的特点，78号院、47号院、46号院分别是20世纪80年代、90年代以及21世纪初村干部的宅院，位于莲花池泉上游的平地处，背靠山脉，可谓是上风上水，隐喻着这一时期村落的中心位置。

然而，随着社会经济的发展，公路取代河流而成为新时期组织村庄的主要因素，政治精英的宅院位置也随之发生改变，逐步由西北部的莲花池泉沿岸向东南部的新主路移动，N19、N15、N16、N17、N27、240号、19号等则是现任村干部的宅院，这在很大程度上印证了本章第二节中聚落空间中心演替的表征。

> 20世纪80年代的时候，这里非常热闹，村里（的人）洗衣服、洗菜、浇庄稼都是用这里的水，大家在这里聊聊天，拉拉家常，挺好的。现在这里（的作用）主要是浇菜地，家家都有自来水，谁还跑到这里洗菜？再说，现在大家也都各忙各的，没时间

聚在一起（聊天），即使是中午忙完了，也都是坐在路边玩会儿，来这的人很少了。

——村民，莲花池泉沿岸

政治精英宅院的变迁不仅是聚落中心演替的映射，而且还蕴藏着村落的经济发展脉络。20世纪90年代及之前，村落经济以传统农业种植为主，村干部的角色主要是发展村落农业经济，同时，"引资"入村，发展工业，因此，住宅空间仍围绕农业而建造；1995年中期及以后，随着北京市市民对绿色的渴求及城市资本转嫁贬值风险的需求，村落资源和环境景观成为资本投资的对象，村干部的角色也发生了重大变化，由"引资"入村向"本地投资"转变，鼓励村民充分利用村落环境，迎合市场需求，"自行投资发展"农家乐经济，村干部本身也从政治角色向经济角色转换，几乎所有的村干部都从事农家院经营。

我当了12年的村支书，当时村里有几个厂，汽水厂倒闭后（1992年）改为矿泉水厂，大队出地皮，北京机械厂出技术，经我贷款10万块钱给村里。

——1980年村干部，2015年6月

从政治精英和经济精英经营的农家院区位选取来看，散布于村落的各个角落，但密集于主路以东区域，每个农家院区位的选取背后都隐含着不同的市场需求。N6、N7位于村落南片，N12等位于村口，这些区域交通方便，适合年轻一族；N19、N33、N34分别位于村落北部和西部，背靠山麓，生态环境优势凸显，适合喜欢清静的客人；N15、N16等位于村落中部，交通相对便利，与村民近距离接触，适合体验乡土文化的客人；N35位于莲花池泉水之上，虹鳟鱼养殖点，满足了游客休闲娱乐的需求；等等。因此，农家院区位的布展迎合了市场的需求，并对村落人口的分布状况起着指引作用，西北部人口聚集的传统空间布局被打破，村落中东部及村口等生态环境特征突出、交通便利以及乡村特征显著的区域人流密集，村落空间格局发生了很大变化。

政治精英和经济精英的行为不仅对村落空间格局产生了重大影响，还引发了村民的纷纷效仿，带动了本地资本的积极投入，即使没有从事农家乐的一些农户，或因宅基地面积有限，或因家庭人手不够，或因资金不足等客观因素的制约，而被迫放弃参与，而非主观不情愿。在外来资本和村落精英的带动下，休闲旅游业快速发展，村落经济形态得以改变，村民的职业由传统农业种植向现代服务业转变。城市居民的大规模、集中式的进入，对莲花池村的住宿及餐饮产生了大量需求，资本增值及市场的力量驱动着村民从事农家乐的积极性，同时，也降低了他们对村落的认同感，乡规民约、文化习俗等道德的约束力日渐削弱，维持村落相似性的责任感成为过去式。在变现资本的驱动下，村民将原有院落进行扩建，或重新改建为楼房，院落顶棚进行封闭等，致使传统聚落的相似性被打破，物质景观趋于杂糅，乡村空间的潜在价值被重新挖掘，资本价值最大化。

聚落空间性质转变及资本化运作过程表明，地方政府和市场力量的紧密结合为莲花池村内外资本提供了良好的运行环境，并在短期内快速为资本家、村落及村民创造出了丰厚的剩余价值。资本、权力、阶级等政治经济要素正在成为重塑莲花池村空间的"关键词"，村落已经不仅仅是传统的农业种植地，而是资本、权力和阶级利益角逐的场所和生产剩余价值的工具。然而，如果进入乡村的资金以资本为主，那么乡村社会必将按资本逻辑运行，资本逻辑下必然要求劳动力、土地、乡村空间等一切要素商品化，按市场需求自动调节商品价格，实现经济市场化，并必会要求村民关系、社会文化、政治制度等服从市场需求，甚至要求市场经济与社会脱嵌。为此，波兰尼认为，资本在农业、农民、农村与市场的关系问题上，断然不会顾忌农业的弱质和农民的弱势，按其习性只是要利用农业的弱质和农民的弱势去获取资本的最大利益（毛丹，2008）。在"强政府弱社会"的乡村语境下，乡村的理性发展需要政府的协调与保护，如若失去政府的庇护，长期、大规模的资本化生产也会同化甚至消灭乡村空间。因此，村落长期的生存需要村落社会文化以及政策制度的反向自我保护，防止市场力量对村落社会的过度侵蚀。

# 第五章　乡村土地资本化过程与路径选择

土地资源资本化就是将土地资源进入市场，通过占有、征用、出租等方式将资源转化为资产，充分挖掘土地的资产本性，实现其潜在价值增值的过程。乡村空间资源的核心是土地资源，而土地资源的利用方式体现了乡村空间发展的物质形态，因此，土地资源资本化是乡村空间资本化的直接体现形式。

莲花池村受地形地貌制约，农业用地和宅基地等可供使用或开发的土地资源潜力十分有限。全村拥有9000亩山林和3600亩经济林，其中，经济林以板栗、核桃等农作物种植为主，但由于经济林距离村落较远，加之村落经济转型和人口结构的改变，除每年9月至10月份农忙时节采摘并现场出售果实外，村民无过多时间进行管理，基本

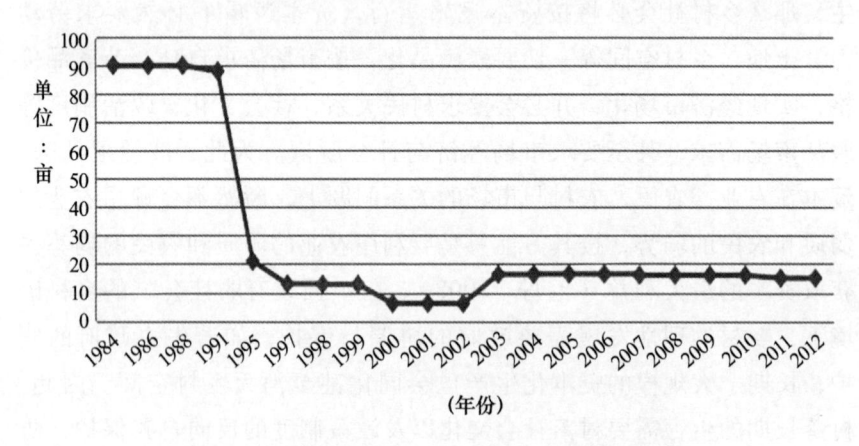

图 5-1　莲花池村 1984—2012 年耕地面积变迁

处于原生态生长状态。此外，村落耕地资源非常贫瘠，据历年统计资料显示，1991年之前，全村拥有90亩耕地，1991年以后，随着外来资本的占用以及退耕还林工程的实施，耕地面积快速下降，至2000年，全村基本无耕地，仅剩环绕村落的12亩自留地（见图5-1）。因此，该村农业用地主要有果林和自留地两种土地类型。

## 第一节 农地资本化过程

### 一 20世纪80年代至2000年：土地征用

20世纪80年代初期，家庭联产承包责任制全面推行，凡拥有莲花池村户口的村民均可分配一处自留地和一定数量的果林，由此，自留地和果林成为村民所拥有的全部农地资源，农地资源使用权的私有化大大提高了村落农业劳动生产率和产出效益。同期，村办企业的成立与建造，不仅占用了村落林地资源，而且还占用了村民的宅基地以及自留地，林地及宅基地成为企业生产的基本元素，并为全体村民获取利润，这是村落土地资源资本化的萌芽时期。

进入20世纪90年代，随着城市资本地理空间范围的拓展，以及当地政府多项优惠政策的支持，引致了N1、N3、N4、N9等众多城市外来资本入驻，范崎公路两侧的荒地、村民自留地、林地等土地不断被外来企业所征用（见图5-2），征用期限为50年，每年给予每户村民4万元征用费，被用以建造休闲度假山庄，供城市居民群体休闲消费之用，土地用途发生了变更，由农业用地变更为建设用地（见表5-1），传统意义上的农业生产功能被现代化非农经营功能所代替。

表5-1　　　　　莲花池外来企业土地征用情况

| 外来企业编号 | 入驻年份（年） | 征用土地类型 | 外来企业编号 | 入驻年份（年） | 征用土地类型 |
| --- | --- | --- | --- | --- | --- |
| N1 | 1991 | 荒地 | N9 | 1997 | 宅基地 |
| N3 | 2000 | 荒地 | N44 | 1993 | 宅基地 |
| N4 | 1991 | 自留地 | N45 | 1995 | 宅基地 |
| N5 | 1993 | 自留地 | N46 | 1997 | 林地 |

| 乡村空间资本化过程与机制

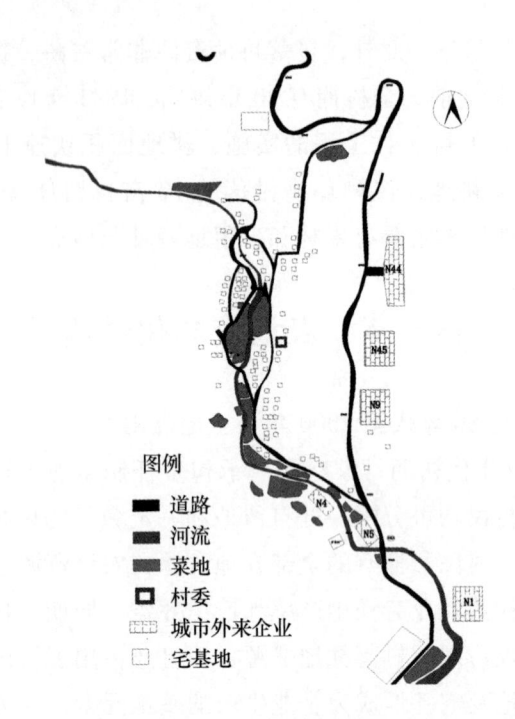

**图 5-2  20 世纪 90 年代莲花池村外来资本征用土地布局**

　　城市外来企业（以下简称"山庄"）除征用土地用于建造度假山庄外，还征租村民自留地种植蔬菜，如 N4 和 N1 分别在村口和亓连关处租用少量村民自留地用于种植蔬菜，或用于满足休闲消费者的原生态需求。由于村民自留地细碎化现象严重，规模分散，山庄租种的菜地面积一般较小，根本无法满足正常经营所需，这一现象说明山庄租用的自留地以及蔬菜种植并非生产所用，其更主要的是作为一种农耕符号以营造田园景观和劳动场景。至此，村落农地资源增值空间不断加大，潜在的资本属性不断被激活，土地开始作为重要的资本元素参与城市外来企业的资本化运作。

　　在这一时期，在地方政府的支持与敦促下，村办企业及城市外来企业通过占用、征用、租用等方式，改变了农地资源的基本生产功能，但农地资源的稀缺性决定了地理空间扩张型的资本化方式无法在莲花池村持续。

## 二 2000年至2010年：经营性使用

长期以来，核桃、板栗、杏等经济林的种植与采摘构成莲花池村村民的主要收入来源，是村落经济的主导产业，自留地作为唯一的耕地资源仅种植少量蔬菜和小型农作物以满足村民日常生活所需。由于经济林、自留地面积小，布局分散，无法实现规模化生产，为了获得更多的农产品，村民通常在自家果林下自行开辟更多的自留地以种植白菜、豆角、黄瓜等蔬菜。

> 生产队解体时，我家分了2块儿园子，分别在家门口和村口处，主要种些玉米、豆子、高粱，再种点韭菜、上海青等时令蔬菜，够平时吃。1990年代初，村口那块儿被山庄给占了，园子（即自留地）少了，不过儿子他们也都不在家，家里人少，菜地里种的也还够吃，一般不出去买。
>
> ——村民，53岁

2000年以后，随着村落休闲旅游业的发展，游客数量渐趋增多，农家院数量快速增长，市场需求的推动激发了部分村民挖掘农地资源潜在价值的热情。果林和自留地不仅成为他们获取经济收入和满足自家食用蔬菜的需要，更成为农家院经营、出售农产品获取额外利润的重要来源。部分村民除村集体分配的自留地外，还另行开辟荒地。

> 我家园子原来少，就集体分的那一块儿，平时够吃菜。后来村里游客越来越多，他们特别喜欢吃我们地里种的菜，而且还喜欢带点回家，原来菜园子只能够自家吃，卖给游客不够，所以我就又在房子后边、河道边开了几块儿荒地，主要种一些方便游客带走的蔬菜，像豆角、白菜、玉米、茄子等，也算挣点活钱儿。
>
> ——村民，57岁
>
> 我原来在度假村做餐饮部后厨主管，2014年因身体不好辞职了，现在主要是在家种地，再搞点养殖。果林种的有栗子、梨、

核桃，主要是让游客采摘，有时也会卖给收购的人。还有三处自留地，以前比较分散，干活太麻烦，所以后来就和别人换了，现在三块菜地连在一起，种些水萝卜、豆角、黄瓜、芹菜、老玉米、白菜，自己家吃不完，也都卖给游客了。最东边有2亩果林，用来养羊、鸡和鹅，鸡蛋和鹅蛋供不应求，都是卖给城里人（即游客），明年准备再建一个羊棚，这样可以方便经常照顾家禽。

——村民，38 岁

可以看出，不同村民对农地资源的利用方式和目的有所差异，未从事农家院经营的部分村民看到了农地资源的增值效应，促使他们拓展自留地面积、复合化利用果林，通过种植便于携带的农作物或养殖家禽获取超额利润，充分发挥了农地资源的生产功能，成为这一群体获取收入的重要来源。

我家果子树不多，没开农家乐的时候，经常去剪剪枝、打打药，能多接点果子，卖个好价钱。但是开了农家乐以后，人手不够，平时也顾不上管理它，一般都是到九月份收栗子的时候去一次，收好以后直接就卖给收购栗子的了，不卖完，自己留一部分，送给亲戚点，接待客人时再用点，就没了，反正现在也不指着它挣钱……分自留地时我家只有一处，因为婆婆和我们一块儿生活，所以菜园子也就给我们了，平时接待客人需要的蔬菜量大，原来两块地不够用，所以就又在南边、河对岸、饮马槽下面自己开了一些（菜园子），主要种小葱、茄子、豆角、白菜等接待用的量比较多的蔬菜。开了这些菜园子以后，蔬菜就基本不用买了。

——N12，50 岁

家里有100多亩果林，主要种些核桃、栗子、梨和杏，以栗子为主，每年能产2000多斤栗子。收果子的时候专门有人来收购，统一价钱。不过我们家果子主要是卖给游客，天然有机，游客非常愿意买，卖给游客的价格要比卖给收购的人高……原来我们只有一块儿自留地，因为接待规模比较大，平时青菜用得多，总出去买也不方便，所以就在北边果林树下面开了5块荒地，种点小葱、莜麦菜、豆角、茄子啥的，一般招待用的青菜基本够用。

——N34，58岁

与未从事农家院经营者的村民不同，农家院经营者通常将自家种植或山上采摘的青菜、野菜、板栗、核桃等作为原材料投入生产之中，以节约成本，成为农地资源价值增值的另一种途径。对于经营状况较好的农家院来说，自留地面积十分有限，蔬菜等原材料需求量大，农产品远远满足不了接待需要，于是，自留地面积的扩张、占用或租赁邻居菜园、在果林中及道路边开辟菜园的现象在利润追逐的驱使下变得较为普遍（见图5-3），农家院经营者所拥有的菜地数量明显高于未从事农家院经营的村民（见表5-2）。

图5-3　农家院经营者自行开辟菜园

表5-2　　　　莲花池村部分农家院菜园数量及获取方式

| 农家院名称 | 原有数量（处） | 现有数量（处） | 土地获取方式 |
| --- | --- | --- | --- |
| N7 | 1 | 3 | 村集体分配、占用公路局院子、开荒 |
| N8 | 1 | 3 | 村集体分配、开荒 |
| N12 | 2 | 6 | 村集体分配、开荒 |
| N14 | 1 | 4 | 村集体分配、开荒 |
| N16 | 1 | 5 | 村集体分配、开荒、占用父亲菜园 |

乡村空间资本化过程与机制

续表

| 农家院名称 | 原有数量（处） | 现有数量（处） | 土地获取方式 |
|---|---|---|---|
| N19 | 1 | 4 | 村集体分配、开荒 |
| N24 | 2 | 5 | 村集体分配、占用亲戚家菜园 |
| N33 | 1 | 5 | 村集体分配、开荒 |
| N34 | 1 | 6 | 村集体分配、租赁 |
| N35 | 2 | 6 | 村集体分配、开荒 |
| N37 | 2 | 3 | 村集体分配、占用亲戚家菜园 |

村民自留地不仅数量有所改变，而且种植种类与比重也悄然发生了变化。早期，自留地以种植玉米、高粱、豆类等大型农作物为主，兼种白菜、豆角等蔬菜；而现在则以白菜、黄瓜、豆角、茄子等蔬菜种植为主，高粱、豆类等大型农作物不再种植，与早期呈反方向变化。实地调研结果显示，虽然小葱、豆角、茄子、水萝卜、莴苣、生菜等蔬菜在所有村民自留地中均有涉及，但种植比重差异非常明显，一般而言，未从事经营的村民种植种类较为均质（见图5-4A），小葱、茄子、豆角、水萝卜、莴苣、生菜、西红柿等均有所涉及；而从事农家院经营的村民种植小葱、豆角、丝瓜、瓠子、生菜等易腐烂、配料性蔬菜的比重明显增加，远远大于传统村民种植的比重，不均质现象非常明显（见图5-4B）。

A　　　　　　　　　　　B

图5-4　村民自留地种植种类

种植类型与种植比重的变化并非村民自行改变的结果，而是外界作用的表现。首先，村落人口结构的变更迫使村民改变种植结构。随着城市引力的增加，村内年轻人逐渐减少，老年人成为村落人口结构的主体，为了便于经营与管理，自留地种植类型改为小型蔬菜种植，果林平时很少管理，农忙时雇人采摘。另外，村落生产结构的转型促使村民改变种植结构与种植比重。改革开放初期，村落以传统农业种植为主，果树护理及大型农作物成为村民种植的主要对象，种植类型与比重较为同质，因耕地面积有限，产量不高，农作物以自家食用为主；而2000年以后，休闲旅游业取代传统种植业成为村落的主导产业，城市居民对农产品的热衷，促使村民改变大型农作物的种植比重以及果子的统一售卖，农家院经营者的种植类型随经营性使用蔬菜而发生改变，部分村民也基于游客的偏好，在种植类型选择上发生偏移，玉米、红薯、豆角、萝卜等便于储存与携带的农作物比重有所增加。

因此，果林、自留地等农地资源已经超越了传统意义上的生产功能和生存保障功能，而是作为资本要素参与生产经营，并成为农家院经营者及部分村民获取利润的关键途径。在不改变土地用途的前提下，挖掘农地的复合化价值，大大提升了土地要素基本面的生产价值，经营性使用成为莲花池村土地资源资本化的新形式，而土地资源的资本化利用则是人口结构、生产结构、城市需求等多种因素驱动的结果。

### 三　2010年代至今：符号化

随着北京市城市化进程的推进，到乡村体验乡村生活、感受农耕场景成为市民的普遍追求与向往。"空间的生产如同任何商品的生产一样……被利用来生产剩余价值，土地、地底、空中甚至光线，都被纳入了生产力与产物之中……成为资本的一部分。"（Lefebvre，1991）莲花池村远离市区，不仅保持着淳朴的乡村民风，而且空气、莲花池泉、果林、菜地等乡村元素更是构成了田园风光的底色。果林、自留地不仅是村民为满足日常生活和生产需要而劳作的场所，同时也是体现乡村休闲消费的主要符号，成为城市居民休闲消费的理想场所，并吸引这一群体长期居住或作经常性休闲旅游，从而促使村民开辟土地资源资本化的新路径。

莲花池村农地分布的零散化、面积的小型化决定了可拓展空间十分有限，土地租赁、股份制合作等大规模的土地资本化利用不适合该村落，因此，除1990年代初期外来企业及城市居民征用少量农地外，近年来，村落农地面积基本保持不变，但复合化、集约化利用程度大幅度提升，除经营性使用的资本化路径外，符号化成为近年来资本化的新路径。

首先，农地使用功能发生了变化。传统农地作物的种植主要是以满足村民个体需求、增加家庭收入为主，成为村民获取经济收入的主要来源，而农耕场景是村民对农作物生长的护理过程，是保证经济收入获取的生产性劳动；而近年来，农地种植以及农耕场景的生产性保障功能逐渐减弱，审美价值凸显，成为吸引城市居民消费乡村的主要符号，从而带动了乡村空间资本价值的增值（Phillips，2005），村民资本性收入也大大提升。

另外，农地使用主体已经发生了变更。传统农地是村民个体通过农田劳作获取经济收入的主要来源，村民是农地的使用主体；而现在农作物的种植类型则伴随消费主体需求的变化而变化，使用主体不仅局限于村民，城市消费者的主体身份也有了一定程度的叠加，由"村落居民"扩散到"村落居民+城市消费者群体"，使用主体呈多元化态势。

城市居民的消费需求导向推动了莲花池村农地资源由生产要素向符号要素的转化，农地资源已不再仅具有传统的"生产功能"，而是成为地方形象的景观实体和消费符号。同时，农地资源的使用对象随之发生改变，由"村落居民"变更为"村落居民+城市消费者群体"，种植类型与使用对象的变更与叠加进一步激发了农地资源的潜在价值，符号化成为现代时期农地资源最新的资本化形式。因此，尽管囿于农地资源较为贫瘠的现状，大规模农用地流转等土地资本化路径受到了限制，但仍然未能阻挡住莲花池村农地资本化的趋势。

## 第二节 宅基地资本化过程

对于以土地为根基的村民来说，宅基地不仅是承载家庭关系和维系族群认同的情感纽带（Dyuvendak，2011），更重要的是，它维系着农民的基本生存权利，是农民的一种社会福利保障（孟勤国，2005）。然而，随着社会经济的发展，除生活保障功能之外，宅基地的生产资料和资产等属性价值日益凸显（林超，2013），尤其是在大城市周边乡村，宅基地使用权及其房屋的资本化现象早已大量存在，这种现象在莲花池村同样可以得到印证。

城市居民对乡村绿色的渴望和休闲方式的追求，萌生了购置或租赁村民宅基地的强烈需求，同时也驱使着村民将闲置宅基地作为寻租资源，出租或出售给城市居民，宅基地作为生产资料在强势群体利益诉求下参与资本市场运作，在一定程度上具备了西方国家所谓"第二家园"的特殊含义。莲花池村现有宅基地170余处，其中，由城市居民购置的为11处，占全村宅基地总数的6.47%；租赁的为20处，占比11.76%；从事农家院经营的为44处，占比25.88%；传统村民居住的为85处，占比50%；闲置宅基地为10处，占比5.88%。城市外来者的嵌入加剧了宅基地使用方式和使用功能的变更，从发展历程来看，不同时期宅基地的资本化方式呈现明显差异（见表5-3）。但无论是宅基地的出租、出售，抑或经营，都意味着在土地资源稀缺的背景下，宅基地的资产功能逐渐超越了保障功能，其潜在价值不断被挖掘，寻租成本不断提升，预示着资本化现象的存在。

表5-3　　　　　　　莲花池村宅基地利用方式变更

| 年份 | 出售（元） | 传统宅院出租（元/年） | 农家院出租（元/年） |
| --- | --- | --- | --- |
| 1990年代 | 5000—30000 | 4000 | — |
| 2000年代 | 30000—45000 | 5000 | 25000 |
| 2010年代 | — | 8000 | 40000 |
| 2018 | — | 15000 | 60000 |

|乡村空间资本化过程与机制

### 一 1980年至2000年：出售

20世纪80年代，在北京城市引力作用下，莲花池村外出务工人数快速上升，进城务工村民在取得一定经济收入后，便选择在怀柔区或市区购置住房并安家，从而致使村落人口数量由1984年的464人快速萎缩至2000年的350人；从业人员也逐年减少，1984年至2000年的十年间，村落从业人员减少了112人（见图5-5）。随着村落人口由乡村向城市的转移，村民的生活空间也发生了变化，其中，最为显著的变化是宅基地闲置、荒废、一户多宅等现象频现。

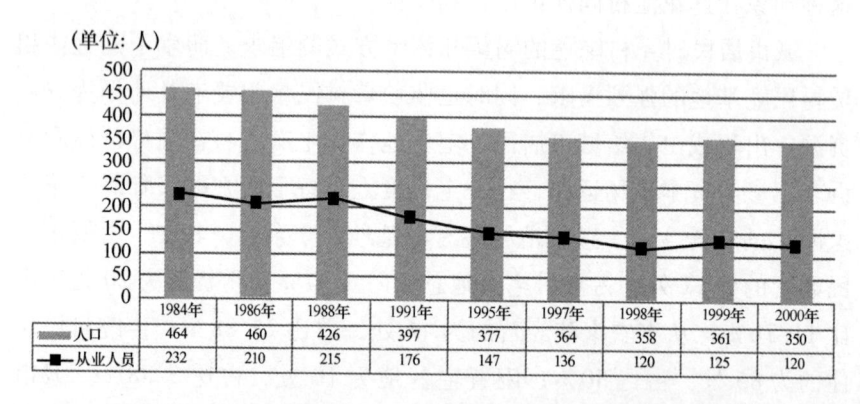

(单位：人)

| | 1984年 | 1986年 | 1988年 | 1991年 | 1995年 | 1997年 | 1998年 | 1999年 | 2000年 |
|---|---|---|---|---|---|---|---|---|---|
| 人口 | 464 | 460 | 426 | 397 | 377 | 364 | 358 | 361 | 350 |
| 从业人员 | 232 | 210 | 215 | 176 | 147 | 136 | 120 | 125 | 120 |

图5-5 1984年至2000年莲花池村人口数量及从业人员变更

随着北京市城市性质的改变以及小城镇的发展，在城市环境污染严重、生活节奏加快的背景下，城市居民甚至外国人对乡村空间的渴望日益强烈，这一巨大的潜在市场推动着本地村民和村集体"寻租"和获取土地租值等行为的出现，为该村实现宅基地的最大化地租收益提供了新的发展路径。在地租收益的激励下，长期定居城市的村民纷纷将其闲置宅基地进行出售，同时，当时由于村落经济不景气，村委会在政绩逻辑和财政制度的双重压力下，也以招商引资名义出售原村办企业旧址来获取土地收益（见表5-4、图5-6），从而实现了宅基地的资产价值。

表5-4　　　莲花池村城市外来者宅基地购置与利用状况

| 院落编号 | 居住状态 | 购置时间（年） | 院落编号 | 居住状态 | 购置时间（年） |
| --- | --- | --- | --- | --- | --- |
| 9号 | 夏季居住 | 2000 | 62号 | 闲置 | 1994 |
| 16号 | 常年居住 | 1997 | 64号 | 闲置 | 1994 |
| 17号 | 闲置 | 2004 | 108号 | 闲置 | 1994 |
| 35号 | 闲置 | 2003 | 109号 | 闲置 | 1994 |
| 61号 | 闲置 | 1994 | 111号 | 居住 | 1991 |
| 122号 | 闲置 | 1997 | | | |

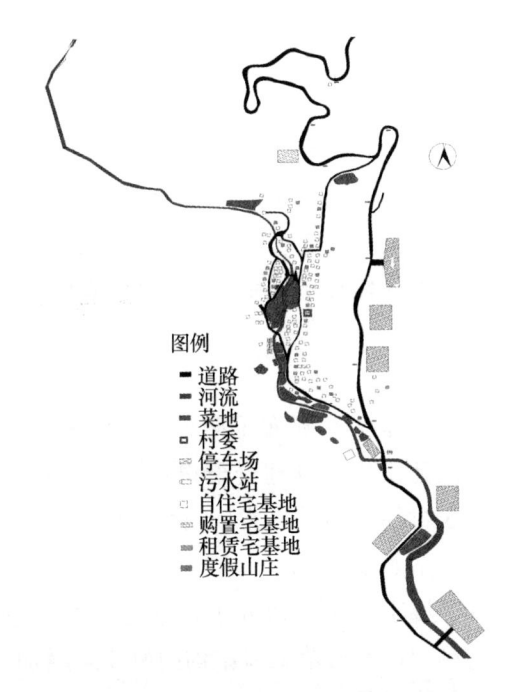

图5-6　莲花池村宅基地购置布局

在这一时期，村落中共有11处宅基地出售给北京城市居民，其中村委会出售4处，村民个体出售7处。除出售行为外，这一时期还出现了3户租赁现象，但由于交易量相对较小，对总体利用形式没有形成影响。由于出售或租赁行为均在村民和村集体的助推下，根据市场需求厘定价格，实现了最大化资本收益，促成了宅基地的资本化利用，而出售成为这一时期宅基地资本化利用的主导形式。

从宅基地购买对象来看，主要集中于北京城市居民的中老年群体和工商企业者个体之中，其目的是用于休闲度假。在笔者调查过程中发现，城市外来者购置或租赁的宅基地中，除少量长期居住外，绝大多数闲置，据村民反映，部分院落自购置或租赁后几乎没有居住过；与之相反，村落中同时存在新生代村民无房可住、兄弟两家共用一处宅基地的现象。这种强势外来群体与弱势村民生存权益之间的矛盾，在一定程度上造成了村内的不平等。

> 城里有个官员一下子买了村里五套院子，当时买的时候一套院子是4000元，现在全闲着，只有小女儿偶尔来住一下，其他儿子都在国外，基本没来过。现在村里出租的有20家左右，都租给北京市的了，在（莲花泉）河上面有一户是三家城里人租了一个院，他们租了以后又进行了装修，有的甚至投入100多万进行重建。现在村里规定院子只能出租，不让翻盖，也不让新建。
> ——农户，55岁

鉴于此，1989年，北京市颁布了第39号令——《北京市人民政府关于加强农村村民建房用地管理若干规定》，其中第九条规定：为了保护农民权益，农村住宅用地只能分配给本村村民，城镇居民不得到农村购买宅基地、农民住宅或"小产权房"（姚丽，2007），这一规定的颁布，提升了城市居民以及外来资本进入农村宅基地的难度。然而，村办企业的倒闭以及村落人口结构的改变，增加了闲置宅基地的供给量，其资产价值亟须寻找释放路径，在这一背景下，地方政府对宅基地交易的监管相对松懈。于是，城市居民的旺盛需求、村民"寻租"利益的驱动，以及地方政府监管空缺，共同促成宅基地灰色交易地带的形成，村民闲置宅基地得以释放，私下交易的隐形市场成为城市居民个体与村民个体间最常用的交易方式。

与城市居民个体的灰色交易方式不同，城市外来企业者群体选择与政府合作的方式进入宅基地领域。在这一时期，当地政府基于增加地方财政收入以及实现政绩逻辑的双重压力，吸引外来资本进入的驱动力十分强烈，而城市外来企业群体拥有丰厚的资金，符合地方政府招商引资的条件。于是，村集体将厂房旧址或闲置宅基地出售给城市工商者群体，城市外来企业群体则提供足够的资金给政府，两大群体利益共同体的结盟，顺利实现了外来资本征占或永久拥有宅基地的目的。然而，虽然这一群体与政府的联姻是在投资旗号裹挟下完成的，但其征用宅基地的真实目的仍是实现城市居民个体休闲度假的需求。

综上，随着宅基地资产属性的浮现和城市居民强烈的消费需求，在地方政府监管真空的条件下，莲花池村宅基地资源释放出巨大的财富能量，从改革开放初期的"休眠"状态，走向2000年左右的"苏醒"状态，城市居民的内在愿望与村集体、村民的外在利润获取冲动的结合，实现了宅基地的资本化。然而1999年以后，国家多次颁布法律法规，明令禁止城市居民到农村购买宅基地[①]，至此，出售宅基地的资本化方式成为历史。

### 二 2000年至今：经营

国家关于宅基地禁止出售给城市居民的多项法律法规的颁布与实施，其中，《土地管理法》规定，"农村村民一户只能拥有一处宅基地……经乡人民政府批准，按照规定的价格出售给符合申请建房用地条件的村民属合法行为"，在多项法律法规的明令禁止下，终止了莲花池村宅基地的出售行为。然而，作为生存的基本社会保障，村民均有属于自己的宅基地，虽然村民内部置换与出售属于合法收益，但可供交易的市场范围非常狭隘，增值空间几乎为零。

随着乡村休闲消费的带动以及村落市场化的不断深入，莲花池村宅基地在村落社会经济活动中所发挥的作用正在逐步扩大，由早期的

---

[①] 具体参见1999年的《国务院办公厅关于加强土地转让管理严禁炒卖土地的通知》（国办发〔1999〕39号）；2004年10月的《国务院关于深化改革严格土地管理的决定》（国发〔2004〕28号）；2004年11月国土资源部《关于加强农村宅基地管理的意见》（国土资发〔2004〕234号）；2007年《国务院办公厅关于严格执行有关农村集体建设用地法律和政策的通知》（国办发〔2007〕71号）。

保障性功能向资产性功能转变，资产属性逐步凸显。该村经济发展的长期落后以及村民社会地位的弱势，通过宅基地资源来获取更高的资本收益是村民的当然期望。在这一时期，聚落空间的资本化为村民打开了更大范围的宅基地寻租空间，租赁与农家院经营等经营性使用成为新时期宅基地资本化的合法路径。

1. 出租

虽然出售宅基地行为被予以禁止，但获取额外利润对拥有闲置宅基地或一户多宅的村民有了很强的激励作用，越来越多的村民期望加入寻求新的宅基地资本化方式中来。如果将闲置宅基地以租赁形式出租给城市居民，则属于合法的经营行为，不在法律禁止范围之列，而且还可以扩大市场范围，获取长期的地租收益。基于此，租赁取代出售成为这一时期莲花池村宅基地资本化最常见的方式。

近年来，莲花池村闲置宅基地租赁数量快速增长，由1980年代的3户增至2015年的17户（见表5-5）。从时间序列来看，租赁高峰集中在2000年至2010年及2015年，均以城市居民周末及节假日休闲度假为主要目的，即使存在少量租赁农家院的现象，但其真实目的仍为节假日度假或休闲。从利用状态来看，与前一时期城市居民购置宅基地类似，除部分居民夏季居住外，其余时间均为闲置状态。这种租赁或购置的宅基地大量闲置，与当地村民无宅居住的现象形成了鲜明对比。

表5-5　　　　　莲花池村闲置宅基地出租与利用状况

| 出租院落 | 利用状态 | 出租时间（年） | 出租院落 | 利用状态 | 出租时间（年） |
| --- | --- | --- | --- | --- | --- |
| 31号 | 闲置 | 1985 | 240号 | 闲置 | 2015 |
| 125号 | 闲置 | 1985 | 107号 | 夏季居住 | 2015 |
| 50号 | 闲置 | 1989 | N39号 | 周末及节假日居住 | 2015 |
| 32号 | 闲置 | 2000 | N8号 | 经营 | 2015 |
| N10号 | 经营 | 2000 | 43号 | 闲置 | 2015 |
| N43号 | 夏季居住 | 2000 | 40号 | 夏季居住 | 2015 |
| 11号 | 夏季居住 | 2005 | 127号 | 夏季居住 | 2017 |

续表

| 出租院落 | 利用状态 | 出租时间（年） | 出租院落 | 利用状态 | 出租时间（年） |
|---|---|---|---|---|---|
| 22号 | 夏季居住 | 2005 | 74号 | 经营 | 2017 |
| 12号 | 夏季居住 | 2005 | N37 | 经营 | 2017 |
| 4号 | 常年居住 | 2006 | N29 | 经营 | 2017 |
| 78号 | 常年居住 | 2008 | 40号 | 经营 | 2017 |
| 6号 | 周末及节假日居住 | 2010 | 21号 | 经营 | 2018 |
| N17号 | 闲置 | 2010 | 43号 | 经营 | 2018 |
| 70号 | 夏季居住 | 2010 | 4号 | 常年居住 | 2018 |

宅基地出租行为主要集中于在外工作的村民和拥有两套以上宅基地的村民群体之中。调查数据显示，在20户出租宅基地的村民群体中，40%的村民为在北京市或怀柔区工作的公职人员，25%为外出务工人员，这两大群体虽然基本只拥有一套宅基地，但因工作需要长期脱离村庄，于是，实现其资产价值最大化敦促他们长期租赁闲置宅基地。此外，15%的纯务农村民及20%的个体经营者也成为出租的重要成员，这类群体由于家庭中年轻人外出务工，人口结构发生了变更，往往拥有2套及以上宅基地（图5-7），租值的逐利性及村民的示范效应，诱使他们将居住之外的闲置宅基地出租给城市外来者。

在现有租户的推介下，越来越多的城市外来者希望在莲花池村寻找宅基地租源。然而，与城市居民高涨的租赁需求相比，宅基地资源的供给市场显得供不应求，究其原因，主要有两大方面。

第一方面，村落人口平稳与回迁减少了宅基地供给量。如图5-8所示，2000年以后，莲花池村人口数量大体保持在350人左右，甚至在2008年至2013年间出现了较大幅度的回迁，人口的稳定与回迁一方面表明村落产业转型吸引着外出务工人员回乡创业；另一方面也意味着闲置宅基地供给量的走低，成为制约城市居民迁入或长期居住的重要因素。

乡村空间资本化过程与机制

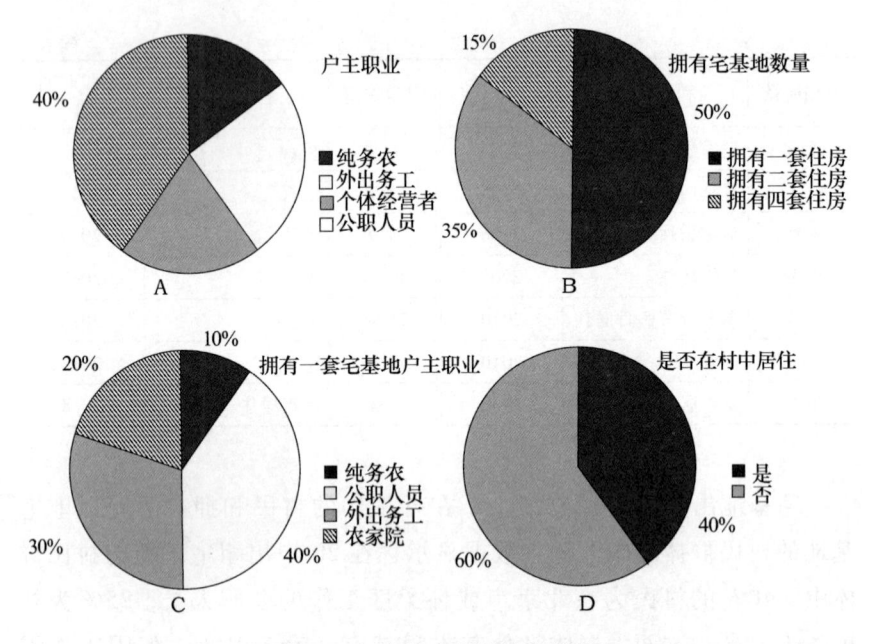

图 5-7 出租宅基地基本情况

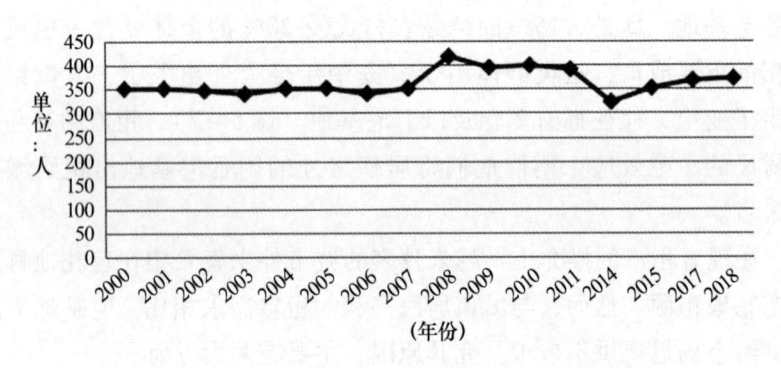

图 5-8 2000 年至 2018 年莲花池村人口数量变更

第二方面,"家情结"约束宅基地出租行为。对于村民来说,宅基地是具体的物质空间,而"家"则是附着于宅基地之内的情感依托和身份认同。因此,虽然部分村民的租赁行为实现了宅基地资产的价值增值,但长期以来,村民在生产与生活中积淀下来的风俗与观念决定了他们对"家"极为重视,除非特殊情况,他们绝不会放弃象

· 142 ·

征"家"意义的宅基地，甚至舍弃对利润的追逐。因此，村民固有的"家情结"约束了宅基地的出租行为，减少了宅基地资源的供应。

> 我家老宅子是生产队解体时盖的，石头材质，起脊白色瓦房，盖房时的瓦还是当时怀柔瓦厂生产的第一批瓦。但是后来人多了，老宅地方小，而且原来盖的房子跟不上形式了，不好看，就换到现在的宅基地了。老宅子现在没人住，闲置着，院子里种一些老玉米。出租的话，房租也不贵，一年才几千块钱，而且租出去以后租户还要收拾收拾，不是自己的房子都不知道爱惜，再钉点钉子啥的，把房子都给弄坏了，所以闲着我也不愿意租出去。
>
> ——村民，60岁

根据级差地租理论，同一村落中，宅基地区位不同，其地租价格也应有所不同。但对于莲花池而言，宅基地资源的稀缺性减小了城市外来者的寻租机会，区位的差别在资本化过程中表现不甚明显，供需失衡致使宅基地的出租价格整体不断攀升。

不可否认，莲花池村宅基地的出租与出售行为是在当地政府资本逐利逻辑的助推下得以完成的，但针对资本自身的盲目性缺陷，需要加强权力对村民空间权益及利益分配的维护，唯有如此，才能减少村民的损失，有效解决由空间资本化带来的诸多潜在危机。

2. 农家院经营

宅基地出租成为村民处置闲置宅基地的合法路径，而利用宅基地自主经营的行为亦属于合理收益。因此，休闲旅游业的快速发展激励村民利用自家宅基地开办农家院，获取最大化的经济效益。于是，农家院经营成为莲花池村宅基地的另一条资本化方式。

自1980年莲花池村开办第一家农家院以来，村落农家院数量逐年递增，尤其是1990年城市外来资本的加入，带动了当地村民经营农家院的积极性，至2015年，全村共有46户农家院实际经营者（见图5-9），其中，85%的村民利用自家仅有的一套宅基地从事经营，

乡村空间资本化过程与机制

另外15%的村民拥有两套以上宅基地，从调研结果来看，这些宅基地或为出租，或经营农家院，均参与资本运营。从户主职业来看，76%的村民以从事个体经营为主，由夫妻两人共同参与；第二大经营群体为公职人员（村干部），虽然这一群体所占比重仅为21%，总量较小（见图5-10），但几乎覆盖了村内全部公职人员，而村干部的积极参与对村民起着极强的效仿作用。

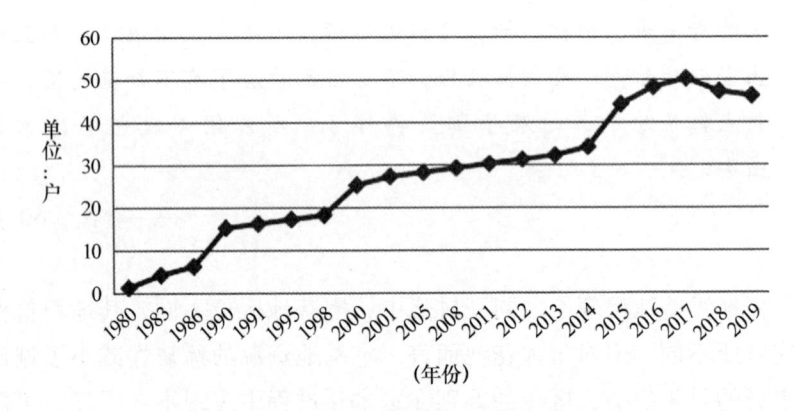

图5-9　1980年至2019年莲花池村农家院数量

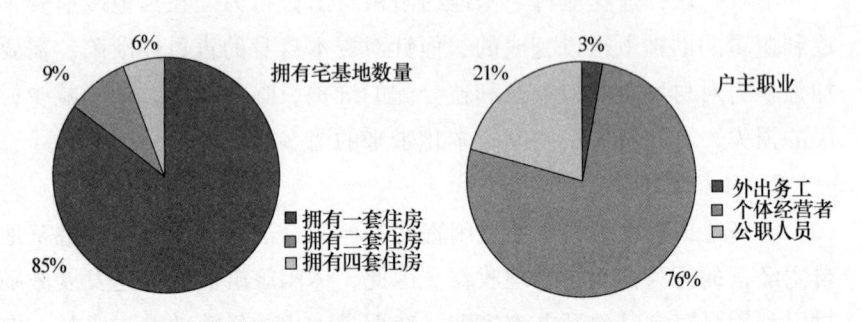

图5-10　莲花池村农家院拥有宅基地数量及户主职业

农家院的经营与农地经营一样，实质上是利用自家宅基地的资产特性，将其变为资本元素投入生产实现价值增值的过程。当土地成为资本，被卷入资本循环和积累过程之中时，资本的逻辑就会成为土地

## 第五章 乡村土地资本化过程与路径选择

变化的逻辑，进而决定着空间的演变（魏开，2013）。在这种逻辑的运作之下，莲花池村宅基地同样经历了相应的空间演变，这种空间演变表现在宅基地区位的变更，以及内部空间的建设两方面。

首先，宅基地空间区位的变更。改革开放以来，农家院以年均31.16%的速度快速递增，数量的快速递增隐喻着村落拓展经营空间的需求。早期，村民通过新批宅基地的方式促使村落宅基地区位变更，但由于聚落地形制约，这种方式无法长期持续，至2000年左右，村落适宜居住的空间已饱和，宅基地外部拓展的空间十分有限。在资本逐利的无限追求下，农家院经营者便开始寻求空间的相互置换，部分农家院经营者利用自家果树、宅基地、自留地等方式与邻里置换宅基地，以拓展接待空间，实现更高的资本收益。因此，宅基地的置换与拓展促使农家院在空间上呈现出较为集中的现象（见图5-11）。

> 我家原来的院子小，客人多的时候都不够住，客人要求又多，要是有卡拉ok、棋牌室就会有更多的客人愿意住，所以就用我家的果树跟村里其他人换了旁边的院子，建了专门的棋牌室、乒乓球室、卡拉ok室。设备齐全了，客人也就更多了。
>
> ——N6号农家院
>
> 原来我家在旁边的位置，地方小，家里人又多，而且还想开农家乐，所以就用原来的院子再加些钱就换了现在的地方。这院子比原来的地方大多了，前几年只有北房，平时不是旺季的时候还行，一到旺季就住不下，得往外拨。后来就又盖了东西厢房，现在都当作客房。
>
> ——N11号农家院

另外，宅基地内部空间的拓展。对于大多数经营者来说，处于无宅基地可以置换的困境，于是，便在内部空间上扩增，如将原有的一层平房改为二层建筑，增加房间数量，扩展门前空间等。延伸和扩增宅基地空间便成为村落中最主要的空间拓展方式，而宅基地的建设已

| 乡村空间资本化过程与机制

远远超出家庭实际需求，内部空间的延伸与拓展完全以资本增值需求为中心，并通过对生产机会的把握以及空间资源的最大化利用来实现宅基地价值的增值。

> 原来的房子只有两间半，自家住差不多够了，但是2001年的时候我们就想着做农家乐，就又花1万块钱从邻居家买了三间半，加在一起是六间，当时是公共卫生间。但是后来客人要求高了，没有卫生间的房间不住，没有空调的房间也不住。所以去年就又重新翻修，从原来的一层改为二层，总共16间房子，其中客房12间，客房紧张的时候我俩就住在外面的小房子里或阳台的沙发上。院子当作餐厅，为了接待方便，又用顶棚把院子全都封闭起来了。有的客人来了没地方停车，就又在门前的坡地上盖个一个车库，能停二、三辆车。
>
> ——N12号农家院

图 5-11 莲花池村宅基地利用方式现状

与宅基地供需失衡不同的是,农家院数量的增多及宅基地空间的扩增,意味着旅游者的可选择性增强,旅游者寻租行为的扩大,凸显了不同地段的级差地租,致使经营者之间产生竞争,具体将在后面章节论述。总而言之,休闲旅游业的发展激励着村民在资本运作的逻辑下获取宅基地的最大化经济效益,农家院的经营性突破了宅基地使用的福利保障性限制,进一步推动了其使用性质和使用功能的复合与转变,并成为莲花池村宅基地的另一条资本化路径。

## 第三节 土地资本化路径选择

随着城市空间不断向周边乡村地域拓展,资本触角向乡村下延,资本运作逻辑要求村落中的一切乡村元素变为生产资料和消费符号,成为可供城市居民的消费对象,促使土地不断被资本化。从当前我国土地资本化路径来看,主要有土地使用权租赁、股份合作制、土地抵押、宅基地换住房等形式。

1. 土地使用权租赁

土地和土地使用权都是资产的重要形式,均具有资本的属性,在一定条件下可以进入市场进行交易和流动,发挥资本的增值作用(杨劲,2008)。我国《宪法》明确规定:农村和城市郊区的土地,除由法律规定属于国家所有的以外,属于集体所有;宅基地和自留地、自留山,也属于集体所有。这就意味着农民对土地仅有使用权,而无所有权。因此,农村土地租赁就是指农民将土地使用权、经营权在一定时期内租给承租人使用,并收取租金的行为。土地使用者与承租人双方就租赁期限、使用方式、租金支付等问题达成协议,从而获得一定的土地使用权与经营权。

根据相关法律规定,城市居民、社会成员、企业团体等社会主体均可通过土地市场竞价方式获取承租人资格。在租赁方式上,主要采用两种方式:一是土地使用人与承租人直接签订租赁合同,租金由承租人直接支付给土地使用人;二是村集体组织在征求土地使用人的意见后,代替土地使用人与承租人签订合同,租金由承租人支付给村集体，而后由村集体根据比例对农民进行分配。因此，土地使用权租赁是我国农村最为普遍的土地资本化形式。

2. 股份合作制

与土地租赁方式不同的是，土地股份合作制是土地使用权在村集体内部的安排方式，即村集体组织或村民在依法、自愿、有偿的原则下，将土地使用权进行入股，参与其他农民或企业投资者形成股份合作经营关系，建立股份合作社或股份公司，并按股份获得股息和红利的组织形式（沈慧华，2013）。主要采用两种经营模式，即自主经营型和中介服务型，其中，自主经营型模式是以合作社为主体组建自主经营、自负盈亏的股份合作分公司，这种经营模式由于农村经营人才的匮乏，而在筹集资金、市场把控、分散风险等方面能力有限，容易造成经营风险。为了规避风险，部分农村引入经营大户或企业等中介经营实体代替合作社进行经营，从而形成了中介服务型股份合作制，这种经营模式是农民将土地交由经营大户或企业等中介经营管理，并从中获取土地收益，这种经营模式有助于提高交易效率，提升经营管理水平。但无论是自主经营型，还是中介服务型股份合作制方式，土地均由合作社或股份公司统一管理、统一经营，其经营与收益不再属于村民个体。这种土地资本化方式比较适合于土地规模较大的农村。

3. 土地抵押

土地抵押是农民个体或土地经营大户，凭借土地经营权或使用权及地上附着物及建筑物向金融机构申请抵押的方式。土地抵押作为农村土地资本化的一种重要形式，有利于盘活农村资产。当前我国农村土地抵押方式主要有四种：经营权直接抵押、收益权直接抵押、仅担保+土地抵押、其他形式担保+土地抵押（姜岩，2015）。其中，经营权直接抵押是农村土地抵押最基本的形式，主要是农民个体或企业等经营主体，将土地或宅基地的经营权直接作为标的物进行抵押融资的方式；收益权直接抵押，即将附着于土地或宅基地之上的收益权，作为标的物向银行或其他金融机构进行抵押贷款；反担保+土地抵押是指农民个体或企业等经营主体，将土地经营权作为反担保物，通过具有融资或担保功能的第三方中介公司提供担保，从金融机构获取融资贷款的一种抵押方式；其他形式担保＋土地抵押是由农户个体或企业等经营主体，将提供的土地经营权或收益权抵押价值较低或金融机构风险较高，需要贷款主体或其他机构提供其他形式的抵押担保物为其增信（姜岩，2015）。

4. 宅基地换住房

近年来，针对农村宅基地闲置现象，2005年开始在天津试点以农村宅基地置换城市住房的规定。即在具有一定经济基础和产业发展需求的乡村，将宅基地统一规划建设，村民以原有宅基地按照具体标准置换为小城镇中的新房，从而实现土地由原来的粗放型利用向集约型利用的转换。在这一过程中，政府通过招拍挂形式，将农村宅基地指标置换给城市，并将级差地租收益反哺给农村，促进农村基础设施及投资环境的改善，以吸引更多的城市企业入驻，从而推动农村经济的发展，并形成良性循环。该方式是当前最新的资本化路径，主要是通过余缺调剂挖掘闲置宅基地的潜在价值，从而实现宅基地的利润最大化。

以上资本化方式通过聚集性和规模化经营促使土地流动，挖掘了土地的资产本性，实现了土地资源的最大化效益，成为当前我国土地资本化的主流路径，适合于土地资源较为丰富的乡村地区，而莲花池村土地资源较为贫瘠，分布较为零散，规模相对较小，无法实现规模化经营和要素流动，上述土地资本化主流路径并不适合于莲花池村。

基于农地和宅基地两种类型土地资源的使用过程及方式分析结果，通过占有、征用、出租等方式将土地资源转化为资产，在当地村民、城市居民、企业等不同主体间流动的过程，在很大程度上表现为土地的资本化过程。虽然土地资源的这些流动方式不同于土地资源较为丰富的乡村，但以资本循环和资本积累为具体内容的资本逻辑，决定了莲花池村土地变化与空间演变的方式和过程，即经营性使用、符号化等集约式、复合化的资本化方式更符合村落特点，也体现了北京市土地资源相对贫瘠的休闲型乡村较为普遍的资本化路径。同时，不同时期农地与宅基地资本化方式的差别，反映了莲花池村社会经济发展的程度以及城乡关系的变化，这一不平衡发展最终呈现为居住空间资本化及社会关系的异化。

# 第六章 乡村居住空间资本化与功能重构

居住空间是乡村物质空间的主要组成部分,它不仅是居民居住、交流以及休闲消费的场所,体现着村民的生活状态,同时也是村民农作物耕种、晾晒的生产空间。因此,居住空间是各种物质空间与社会空间的连接体,是乡村空间中最具复合性、最能体现村落社会关系变化的空间形态,其变迁和重构为加速内外资本积累提供了物质保障。在北京市城市居民休闲消费文化逐步兴起的市场背景下,莲花池村村落空间的资本属性已经显现,那么,为了追求更多的剩余价值,内外资本必然不断地重新加工、形塑着村落的居住空间,促使院落空间及结构功能在资本的控制和作用下不断解构与重构。

## 第一节 资本控制下居住区位变迁

居住空间作为居民生产和生活的最基本条件,无论是城市还是农村,学者们都表现出对居住区位选择的极大关注。总体来说,由于城市等级地租较为明显,居民对居住空间的可选择性较强,受影响的因素较多,因此,城市居民的居住空间问题受学者关注的程度较高。而农村居民由于生产、生活的地域范围相对狭窄,社会流动性较低,极差地租相对较为隐约,在现行土地制度制约下,农村居民对居住空间的选择性大大降低,因而受关注程度较低。然而,在城市社会经济的引力与推力作用下,大都市周边农村地区社会的开放性程度大大提高,受城市资本外溢效应以及城市居民休闲消费需求的影响较为明显，在居住空间的选择方面会有微妙变化，而这微妙变化的背后隐藏着我国城乡关系的显著变化，以及乡村内部经济结构以及社会关系的极大改变，但目前我国学者对此研究相对薄弱。故，本节欲借助 Logistic 回归分析法，对莲花池村居住空间的推移过程，以及村民居住空间选择的动向机制进行分析与探讨，以期解读村落居住空间是如何在资本控制下演变的。

## 一 研究方法与数据获取

### 1. 研究方法

多元回归分析是刻画多个自变量与因变量之间相互依存关系及依存程度最常用的方法，但由于这种分析方法需要自变量符合正态分布规律，且因变量 $Y$ 不具备二分特性，不适合对概率事件的分析。Logistic 回归分析则属于概率型回归，用来分析事件发生的概率与自变量间的关系，特别适用于因变量可转化为 0、1 二分类时对问题的解释。从莲花池村聚落空间资本化过程的分析中可以看出，村落居住空间主要从传统沿河布局向现代沿路布局转移，而村民在选择居住区位时是维持沿河布局现状，还是沿村内道路迁移需要面临抉择，这属于一个二分类因变量问题，因而，对莲花池村居民居住空间选取问题的解释需借助二元分类 Logistic 回归分析方法。

在 Logistic 回归模型中，因变量设为 $Y$，服从二项分布，取值为 0 和 1；自变量为 $X_1, X_2, X_3, \cdots, X_n$，自变量的选取既可以是分类变量，又可以是连续变量。自变量对应的模型为：

$$P(Y=1) = \frac{\text{EXP}(\beta_0 + \beta_1 X_1 + \beta_2 X_2 + \beta_3 X_3 + \cdots + \beta_n X_n)}{1 + \text{EXP}(\beta_0 + \beta_1 X_1 + \beta_2 X_2 + \beta_3 X_3 + \cdots + \beta_n X_n)}$$

或

$$P(Y=1) = \frac{1}{1 + \text{EXP}(\beta_0 + \beta_1 X_1 + \beta_2 X_2 + \beta_3 X_3 + \cdots + \beta_n X_n)}$$

式中，$\beta_0$ 是常数项，又称截距，$\beta_i$ 是 $X_i$（$i = 1, 2, \cdots, m$）所对应的偏回归系数。

在二元 Logistic 回归模型中，首先，根据显著性水平选取若干相关因素；其次，采用 Enter、Forward 或 Backward 选取进入方程的自变量；最后，根据回归系数（$B$）的大小解释各相关变量对宅院区位选取的贡献大小。在对回归系数（$B$）进行显著性检验时，后退法中最常用的检验方法是 LR 检验和 Wald 卡方检验，Wald 卡方检验的公式为：

$$W = \left(\frac{\hat{\beta}_i}{S\hat{E}_{\hat{\beta}_i}}\right)^2$$

其中，$\frac{S\hat{E}}{\hat{\beta}_i}$ 为 $\hat{\beta}_i$ 的标准误差。采用 Wald 统计量对某一个自变量进行假设检验，来推断出各参数回归系数是否为 0，非常适合于检验莲花池村居民对区位的选择。

在 Logistic 回归分析进行评价时，通常采用 Nagelkerke $R^2$ 和 $-2$ Log likelihood 两个指标进行评价，Nagelkerke $R^2$ 主要用来描述因变量变化由自由变量所能解释的百分比，$-2$ Log likelihood 检验和推断模型与数据的整体拟合程度。

2. 数据获取

本书所采用数据均来自于实地调研，一手资料的获取采用参与式农村评估法和实地踏勘两种方法。首先，对于户主属性和家庭特征数据，笔者实行地毯式访谈，对村内实际居住人口挨家挨户地进行参与式评估，共获取 120 份有效数据。访谈内容主要涉及户主基本信息、家庭成员情况、在村中居住时间、村落发展历史、农家乐经营、城市外来者情况、农业种植、房屋租住情况、宅院建筑年代及最近一次大修年份、宅院建筑面积、居住格局等状况，据此探析村内人口结构特征、居民生产生活状况、城市外来者对居民的影响、院落空间变化以及村落空间变迁历程等基本特征。另外，实地踏勘村落中的所有院落，掌握院落闲置、居住格局、院落空间利用、菜地分布等基本属性，认知现有居住环境及居住空间的变迁。

## 二 变量设计与描述

莲花池村现有宅院170余处，从建筑年代来看，大致可以划分为1980年代、1990年代、2000年代以及2010年代四个时期（图6-1），不同时期的院落在空间布局、建筑风格、居住需求、主体身份等方面存在较大差异。院落空间形态的演化不仅反映了莲花池村落空间结构的变化，更从深层次意义上映射出村落社会关系的变化。

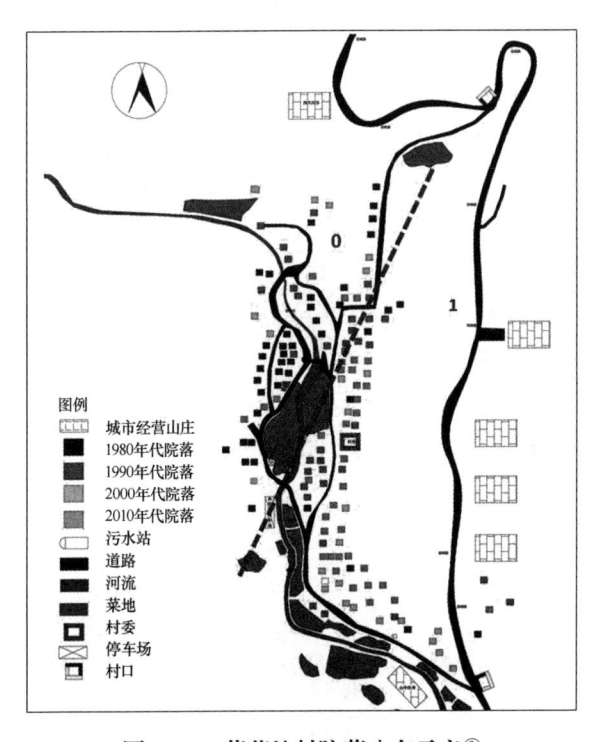

图6-1 莲花池村院落分布示意①

农村居民居住区位的选取不同于城市，受土地制度、传统观念、地形地貌等众多制约，农村居民的可选择性受到极大限制，期间既有

---

① 此示意图非村落完整构图，根据研究需要仅截取村落中宅院主要聚集区域。

乡村空间资本化过程与机制

正向拉力的驱动因素，也有负向推力的制约机制（卫龙宝，2003），因此，自变量的选取对结果的分析与解释至关重要，不同的自变量选取会得出不同的解释结果。本书根据我国农村居民的居住特点，结合莲花池村的现状，选取了16个自变量，涵盖户主属性、家庭特征以及院落属性三大类（见表6-1）；因变量为区位选取，以村内主路为界，主路以西沿河布局的区域设置为0；主路以东区域设置为1（见图6-1）。

表6-1　　　　　　　　　变量属性与描述

| 　 | 自变量 | 变量描述 |
| --- | --- | --- |
| 户主属性 | 年龄 $X_1$ | 户主年龄（岁） |
| 　 | 职业 $X_2$ | 纯务农=1，本地雇工=2，外出务工=3，兼业个体经营者=4，公职人员=5 |
| 　 | 姓氏 $X_3$ | 傅=1，温=2，张=3，其他=0 |
| 　 | 文化程度 $X_4$ | 小学以下=1，小学=2，中学=3，大学=4 |
| 　 | 是否为本村人 $X_5$ | 是=1，否=0 |
| 　 | 是否在本村工作 $X_6$ | 是=1，否=0 |
| 家庭特征 | 家庭总人口 $X_7$ | 家庭总人口数量（人） |
| 　 | 家庭总收入 $X_8$ | 家庭总收入（元） |
| 　 | 兼业情况 $X_9$ | 本地雇工=2，外出务工=3，兼职个体经营者=4 |
| 　 | 农业劳动力数量 $X_{10}$ | 从事农业劳动力数量（人） |
| 　 | 外出务工数量 $X_{11}$ | 外出务工劳动力数量（人） |
| 　 | 是否常年在村中居住 $X_{12}$ | 是=1，否=0 |
| 院落属性 | 房屋最近一次大修年份 $X_{13}$ | 1980年代=1，1990年代=2，2000年代=3，2010年代=4 |
| 　 | 房屋建筑面积 $X_{14}$ | 房屋建筑面积（平方米） |
| 　 | 是否出租 $X_{15}$ | 是=1，否=0 |

户主属性包括：年龄、职业、姓氏、文化程度、是否为本村人以及是否在本村工作。由于莲花池村非农经济的发展，职业的划分对当地居民搬迁应该有着较大的推动作用，因此，本书根据陆学艺

(1991)对农村阶层的划分，比照莲花池村村民的职业现状，将莲花池村民划分为纯务农、本地雇工、外出务工、兼业个体经营者以及公职人员五大主要类型，其中，兼业个体经营者包括农家院、拉马以及山地车三种不同类型的经营户。

家庭特征包括：家庭总人口、家庭总收入、兼业情况、农业劳动力数量、外出务工数量、是否常年在村中居住。经济收入是当地居民居住空间移动的基础条件，一般来说，家庭总收入越高，经济条件越好，越偏向于选择交通便捷的沿路区域；农业劳动力数量越多，外出务工数量越少，经济收入相对较低，选择居住空间移动的意愿和能力越不强烈。莲花池村受北京市引力影响较大，村落中闲置院落较多，对于常年在村中居住的村民来说，更换居住位置的需求明显提升。

院落属性包括：房屋最近一次大修年份、房屋建筑面积与是否出租。院落属性的变化反映了在内外资本不断进入背景下，资本对村民居住空间的影响程度。首先，房屋的修缮程度在一定程度上反映了村民参与资本运作的可能性，一般来说，最近一次大修年份越近，其居住空间搬迁的可能性以及参与农家院等个体经营的可能性就越大。另外，受宅基地面积的制约，搬迁至东部区域村民的房屋面积十分有限，甚至会有所降低，于是，参与个体经营的当地村民在空间上拓展的可能性极小，为了扩大化经营，村民便会加高房屋层数，因此，房屋层数越高，参与资本运作的几率也就越大。

### 三 居住区位变迁特征

本书使用SPSS22.0软件选取二项分类Logistic模型，将实地调研获取的110份当地村民的有效数据进行回归分析[①]。为了有效分析各自变量对村民居住区位选取的影响程度，分别采用Forward：LR法以

---

[①] 由于莲花池村人口结构相对多样化，村落中不仅有当地村民，还有城市外来者，城市外来者对居住区位选取的约束性更强，与当地村民的居住区位选取不存在交互与影响，因此，本书在回归运算时的数据为剔除城市外来者后的数据。

及 Backward：Wald 法等多种检验方法对数据进行筛选，经过对选入的自变量进行多次回归系数显著性检验后，剔除无效变量，最后进入方程的自变量为 5 个，分别是：家庭总人口、农业劳动力数量、家庭总收入、房屋最近一次大修年份以及房屋建筑面积，且显著性水平相同，在此以 Wald 检验方法对回归运行结果进行分析（见表 6 - 2）。同时，-2 Log likelihood 为 99.229，Nagelkerke $R^2$ 为 0.495，整体拟合度效果较为理想。

表 6 - 2　　　　　　　　　Logistic 回归运行结果

| 变量 | 回归系数 B | 标准误 S. E. | 卡方值 Wald | 显著性水平 | 优势比 Exp（B） | 95% 置信区间 下限 | 95% 置信区间 上限 |
|---|---|---|---|---|---|---|---|
| 户主职业 | 0.017 | 0.225 | 0.006 | 0.939 | 1.017 | 0.703 | 1.472 |
| 是否在本村工作 | 0.326 | 0.960 | 0.115 | 0.734 | 1.385 | 0.211 | 9.093 |
| 户主年龄 | 0.265 | 0.360 | 0.542 | 0.461 | 1.303 | 0.644 | 2.639 |
| 文化程度 | -0.064 | 0.464 | 0.019 | 0.890 | 0.938 | 0.377 | 2.329 |
| 户主姓氏 | -0.298 | 0.364 | 0.668 | 0.414 | 0.743 | 0.364 | 1.516 |
| 家庭总收入 | 1.332 | 0.420 | 10.037 | 0.002 | 3.788 | 1.662 | 8.634 |
| 家庭总人口 | -0.458 | 0.232 | 3.895 | 0.048 | 0.632 | 0.401 | 0.997 |
| 外出务工数量 | 0.025 | 0.363 | 0.005 | 0.945 | 1.025 | 0.503 | 2.088 |
| 兼业情况 | 0.205 | 0.190 | 1.168 | 0.280 | 1.228 | 0.846 | 1.782 |
| 农业劳动力数量 | 1.102 | 0.322 | 11.704 | 0.001 | 3.011 | 1.601 | 5.662 |
| 房屋最近一次大修年份 | 1.339 | 0.282 | 22.471 | 0.000 | 3.815 | 2.193 | 6.637 |
| 房屋建筑面积 | -1.347 | 0.367 | 13.496 | 0.000 | 0.260 | 0.127 | 0.533 |
| 是否常年在村中居住 | 1.193 | 0.909 | 1.723 | 0.189 | 3.297 | 0.555 | 19.585 |
| 是否出租 | -0.426 | 0.781 | 0.297 | 0.586 | 0.653 | 0.141 | 3.022 |
| 常量 | -3.118 | 1.137 | 7.519 | 0.006 | 0.044 | | |
| -2 Log likelihood | | | 99.229 | | | | |
| Nagelkerke $R^2$ | | | 0.495 | | | | |

回归结果显示,在选取的16个自变量中,家庭总人口、农业劳动力数量、家庭总收入、房屋最近一次大修年份以及房屋建筑面积,对村民居住空间的选取具有显著性影响,而户主年龄、户主职业、外出务工数量、户主姓氏、在村中居住情况等因素,尤其是户主单个属性对居住区位选取的影响不大,这表明居住区位的选取更多的是多种因素交互作用的结果。根据村民选择居住区位时影响因素的变化,可以推演出居住区位变迁的基本特征。

1. 家庭人口越多越集中于村落西部及北部

回归运行结果表明,家庭总人口的回归系数与村民居住空间迁移呈负相关,即家庭人口每增加一位,居住空间由沿河向沿路迁移的概率降低0.458倍,即家庭人口越多,越集中于村落西部或北部居住,居住空间更新的意愿越不强烈,这就表明家庭人口对村民居住空间的重新选取起到一定的制约作用。从实地调研结果来看,主路东部区域范围内,家庭成员数量为3口及以下的户数占该片区的比重达54.17%;而村落西部及北部区域范围内,家庭成员数量为3口及以下员的户数仅占该片区的45.16%。因此,村落西部及北部区域以大规模家庭居多,东部区域以小规模家庭为主。

造成这种布局状态的主要原因为:一是家庭规模越大,户主年龄越高,在村中生活时间越早,西部及北部不仅临近水源地,而且还靠近村口,因而传统村落中心聚集着传统大家庭;二是家庭规模越大,对居住空间的需求就越高,但受莲花池村地形地貌的制约,村落东部适宜建造宅院的空间较为有限,新批宅基地的面积相对较小,不能满足规模较大家庭的居住需求。因此,家庭人口越多,越集中于村落西部及北部传统居住区域。

2. 农业劳动力数量越多越偏向居住于村落东部

家庭农业劳动力的偏回归系数为正,对是否居住于村落东部区域的影响非常显著,即每增加一位农业劳动力,在东部区域居住的可能性增加1.102倍。结合实地调研结果发现,莲花池村西部及北部区域紧邻山脉,不仅距村内主要交通要道相对较远,而且道路以石子路面为主,出行十分不便。村落东部区域则紧邻村内主要道路,路况相对较好，且紧邻范崎公路，出行十分便捷。因此，交通的便捷程度及路况的好坏成为村民日常活动极为关注的要素。家庭农业劳动力越多，意味着家庭成员常年居住于村落的可能性就越大，改善家庭居住环境的需求就越强烈，实地调研结果也印证了这一事实，村落西部及北部的院落空置率较高，村民外出务工的比重较大；相反，村落东部的院落空置率相对较低，集中了村落中大多数的村民。因此，农业劳动力数量越多，越倾向于选择村落东部居住。

3. 家庭总收入越高越偏向居住于村路东部

家庭总收入的高低是影响居住区位选择的又一重要因素。Logistic 回归结果显示，家庭总收入越高，选择村落东部区域居住的概率就越高。首先，随着村民经济收入的提高，家庭经济条件渐趋好转，对住宅周边的环境要求就越高，改善居住环境的需求就越强烈，搬迁至东部的可能性就随之增强。另外，东部尤其是南部区域紧邻村内主路及范崎公路，交通十分便捷，引导着城市旅游者由南部村口进入村内，旅游者的持续大规模进入，一方面加速了村落入口由北部向南部转移的速度；另一方面也成为促使村落东部尤其是临近南部入口处村民经营农家院的诱导性因素。农家院经营改变了传统以种植业为主的生产方式，大大提升了村民的家庭经济收入。因此，村落东部，尤其是南部村民经济收入的提高，是村落经济发展方式转变的结果，同时，也是资本运作的结果，高利润的获取对其他村民的居住搬迁也起到了拉力作用。

4. 东部区域的房屋大修年份晚于西部及北部区域

Logistic 回归运行结果表明，房屋最近一次大修年份与东部区域呈正相关，也就是说，东部的房屋 2000 年以后大修的比重高于西部及北部区域。这主要是由于西部及北部区域是传统村落聚居区，房屋建设年份较早，且在地形制约下，房屋翻修需要更大的成本，由此，西部及北部紧邻山脉区域院落基本保持原貌，新近更新的院落不多。同时，由于自然环境和道路的制约，以及民俗旅游业发展的拉力，村民或从西部及北部的传统聚居区搬迁至东部，或常年外出打工，不在村中居住，西部及北部区域院落大量闲置，从而出现东部房屋大修年份晚于西部及北部的现象。更为重要的原因是，东部区域集中了农家院、拉马等个体经营者，为了更好地满足游客的需求，获取更大的利润，从事农家院经营的村民会缩短房屋大修时间，保持经常性维修。因此，自然条件、生活需求、资本利润等多种因素的交互作用，促使东部区域房屋大修年份晚于村落传统聚居区。

5. 东部区域的院落建筑面积相对较小

房屋建筑面积的显著性系数为负值，表明房屋建筑面积越大，村民越集中于西部及北部传统区域居住。东部地区地势相对平坦，随着家庭结构小型化，土地面积供需日趋紧张，在土地政策制约下，东部区域宅基地面积普遍小于西部传统聚居区。尽管东部地区村民基于农家院经营需要，扩建院落的愿望非常强烈，但在土地供给制约下，倾向于纵向扩建或扩增空间，将原有的一层建筑结构改为二层建筑，这种现象在东部农家院经营者的院落中较为普遍。

村落居住空间的区位特征反映了不同居民群体对居住环境的需求差异以及区位差异，自然环境作为村民居住空间的基底，对村民居住空间的更换与搬迁起到了极大的制约作用。随着旅游者的持续进入，村落经济的转型不仅驱使村口由北部向南部转移，而且还拉动村民不断由西部或北部向南部迁移。因此，自然环境对居民的制约作用逐渐降低，经济因素取而代之成为村民选取居住空间的基本因素，并在资本趋利本性的驱使下，农家院经营者不断拓展院落及居住空间，村落逐渐呈现出"西疏东密""南新北旧"的居住新格局。

## 第二节　居住空间类型识别

单个宅院的分析不足以全面描述村落宅院空间的变迁，若通过多种元素对居民宅院进行量化聚类，根据聚类结果，在每组类别中选取典型代表深入分析，不仅能更清晰地识别当前居民宅院空间的共性与差异，而且通过不同年代宅院的对比，还可以还原村落宅院空间的变迁历程，更加全面地识别莲花池村宅院空间的变迁与重构。

## 一　研究方法与模型构建

### 1. 研究方法

聚类分析是根据研究对象的多种属性指标，对其进行综合统计分析的一种方法，主要用于研究对象类别划分尚不确定的情况下，根据其属性指标的相近程度对样本进行分类。聚类分析有快速聚类法、系统聚类法、统计检验聚类法等多种方法，其中，系统聚类法是当前研究中应用最广泛的聚类方法，这一方法的基本原则是：属性相近、差别最小的先归为一类；距离最远、差别最大的后聚成一类，如此反复循环，直至所有样本在最合适的类别中。而衡量指标相近程度最常用的方法就是欧氏距离，其计算公式为：

$$D_{ij} = \sqrt{\frac{1}{m}\sum_{k=1}^{n}(X_{ik} - X_{jk})^2}$$

式中，$i$ 表示第 $i$ 指标个数；$j$ 表示第 $j$ 个个体，$m$ 表示指标个数，$n$ 表示分类指标总数，$X_{ik}$ 表示第 $i$ 个体的指标值，$X_{jk}$ 表示 $j$ 个体的指标值。

一般来说，聚类分析需经过以下几个步骤。

首先，样本个体各自成类，经欧氏距离计算，矩阵中元素值最小的两个样本进行合并。

其次，计算新的距离矩阵，对于合并后的样本，根据聚类中元素最小值再进行合并。如此重复该步骤，直至所有样本聚为一个大类为止。

最后，根据研究需要，选取合适的类间距，确定分类个数及每组类别中所包含的样本。

这种聚类方法非常适合于具备多种属性指标的样本。本书在调研过程中获取了莲花池村 120 所院落的基本属性，每座院落均为样本个体，具备多重属性，系统聚类法对样本院落的聚类具有很好的解释力度，因此，本书选取系统聚类法对莲花池村院落进行归类，以便对院落空间的变迁及内部结构做进一步的分析与解读。

2. 数据及模型构建

结合实地调研数据获取的 120 份有效数据，根据居住空间的特点，选取表 6-1 中的年龄、职业、姓氏、文化程度、是否为本村人、是否在本村工作这六类户主属性，家庭总人口、家庭总收入、兼业情况、农业劳动力数量、外出务工数量、是否常年在村中居住这六类家庭属性，以及房屋最近一次大修年份、房屋建筑面积、是否出租这三类院落属性，外加区位特征将三大类属性 15 个特征作为指标因子，借助 SPSS22.0 软件，对指标中的因子进行标准化处理，采用欧氏距离对 120 座宅院的相似性进行聚类分析。

在聚类分析中，欧式距离法通常要求采用 Ward 法（离差平方和方法）进行测算，首先，将 120 座宅院各自视为一类，然后，每次将 2 座相似程度最大的类别优先聚合为一类，此后，每减少一类，离差平方和随之增加，将增加最小的两类再进行合并，最终将所有宅院合并为一个大类，从而完成聚类分析的全过程（Feliciano，2010），具体计算公式及指标内涵如公式所示：

$$D_{ij} = \sqrt{\frac{1}{m}\sum_{k=1}^{n}(X'_{ik} - X'_{jk})^2}$$

式中，$D_{ij}$：宅院 $i$ 和宅院 $j$ 的相似性系数；

$X'_{ik}$：宅院 $i$ 的 $k$ 指标标准化值；

$X'_{jk}$：宅院 $j$ 的 $k$ 指标标准化值；

$m$：指标个数；

$n$：宅院个数。

## 二 居住空间类型识别

根据 Ward 方法的分析过程，类间距设置为 5，聚类分析结果如图 6-2 所示。当类间距为 5 时，120 座宅院可分为 9 大类；当类间距为 7.5 时，共划分为 7 大类；当类间距为 10 时，共划分为 5 大类。基于类内相似、类间相异的原则，结合莲花池村的特征，本书选取类间距为 7.5 的聚类结果，即将 120 座宅院划分为 7 大类（见表 6-3）。

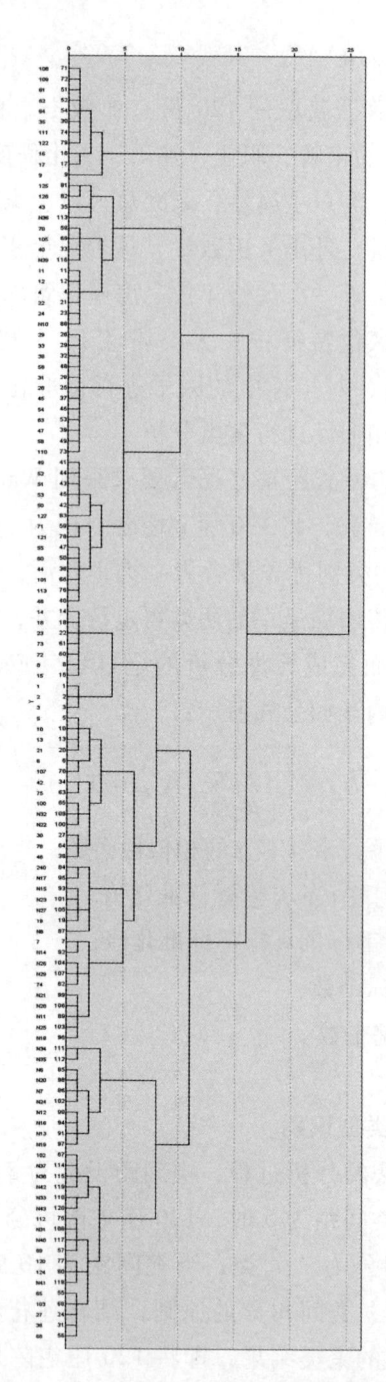

图 6-2 莲花池村宅院系统聚类谱系

## 第六章　乡村居住空间资本化与功能重构

表6-3　　　　　　　　　　宅院聚类类别列表

| 类别 | 院落编号 | 基本特征 |
|---|---|---|
| 第一类 | 9、16、17、35、61、62、64、108、109、111、122 | 城市外来者购置宅院 |
| 第二类 | 4、11、12、22、24、43、70、105、40、125、126、N10、N36、N39 | 宅院均已出租 |
| 第三类 | 28、29、31、33、38、44、45、47、48、49、50、51、52、53、54、55、56、58、60、63、71、101、110、113、121、127 | 宅院闲置现象突出 |
| 第四类 | 1、2、3、8、14、15、18、23、72、73 | 户主以农业种植为主 |
| 第五类 | 5、6、7、10、13、19、21、30、42、46、74、75、78、100、107、240、N8、N11、N14、N15、N17、N18、N21、N22、N23、N25、N26、N27、N28、N29、N32 | 户主地位显赫 |
| 第六类 | N6、N7、N12、N13、N16、N19、N20、N24、N34、N35 | 农家院经营 |
| 第七类 | 27、36、65、68、69、102、103、112、120、124、N31、N33、N37、N38、N40、N41、N42、N43 | 户主职业多样 |

第一类：城市外来者购置宅院。该类别汇集了由城市外来者购置的11座宅院，院落建筑年代相对久远，以1980年代居多，跨越时间相对较长。该类宅院户主年龄较大，平均年龄为71岁，均为城市退休人员，受教育水平高，经济条件好。从院落建筑风格来看，以规整的中式建筑或时尚的西式别墅为主，依户主偏好而建造，受同类外来者的影响较小，且与当地村民的宅院风格有着显著差异。由于受土地管理制度、宅基地供给量等多重因素的制约，户主可选择性较差，散落于村中各个区位，以村落中后方为主。

第二类：宅院均已出租。该类宅院户主均已外出务工或外出工作，常年不在村落中居住，所有闲置院落均已出租给城市外来者。户主相对比较年轻，平均年龄为50岁，经济收入水平相对较高，年均收入在12万元以上。院落最后一次大修年份集中于2000年，与前述章节中宅基地租赁高峰时间相吻合，外出村民将宅院进行重新整修以便获取更高的地租收益，是村落宅基地出售行为被制止以后出现的新的资本化方式，体现了居住空间的资本化发展历程。

第三类：宅院闲置现象突出。该类宅院主要位于村落北部区域，为傅姓家族的主要聚集区，院落集中于1980年代和1990年代建造，近年来基本无大幅度修缮，保持传统院落格局。户主基本在村中务农，外出打工的村民占有该类别四分之一的比重，他们在村中均无兼业经营，该类村民非常注重传统宅院的保持，不愿意因外来者的租住破坏具有"家"意义表征的老宅基地，因此，此类传统宅院基本没有对外出租，闲置现象比较突出。

第四类：户主以农业种植为主。该类宅院主要聚集于村落东部区域及村口处，为张姓家族聚集区，房屋建筑面积相对较小。户主平均年龄为64岁，年龄因素的制约、家庭中外出务工人员的增加，使得该类村民以农业种植为主要经济收入来源，或从事环保清洁工作，收入水平处于村落中的底层。常年在村中居住的现实，促使他们非常注重对居住空间的维护与修缮，最近一次大修年份集中于2010年。

第五类：户主地位显赫。该类别涵盖的宅院最多，是以傅姓家族为首的混合聚集区，主要集中在中部及东部区域，居于村落中心位置，居住空间相对拥挤。户主在村中具有较高的社会地位和经济收入，大部分为商业局、粮食局等部门退休职工，或在村中担任村干部职务。在这一类别中，村干部同时也兼营农家院经营，但受居住空间的制约，经营面积十分有限，可供游客泊车的停车空间也有限，因此，经济收益稍逊色于第六类的农家院经营。

第六类：农家院经营。该类宅院集中了村落中经营状况最好的10户农家院，经济收入在村民收入中处于前列。基于农家院经营需要，为了获取经营效益的最大化，这些宅院非常重视居住环境的改善和空间的拓展，修缮房屋比较频繁，拓展院落空间结构的需求较为强烈，均为两层建筑结构，房屋建筑面积均在400平方米以上，有的农家院建筑面积甚至高达3300平方米，充分体现了现代村民对利润追逐的需求与渴望。

第七类：户主职业多样。该类宅院情况相对复杂，从区位上看，该类别中宅院主要聚集于村落西部或北部，房屋建造年代相对较早，以 1980 年代为主，部分宅院为最近几年重新修缮，为温姓家族的聚集区。由于院落区位交通相对不便，村民参与现代生产业态的渴望比较强烈，户主不以农业种植或个体经营等单一职业为主，而是同时触及烧烤、拉马、山地摩托、土特产品售卖、农家院经营、本地雇工等多种生产业态。但由于年龄、家庭等多重因素，该类别中农家院经营者未能持续经营，经济效益相对较差，家庭收入相对较低。

通过以上分析可以看出，七类宅院代表了村落中的七种发展类型，对每一类型宅院的发展轨迹及特征进行串联，可以绘制出莲花池村村落发展的编年图。

## 第三节　居住空间资本化与功能重构

"房屋就是世界。"在我国传统民居发展过程中，人们通过宅院的营建而营造了社会和世界观，宅院的建造要相地择址，风水至上，居住空间秩序的安排也需以辈分和礼数为依据，莲花池村作为我国北方传统的村落，住宅空间的营建与构造同样也遵循着传统规制。然而，随着该村经济的服务化转型以及聚落空间的资本化利用，宅院作为物质实体空间与居住主体紧密联系的空间系统，不仅是具有空间特征的具体建筑形式，同时又是具有社会文化含义的复杂、有序单元，是一种静态的社会关系。因此，宅院空间及结构功能的任何变化，必然包含社会主体的参与，隐含着各种社会关系的形成，折射出村落经济发展、社会关系以及文化系统等的变迁。

鉴于居住空间及功能蕴含于村落无形的关系网络之中，与土地资源及聚落空间相比，资本对居住空间和功能的控制显得更加隐蔽，本节侧重于对居住空间中的社会关系和文化系统进行研究，从而透视出资本的控制及影响作用。

## 一　研究方法与对象选取

### 1. 研究方法

空间句法是研究空间内在组织逻辑与其承载的社会逻辑之间关系的理论，通过对空间和建筑之间的复杂关系，可以发现其中暗含的认知、理解、使用和建造的方式。本节借助空间句法理论，对莲花池村的居住空间构形的量化描述，推断出住宅空间对家庭生活和组织方式的各种支持，以寻求隐藏在莲花池村居住空间背后的重构逻辑与变迁规律。

（1）空间句法模型的引介

空间句法是一种通过对建筑、聚落、城市甚至景观在内的人居空间结构的量化描述，来研究空间组织与人类社会之间的理论和方法（张愚，2004）。尽管最早是由建筑学家 Bill Hillier 提出，但因空间句法采用数学方法，兼具空间逻辑分析与社会文化逻辑分析的双重特点，已被广泛应用到城市规划、人文地理、建筑学等研究领域。

空间句法是数学方法的集合，依赖于数学方法对空间关系进行抽象和建模分析，将空间实体转化为节点，并通过节点与连线分析空间内部的结构关系，又称"关系图解"。关系图解是一种拓扑结构的分析方法，它不强调欧氏几何中的距离、形状等概念，重在表达节点与节点之间的连接关系所组成的结构系统（张愚，2004），利用空间元素的位置及彼此之间的连接关系来衡量各元素的空间特质，基于其中"关系"与"人"的描述，揭示蕴藏在建筑形式与地域文化之间的逻辑关系（张宸铭，2016）。凸空间模型、轴线模型以及线段模型是空间句法的三种典型模型，其中，凸空间模型是最根本的句法模型。

凸空间是空间句法中最早使用的运算方法之一。连接空间中任意两点的直线，皆处于该空间中，则该空间就是凸状的（张愚，2004）。从认知路径上来说，区域中任意两点都能看到整个凸状空间，在同一凸状空间中，所有人都能彼此互视，所有人具有"相互意识""共存性"以及"潜在的社会交流"的可能，以达到充分了解和互动。一般来说，"凸状指数"越高，"可见性"越好，"潜在的社会交流"也就越多（陈艳，2011）。该方法的基本运算原理就是将空间简化为若干区域（见图6-3A），用最少且最大的凸状覆盖整个空间系统，将每个区域称为一个元素，把每个元素当作一个节点，根据节点之间的关系，将其转译为由节点和连线共同表示的拓扑关系图解（见图6-3B），计算和分析各种空间句法变量，然后用深浅不同的颜色表示每个凸状空间句法变量的高低（张愚，2004）。在颜色显示方面，空间句法采用的是级别显示策略，从最大值到最小值，共等分为十个数值段，其中，最高数值段用红色表示，最低数值段用蓝色表示，数值段越低，颜色越偏冷；数值段越高，颜色越偏暖。

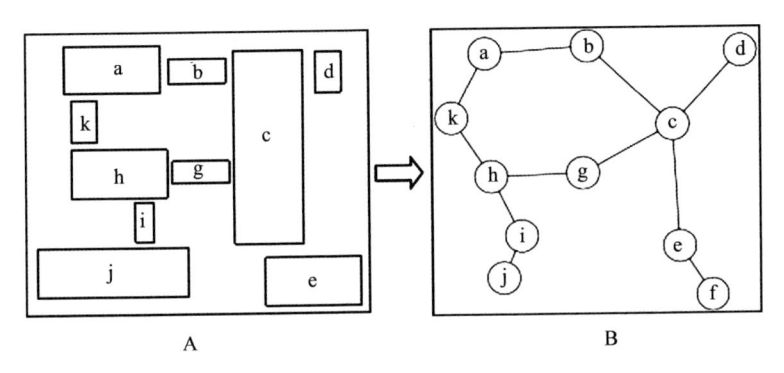

**图6-3 空间关系拓扑学表达示意**

由于凸空间模型能从空间本体视角出发，充分、直观地了解空间的宽度和广度，通过对空间组构的定量分析，映射出空间所承载的社会文化逻辑，在探讨空间与社会关系时既在社会结构中考虑了空间因素，又在物质性空间结构中考虑了社会因素，在分析方法上兼顾数学逻辑分析的量化优势，为研究特定空间的社会文化现象与逻辑提供了新的解释范式（丁传标，2015）。因此，凸空间模型通常被用于居住空间、工作场所等围合性空间的分析与研究。

比照凸空间模型运算原理及空间句法规定，莲花池村宅院空间主要由围墙、堂屋、倒座等"实空间"以及大门、院落等"虚空间"构成，是村民日常生产、生活以及休闲的场所，符合空间句法"关系图解"的假设条件，因此，本书欲使用空间句法中的凸空间模型对住宅空间格局进行定量测算，更为客观地挖掘住宅空间的演变规律及背后隐藏的社会文化机制。

（2）空间句法的测算

根据凸状空间连接测算变量间的逻辑关系，对空间的可达性和各空间之间关系的进行拓扑分析，本书所使用的变量主要有以下几个：

①连接值 $C$：表示节点的连接个数，在空间系统中，连接值越高，表明该空间的渗透性越好。

$$C_i = k$$

其中，$k$ 表示与第 $i$ 个节点直接相连的节点个数。

②深度值 $D$：深度值是指节点与节点之间的最短距离，一般由全局深度（Total depth）、局部深度（Local depth）和平均深度三个指标衡量。

$$D = \sum_{d=1}^{s} d \times N_d = \begin{cases} connectivity, d = 1 \\ local\ depth, d = h \\ global\ ldepth, d = s \end{cases}$$

其中，$1 < d < s$，当 $d = 1$ 时，表示与制定节点直接相连的节点数，此时深度值为一步深度值，即为联通值（connectivity）；当距离 $d$ 逐步增大时，深度值也逐步增大，此时深度值为局部深度值（local depth）或称为 $h$ 步深度值；当 $d = s$ 时，此时的深度值即为全局深度值。

全局深度用于衡量节点在空间系统中的便捷程度，表达空间与空间之间的转换次数，并不是真实地表示节点之间的实际距离。一般来说，全局深度越高，其空间可达性越差。但由于全局深度在计算时没有消除系统中空间数量对节点影响，因此空间节点之间可比性较差。

平均深度值 $\bar{D}$：为了增强可比性，剔除系统中特殊变量对节点数量的影响，一般具体使用时采用平均深度值进行测算。

$$\bar{D} = \frac{\sum_{d=1}^{s} d \times N_d}{n - 1}$$

其中，$n$ 是指空间节点的总数，$n - 1$ 则是指空间中除元素自身外，最多与该元素连接的节点个数。

③集成度 RA：在平均深度值的基础上，为了剔除系统中结构不对称对空间的影响，用相对不对称值进行标准化：

$$RA_i = \frac{2(\bar{D}-1)}{n-2}, \quad RRA_i = \frac{RA_i}{D_n}$$

其中，

$$D_n = \frac{2\{n[\log_2((n+2)/3)-1]+1\}}{(n-1)(n-2)}$$

集成度数值越大，意味着该空间的可达性越强；数值越小，则表明该空间越分散或越离散。

④整合度 I：

$$I = \frac{D_n}{RRA_i}$$

整合度反映的是空间的局部与系统内其他所有空间之间的联系与可达程度，与深度值高度相关，由全局整合度和局部整合度两个指标衡量。其中，全局整合度表示节点与系统内所有节点联系的紧密程度，局部整合度表示某节点与其附近几个拓扑距离内节点间联系的紧密程度（Hillier，1996），拓扑距离一般取三步、五步或七步为计算范围，称为"半径-n整合度"。

因此，全局深度越小，整合度值越大，空间可达性越强，空间也就越整合；反之，全局深度越高，整合度越低，空间可达性越差，空间也就越分离或分散（Penn，2003）。

2. 研究对象的选取与测算

（1）典型宅院的选取

根据院落类型识别结果，莲花池村院落大致可以划归为七大类别，在多重因素影响与制约下，不同类别院落组间差异性非常明显。但基于本节以院落内部空间分析的目的，还可以将七大类别按院落内部空间的特征进行归并。其中，第二类"宅院均已出租"和第三类"宅院闲置现象突出"中，户主以外出打工或外地工作为主要特征，常年不在村中居住，房屋的建筑风格、院落空间组构具有极大的相似性，均保持着传统格局，可将这两种类型宅院归并为一类，称为"传统院落类";第四类"户主以农业种植为主"和第七类"户主职业多样"中,农业种植仍作为村民的主要收入来源,院落及房屋空间有所改观,体现出经济发展对村民居住环境的影响,但限于经济条件制约,空间变更不太明显,故可将第四类和第七类合并为一类,称为"职业多样类"。据此,在上一节居住空间类型识别基础上,本节根据院落空间分析的需要,将其合并为五大类别,即:城市外来者类、传统院落类、地位显赫类、农家经营类以及职业多样类。

基于村落宅院类别的划分结果,按照空间句法的算法规则要求,本着典型性、完整性以及可比性原则,在职业多样类、传统院落类、地位显赫类、农家院经营类、城市外来者类五大类别中分别选取65号院、58号院、7号院、N12号院、16号院为研究对象(见表6-4)。其中,58号院、65号院以及7号院为普通居民宅院,分别代表1980年代、1990年代以及2000年代以后的院落建筑,院落空间构造完整,代表不同时期村落居民的居住需求和户主的身份地位。此外,7号院为国家粮食部门退休人员,现在原有宅院基础上开辟出一间房屋作为超市,代表了2000年以后村落宅院空间的分化。N12号院为农家院经营者宅院,为了满足休闲消费者的需求,于2014年重新翻修,将房屋由原来的一层建筑改为两层结构,不仅代表了2010年以后宅院空间类型的变化,更表征了村落经济发展的结果。16号院为北京城市外来者自行建造的典型中式院落,代表城市外来者群体的居住需求和文化特性。

表6-4　　　　　　　　宅院类型及变迁年轮

| 院落编号 | 院落代表年份 | 代表院落类型 | 所在区位 |
| --- | --- | --- | --- |
| 58号院 | 1980年代 | 传统院落类 | 西部 |
| 65号院 | 1990年代 | 职业多样类 | 西部 |
| 7号院 | 2000年代 | 地位显赫类 | 东部 |
| N12号院 | 2010年代 | 农家院经营类 | 东部 |
| 16号院 | 2000年代 | 城市外来者类 | 东部 |

不同年代院落的梳理与分析表明了村落中居住空间变迁的痕迹与年轮。因此，通过以上不同时期、不同类型典型宅院的分析与梳理，本部分试图揭示出改革开放以来，在资本利润驱动下，莲花池村住宅空间的演变规律，对比不同类型宅院空间的差异性，试图探寻演化与差异背后隐藏的地域性社会文化特质及相互关系。

（2）宅院空间构形的分解与测算

在典型宅院的各个空间中，大门、正房、过道、厢房、院落是主要功能空间，其中，大门是宅院联系内外的过渡空间，是家庭"内部"和"外部"的隔断空间，大门以内是家庭的私密空间，大门以外是家庭的公共空间；院落是家庭成员生产、休息的私密空间，随着服务业的发展，空间功能发生了重大变化，尤其是农家院，院落则成了接待宾客的开放性空间。在五大主要功能空间中，大门、院落、住屋构成了宅院空间的纵向结构，住屋内部房间的联系则组建起宅院的横向联系，纵横交错形成宅院内部的空间组构。

根据实地调研的绘制和记录，首先，绘制出各个住宅空间的建筑平面图，基于空间句法中最少和最多凸状空间的分割原则，以及便于对比原则，依据空间功能和空间属性将各个典型宅院空间分解为多个元素。比如，院落空间被阻隔成种植区、晾晒区、餐饮区、娱乐区、操作区等不同的功能区，各个不同的功能区分别视为一个独立的空间元素，阻隔区也视为独立的空间，从而将宅院空间分解为多个元素。因此，58号院、65号院、7号院、N12号院、16号院分别被划分为17个、14个、9个、21个和22个空间元素。另外，将每个元素抽象为一个节点，根据节点与节点之间的连接关系，进行关系图解转译，绘制拓扑关系图（以65号院为例，见图6-4），然后参与运算。

基于空间句法的凸状方法，根据凸状模型连接变量测算，利用Depthmap软件进行矢量化处理，得到典型宅院的空间句法连接变量的相关指标及其可视化表达。为了便于对比分析，提取宅院共同"基因"，即大门、过道、庭院、正房、厢房五个主要空间元素，对各个元素进行空间归属，并做平均化处理后，统计出五大主要空间元素的平均深度值和整合度值。为了使深度值具有可比性，故采用平均深度

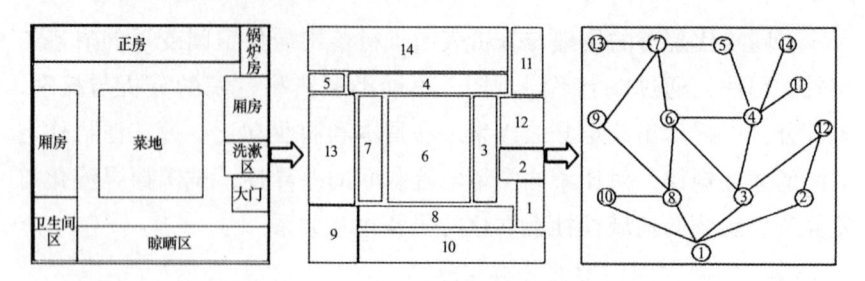

图 6-4  65 号院落拓扑关系转译

值进行测算，同时，为了考察宅院空间的局部范围内空间的联系紧密程度，根据村民院落空间实际情况，拓扑距离取 3，计算三步深度值和三步整合度值。

深度值衡量的是节点在空间系统中的便捷程度，表达空间到空间之间的转换次数，深度值越高，空间的可达性越差，空间就越封闭；反之，深度值越低，空间的可达性越强，空间就越开放。整合度反映的是空间的局部与系统其他所有空间之间的联系与可达程度，全局整合度表示局部空间与系统所有空间联系程度；而局部整合度则表示局部可见与附近几步空间节点间的联系程度（Hillier B, 1996）。整合度数值越高，空间可达性就越强，空间也就越开放；反之，整合度数值越低，空间可达性就越弱，空间也就越封闭。平均深度和整合度不仅可以反映空间的组构特征及被感知的程度，而且还可以反映空间的使用及占用情况（张烨，2012）。

居住功能空间的变迁表征着莲花池村不同时期的生产和生活方式的变化，一方面，通过不同时期典型宅院空间组构变化，结合宅院的建筑材料、建筑外观等物理表象，可以探究空间形态在文化逻辑上的时间属性，追溯宅院空间的演化历程；另一方面，通过不同宅院的空间拓扑分析，可以推断出家庭成员活动的主要场域及频率，结合家庭内部空间使用方式的差异，从而挖掘出不同宅院空间的共性与差异性特征。

二 自然环境控制力降低

控制值反映的是节点对院落区域的控制能力，控制值越小，颜色深度越偏向于蓝色，节点的空间控制力就越强。从传统宅院空间控制力强度显示（见图6-5），58号院的最强控制点位于院落的东部第15处；65号院位于院落北部的第14处；7号院为第6处、第8处和第7处。唯有58号院最强控制点的位置位于东部，其他传统院落均位于北部，对应于宅院的布局结构，最强控制点均为正房，这与我国传统院落空间构建中正房的权威性和权力核心特征相吻合。从典型宅院建造的时间序列上看，自然环境对宅院的区位选择及内部结构组构的控制力度持续降低。

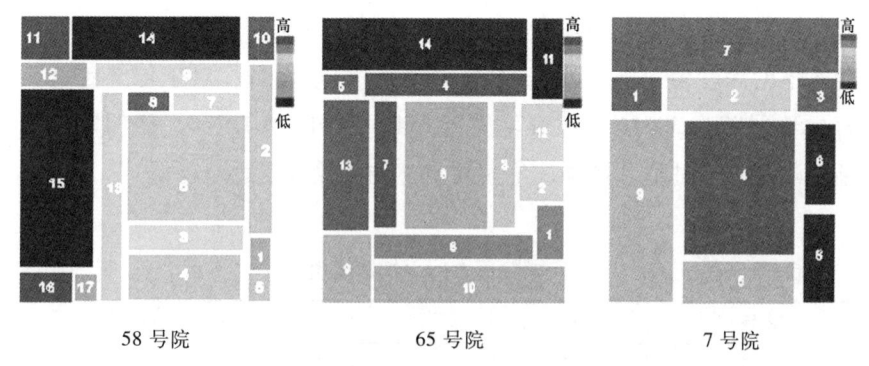

**图6-5 传统宅院空间控制力强度图示化表达**[①]

从地理区位和建筑材质来看，传统宅院紧邻山脉，由于建造年代的制约，58号院的建造材质一般为就地取材，以石头材质为主，院落开敞，表现出对自然环境的高度依赖。随着时间的延续及村落经济的发展，65号院的建筑材质已突破就地取材的传统，开始采用石材与砖头相结合。7号院从区位选取上就已经开始远离山脉，由传统的就近布置转为沿村内主路布置，宅院建造于平地之上，平面结构更加简化，建筑材料为砖瓦结构。

---

① 58号院代码标识：1号为大门，4号为晾晒区，5号为鸡圈，6号为菜地，8号为水井，14号为厢房，15号为正房，16号为卫生间，其余编码为过道或空地。7号院代码标识：1号为大门，4号为院落，5号为倒座，6号为厢房，8号为卫生间，9号为厢房兼超市，14号为厢房，其余编码为过道或空地。

从典型宅院的内部组构来看，58号院除大门、正房、厢房、过道外，还专门设置有养殖区和卫生间区，正房坐西朝东，厢房坐北朝南。在65号院、7号院以及N12号院中，正房与厢房的坐落位置相反，呈正房坐南朝北、厢房位于院落两侧的格局状态，同时院落中缺少养殖区域和卫生间区域，卫生间主要内化于厢房功能之中，呈现与现代乡村接轨的现象。宅院内部组构的变化主要是由于受丘陵沟壑的地貌特征影响，前期村落中宅院布局结构、建筑形态等随形就势，院落封闭，功能齐全，自然环境的制约作用较为明显，随着村落社会经济的发展，交通便捷、居住舒适、便于经营等社会经济因素逐渐取代自然环境，成为后期宅院空间组织与建造的基本原则。以大门为起点，对不同时期院落的深度值进行对比（见表6-5），可以发现，对于传统院落而言，58号院为3.316，65号院为2.154，7号院为1.750，说明宅院逐渐开敞，渗透性逐步增强，宅院对自然的依赖程度逐步降低。

表6-5　　　　　　　　典型院落大门平均深度值

| 58号院 | 65号院 | 7号院 | N12号院 |
|---|---|---|---|
| 3.316 | 2.154 | 1.750 | 5.025 |

从房屋朝向来看，传统住宅联建现象非常突出，1990年以前，住宅中的正房一般坐东朝西，因为这种建造方式可以充分利用临山优势，将山体作为山墙，这样既可以节省土地，又可以节约财力。随着村民经济水平的提升，房屋建造时，成本因素的制约作用逐渐下降，1990年以后新建的住宅已经保持了独立的建造方式，不再依托山体作为山墙，回归我国传统院落坐北朝南的格局，房屋朝向与位置的变化，反映了宅院空间利用以及与物质资源联系紧密程度的变化。

### 三　居住空间资本功能趋显

宅院是一个由不同元素组构的场域，不仅是人与人、人与社会关系组建的介质，而且还是社会关系网络和传统文化的重要载体，其内部空间的变化和差异映射出家庭经济方式、居住空间秩序、个人与社会关系的改变，而这一改变可以通过宅院的全局整合度得以映现。

1. 大门与过道空间

大门是联系家庭"内部"与"外部"的边缘性空间，能起到把家庭成员与外界空间隔离起来的作用。在长期的社会生活与大门场所的交互当中，大门被赋予了"家空间"的特殊符号意义，并成为融入物质空间形态中持久而稳定的文化内涵（陶伟，2014）。因此，大门不仅是"家"的观念在物质形态上的投影，更是居民的情感依托，在人们心中占有极其重要的地位和符号意义。"门"自然成为"家"的屏障和依据，门内、门外成为"家空间"的两个世界，具有明确的排他性和封闭性。因此，独特的空间属性特征和文化内涵决定了大门应具有空间整合度和连接度低的特点。

根据空间句法测算结果（见表6-6），大门全局整合度数值由低到高依次为58号院＜65号院＜7号院＜N12号院。一般来说，全局整合度值越高，空间的公共性越强；数值越低，私密性越强，对应于莲花池村宅院空间，不同年代的宅院呈私密性逐渐降低、公共性逐渐增高的态势。其中，58号院全局整合度最低，说明这类宅院中大门空间最为封闭，与外界联系较少，"门内"与"门外"界限分明，"家空间"的意识十分强烈，符合1980年代传统民居院落的典型特点。N12号院大门的全局整合度在五种类型宅院中最高，由于以N12号院为代表的农家院经营型宅院，大门是游客经常出入的场所，游客在此空间中的活动十分频繁，因而开放程度非常高。

表6-6　　　　　　典型院落大门和过道全局整合度

| 空间类别 | 58号院 | 65号院 | 7号院 | N12号院 |
| --- | --- | --- | --- | --- |
| 大门 | 0.875 | 1.321 | 1.478 | 1.487 |
| 过道 | 1.984 | 1.603 | 2.218 | 0.902 |

| 乡村空间资本化过程与机制

从形制来看，当地传统村民宅院与从事农家院的宅院在大门的颜色、形态、门槛的高度等都存在着较大差异。传统村民宅院大门较为封闭，门体体量较小（见图6-6A）；农家院大门非常开敞，门体体量较大（图6-6B），这种开敞性的改造不仅表现出现代经营型村民对"家"的纬度降低，而且还是满足城市休闲消费者对传统"宾至如归"家空间的符号需求，同时，也是营销理念的体现。但无论是传统村民宅院，还是现代经营型宅院，大门门槛都相对较低，颜色均较为随意，这说明大门作为身份地位象征的森严等级在村民之间体现不甚明显。

A 传统村民宅院大门　　　　　　B 农家院宅院大门

图6-6　村落宅院大门形态与色彩

由此可见，不同类型院落由于生产经营以及社会特征的差异，作为"内外有别"屏障功能的大门功能也有很大变化，由过去的封闭式向现代开放式的转换，尤其是随着民俗旅游业的快速发展，现代宅院大门的改造对"家空间"的表征作用也在发生着变化，这种变化的背后，不仅仅是家庭与外部空间联系紧密程度的变化，还是经济发展与社会关系在时间演化序列中的更迭，以及对家庭作用方向的改变。

与大门的内外连接作用不同，宅院内部的过道则是家庭内部联系的纽带和载体，反映了家庭成员在"家空间"中活动场域的变化及活动的频率。不同类型宅院过道的全局整合度数值，由传统型向现代经营型递减，即由低到高依次为 N12 号院 < 65 号院 < 58 号院 < 7 号院，在所有宅院类型中，N12 号院整合度值最低，且低于 1，这就说明除了 N12 号院外，其他类型宅院中过道不仅是沟通内部其他空间节点的纽带，而且也是联系家庭成员频繁活动的主要场所和空间载体，在宅院空间系统中向心力最强，成为家庭凝聚性的表征。同时，从时间演化序列来看，过道的全局整合度值大致沿着"1980 年代—1990 年代—2000 年代—2010 年代"的顺序逐步减小，说明过道对家庭的凝聚性随着时间推移逐渐丧失，尤其对于以 N12 号院为代表的经营型宅院而言，过道的整合度在家庭空间系统中几乎处于最低点，这就表明农家院经营者由于家庭生产内容的变化，过道不再仅作为联系家庭成员的空间纽带，而成为内外兼容的联系通道，"家"的排他性让位于兼容性。因此，随着时间序列的推进，家庭生产方式的改变以及资本逐利性的引力，使得过道整合度的差异性在逐渐增大，其对"家空间"的重要程度在逐步降低。

通过以上分析可以看出，随着年代递增，莲花池村当地村民的宅院空间中，大门、过道、宅院、正房和厢房的全局整合度不断发生变化，尤其是农家院，其宅院空间处于高度流动状态，宅院内部的空间组构及形态受游客需求影响较为严重，空间功能不断异化及分化，居住空间的资本特性逐渐显现。

2. 院落空间

院落作为"家空间"的主体，是家庭成员怡情养性、享受生活的私密空间，但其兼具生产、生活等多种功能，在宅院空间中，院落空间的利用方式变化最大，也是最能反映家庭生产生活方式变化的空间类型。因此，院落形态及空间布局的变化最能折射出村民在不同时期生产生活方式、文化认同以及社会关系的厘革。

A
B
C

图 6-7 莲花池村传统宅院院落

仅从院落的全局整合度值来看（见表 6-7），N12 号院 < 65 号院 < 58 号院 < 7 号院，其中，7 号院最为开放，N12 号院最为封闭。但由于院落空间的利用方式最具多变性，仅从数值上分析尚不能反映出空间变化的全貌及实质，需结合实地调研进行深入梳理。首先，58 号院和 65 号院院落全局整合度分别为 1.267 和 1.154，在所有宅院空间中的开放程度仅次于过道，表明院落空间与宅院系统内其他空间的连接程度相对较强，通达性较好，与这两类传统宅院以农业种植为主的生产方式和生活方式密切相关。58 号院和 65 号院作为传统院落及兼业型院落的代表，保留着 1980 年代和 1990 年代的传统村民宅院空

间的痕迹，基于农业种植的生产方式和自给自足的生活特征，院落主人保持着在住屋之外留有足够灵活调节的余地开展庭院养殖的习惯和种植意愿，因此，院落不仅是家庭休息生活的场所，还兼具劳作、菜园、鸡舍、猪圈等生产功能，空间功能划分十分明确。为了便于耕作和饲养，种植区域需经常浇水、施肥，养殖区域需经常性护理，因此，院落空间整合度较高，可达性较强。这一特征表征了莲花池村1980年代和1990年代以传统农业种植为主的院落空间利用的共性。

表 6-7　　　　　　　　　　院落全局整合度

| 58 号院 | 65 号院 | 7 号院 | N12 号院 |
|---|---|---|---|
| 1.267 | 1.154 | 2.076 | 0.721 |

1990 年以后，随着村落产业结构的服务业转向、社会阶层的分化、聚落空间性质转变等内外因素的交织，村民居住需求日趋复杂，院落空间开始分化。普通居民沿袭着传统的院落结构，但在内部空间上和功能使用上有所改进，作为家庭成员休息的公共场所，新建宅院舍弃了传统的庭院养殖和种植功能，院落空间功能趋于简化。因此，以 7 号院为代表的现代院落功能单一化致使其可达性最高，通达性最强，全局整合度高达 2.076。

与此同时，农家院基于接待数量的增多，普遍扩增宅院空间，建筑层数加高（见表 6-8），二层建筑在村落农宅建造中的比重逐渐加大，农家院院落空间更加开敞，但使用功能开始分化。首先，种植和养殖功能继续保留，但种植和养殖对象及使用目的发生了改变，以具有观赏性的花草树木和鱼类为主，观赏性和点缀性取代了实用性；其次，使用对象发生转移，院落不再仅作为家庭成员使用，取而代之的是游客优先，将其作为游客用餐、休憩以及娱乐的承载场域，尽可能满足游客的诉求，因此，院落空间的私密性让位于公共性。最后，院落空间的公共性促使营销功能的新增，成为宅院中装修最为讲究的场所，餐桌使用原木色，以营造返璞归真的家的氛围，楼梯处设置提示标语的使用等都隐喻着院落新功能的添置，凸显院落的营销功能。基于此，以 N12 号院为代表的经营型宅院的院落全局整合度最低，为 0.721，在宅院系统中成为除大门及正房之外的公共场所，通畅性良好，这主要是由于院落功能的异化，以及建筑层数的增加所致。

表 6-8　　　　　　　　莲花池村建筑层数构成

| 建筑层数 | 1 层 | 2 层 | 3 层 |
| --- | --- | --- | --- |
| 数量/处 | 134 | 18 | 1 |
| 比例/% | 89.33 | 12.00 | 0.67 |

综上，随着家庭生产生活方式的转变，以及农家院院落空间的异化与分化，传统的庭院养殖正趋于没落，院落中羊舍、猪圈等附属建筑逐步消失（见表6-9），至2000年，村落中家庭养殖功能消失殆尽，普通村民宅院向单一居住功能发展，全局整合度不断提升，院落空间的可达性渐趋增强。与此同时，农家院落将宅院作为资产元素投入资本运行过程，利润最大化驱使院落空间不再局限于私密性的家庭空间，而是成为边界消融的开放性空间，建筑层数的增加及院落空间使用主体的变更，致使院落空间的全局整合度不断降低，通达性相对较高。因此，随着村落经济的发展和村民内部的分层，不同类型院落空间的全局整合度和平均深度值差异性明显，院落功能亦呈现逐渐分化和异化的态势。

表 6-9　　　　1995 年至 1999 年莲花池村家庭养殖业发展情况

| 养殖类别 | 1995 | 1997 | 1998 | 1999 | 2000 |
| --- | --- | --- | --- | --- | --- |
| 生猪出栏（头） | 43 | 0 | 14 | 1 | 0 |
| 肉牛出栏（头） | 34 | 15 | 11 | 0 | 0 |

3. 住屋空间

我国传统院落结构的典型特点是正房居于整个院落的中央最深

处，左右两侧厢房对称布置，通过院落及过道将其组合起来，组构成完整的矩形宅院。从宅院结构形态来看，正房及左右厢房为封闭性空间，而大门、院落及过道则置于室外，其公共性相对较强。基于研究需要，特将正房及厢房划归为内部空间，称为"住屋空间"，即"实空间"，而大门、院落及过道合并为外部空间，即"虚空间"。传统合院中，住屋空间秩序有着严格的安排和规制，"北屋为尊，两厢次之，倒座为宾，杂屋为附"，体现出我国传统的家族礼制和伦理道德观念。因此，正房是处理家庭事务、家庭聚会、祭祀的场所，在宅院空间系统中具有最高统治地位，一般位于宅院最深处和中央位置，具有绝对的私密性和隐蔽性，全局整合度应为较低。

从正房全局整合度来看（见表6-10），58号院正房的全局整合度为1.069，稍高于大门，具有较强的封闭性，这就表明1980年代莲花池村以农业种植为主的院落中，正房在整个宅院内部中是除大门外最为封闭的空间，位于内部系统中最隔离的位置，中心性最高，成为整个宅院空间的集中地。65号院和7号院正房整合度分别为0.991和0.806，均低于大门，说明随着社会经济的发展，村民对家的观念也在发生变化，"我家大门常打开，开放怀抱等你"，宅院空间由传统的私密性向开放化转化，但"内外有别"的典型礼制特征没有改变，正房的权威性和统摄力保持不变，甚至呈增强趋势，具有绝对的排他性。虽然以65号院代表的职业多样类宅院与外界的接触程度逐渐增多，开放性不断增强，但仍保留着农村院落的传统，维护着传统家族的礼制，正房仍是封闭性较强的空间类型，在家庭中仍具有至高无上的地位。7号院正房为宅院中封闭性最强的场域，全局整合度数值远远低于其他空间，这说明作为地位较为显赫的村民，虽然由于生产方式的变更凸显了住屋空间的资产特性，但整体依然遵循传统院落的礼制，维持着自身的身份地位，"内外有别"的观念在正房中体现最为明显。

表 6 – 10　　　　　典型院落住屋空间全局整合度

| 空间类别 | 58 号院 | 65 号院 | 7 号院 | N12 号院 |
|---|---|---|---|---|
| 正房 | 1.069 | 0.991 | 0.806 | 0.723 |
| 厢房 | 1.166 | 0.743 | 1.068 | 0.587 |

仅从数值来看，N12 号院正房的全局整合度在所有院落类别中数值最低，为 0.723，这是由于该类经营型院落因接待需要，院落建筑层数增加，建造结构更为复杂，从而院落深度值增加所致。在整个宅院空间系统中处于绝对较高水平，仅次于大门且略高于厢房和院落，属于相对开放的空间（见图 6 – 8A、B）。基于最大程度获取房屋地租利润的内在驱动，为数可观的农家院经营者不仅自行在原有建筑结构基础上自行加盖房屋，以拓展经营空间（见图 6 – 8C），而且还将原本专属于院落主人使用的正房划隔为客房，以供出售，主人则根据实际经营情况，屈居于院落的小隔间，甚至阳台的沙发上。

A　　　　　　　　B

C

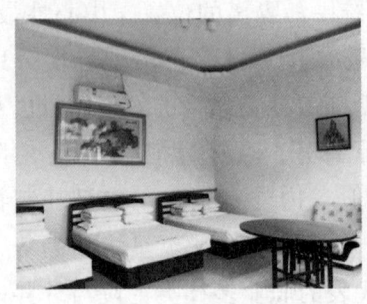

图 6 – 8　莲花池村农家院院落

## 第六章 乡村居住空间资本化与功能重构

我家总共有16间房子，其中12间客房，4间正房。平时儿子住正房的西边房间，老婆婆住正房的东边房间，人多的时候还要在堂屋摆几张床，我们夫妻俩没有固定的地方，一般住在厢房，客房紧张的时候就住在外面的小棚子里，或者在阳台的沙发上凑合一宿。以前儿子的房间也用来做客房，但是从今年开始，儿子不让做客房了，只留着他们住。

——N12号院

住屋空间中厢房的整合度普遍高于正房，这是由于随着社会经济的发展和家庭规模的缩小，厢房生产和储藏功能凸显，其开放程度随之提升的结果。但对于农家经营类宅院来说，厢房不再具有储藏功能，而成为可供游客居住的客房，为了保护城市旅游者群体的隐私性，除所居住客人外，其他人禁止随便出入客房，因此，厢房的整合度略低于正房，为0.587。因此，旅游业的发展不仅带来了农家经营类院落中过道、大门以及院落等外部空间公共性增强和功能异化，而且住屋空间功能也在发生着变化，对于原本"家"的私密性封闭边界逐渐消融，而且还瓦解了正房的统摄力和权威性，传统礼制在资本机制作用下逐步瓦解。

基于大门、过道、院落以及住屋等空间整合度分析可以看出，村民宅院空间中"外部空间"的全局整合度均值大于"内部空间"（见图6-9），说明农村宅院内部是一个相对封闭的系统，随着空间深度的增加，宅院所承载的活动呈现出由"公共性"向"私密性"转化的特点，这与我国传统民居宅院结构的基本形制和"私密梯度"特点相吻合。但不同类型宅院内部空间与外部空间的整合度均值也呈不同的特点：1980年代和1990年代的传统宅院内部空间和外部空间的私密性和公共性延续传统，保持着"内外有别"的特点；2000年代宅院由于空间功能有了不同程度的变更，其外部空间的公共性和通达性最强；农家经营类宅院的内部空间与外部空间私密性基本持平，较传统宅院均显著降低，表明内部空间和外部空间的整合度不断增大，在旅游业发展的影响下，家空间的私密性不断解构，"家"的威慑性和凝聚力受到挑战。

乡村空间资本化过程与机制

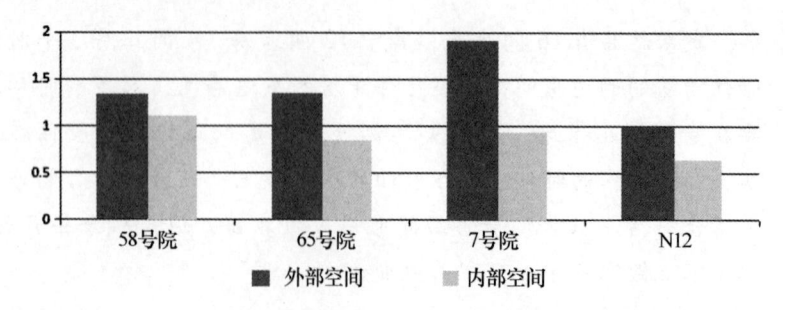

图6-9 当地居民宅院内部空间与外部空间全局整合度

因此，对于传统宅院而言，尽管开放程度有所改变，但"家"的私密性在逐步增强；而对于农家经营类院落而言，则因住宿接待需要，其私密性逐步降低，在资本逻辑作用下，权威空间逐渐向世俗空间过渡。

**四 宅院空间组构趋于分化**

改革开放初期，由于空间生产的狭隘性，莲花池村家家户户的宅院结构表现出高度的均匀性。但随着村落社会经济的发展以及人口结构的多样化，村民更加关注宅院自身的完整性和实用性，因此，宅院形态及空间布局表现出明显的差异性。根据实地调研结果，目前莲花池村住宅呈平层合院、中式庭院、楼房合院与别墅型复合结构等并存的格局（见表6-11），不同群体间的宅院表现出不同的属性特征。其中，普通村民宅院为便于生产生活，以平层合院结构为主，极少扩增为楼层空间，院落中保持着种植或养殖余地，表现出浓厚的乡土气息；农家院出于经营需要，增扩空间的现象极为普遍，二层或三层建筑结构主要出现在经营型院落中；城市外来者群体主要采用租赁或购买农家宅院两种形式，并以租赁为主；对于出租农家院，鉴于土地制度制约及产权纠纷，大部分出租宅院仍保持原有宅院的结构，部分略作改造；对于自行购买的宅基地，城市外来者群体则根据自己的偏好进行了大规模建设，或中式建筑风格或别墅复合结构。

· 184 ·

表6-11  莲花池村宅院空间结构及类型

| 群体 | | 空间结构 | 空间布局 | 空间类型 |
|---|---|---|---|---|
| 普通村民 | | 居住+大庭院+农业储存+种植或养殖 | 平层合院结构 | 半封闭式 |
| 农家院 | | 住宿+就餐+娱乐+小场院或无场院 | 平层合院+楼房合院 | 敞开式 |
| 城市外来者 | 自建 | 新建中式庭院或西式别墅 | 平层庭院或别墅型复合结构 | 封闭式 |
| | 租住 | 根据中式庭院风格对农宅略作改造 | 平层中式庭院结构 | |

空间是村落"社会文化"内部力量运作的外在表现。生产生活方式决定着宅院空间的使用程度和使用强度，一般来说，过道、院落等活动比较频繁的空间，平均深度值相对比较低，而全局整合度相对较高。以58号院为代表的1980年代和以65号院为代表的1990年代传统宅院紧邻山脉，受地形地貌影响，建筑布局和空间利用受到一定限制，58号院的全局整合度数值呈现出"过道＞院落＞厢房＞正房＞大门"的变化次序，65号院也表现出相似的"过道＞大门＞院落＞厢房＞正房"梯度次序（见图6-10A、B），唯一不同的是，大门的整合度有所升高。这就说明，1980年代和1990年代传统村民宅院，在相同的地貌制约下，院落结构非常相似，且宅院内部保留着菜园、鸡舍等传统农业的痕迹。虽然随着社会发展，1990年代宅院大门的开敞性有所提升，但正房和厢房的整合度非常低，这种高封闭性体现了传统家庭院落对内部空间的私密性，以及对家族礼制的重视与维护。

16号院作为城市外来者的代表，与前两类宅院在空间整合度上存在相似之处，但在空间布置、文化背景方面表现出更为突出的独特性。据16号院主人介绍，此处住宅于2005年建造，整个宅院为仿古式建筑风格，在宅院组构方面充分体现了宗法礼制，首先，门槛高度为两级、每级为六层，大门以中国红、铁质门环等等级礼制为典型特点，大门体量相对较小，突出地体现着城市外来者与众不同的身份地

乡村空间资本化过程与机制

位以及社会阶层的差别。由于院落主人长期生活在北京市区，现代城市的开放思想与文化内化于其思想观念之中，因此，大门的全局整合度相对较高，为1.336（见表6-12），表明其开放程度相对较强。

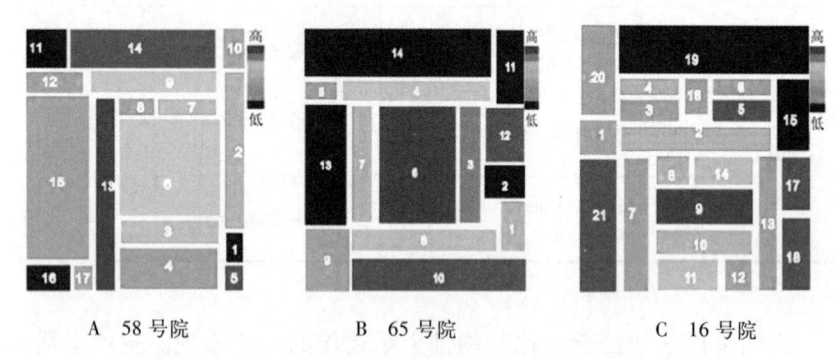

A 58号院　　　　B 65号院　　　　C 16号院

图6-10　58号院与65号院整合度图示化表达①

表6-12　　　　　　　16号院空间全局整合度

| 大门 | 过道 | 正房 | 厢房 | 院落 |
| --- | --- | --- | --- | --- |
| 1.336 | 1.393 | 0.809 | 0.918 | 0.943 |

院落空间安排紧凑，有鸡舍、狗圈、水池、花池等不同的功能分区，沿袭着我国传统院落的养殖与种植功能，充分体现出城市外来者对乡村休闲生活方式的追求，过道的整合度相对较高，为1.393，说明宅院主人在院落中活动的频率相对较高，与其对乡村生活方式的追求相吻合。同时，正房、厢房以及院落的空间整合度相当（见图6-10C），均在1以下，其中，正房整合度低至0.809，说明宅院内部空间的使用具有较强的内敛性，保持着我国传统的伦理道德。但受城市生活习惯的影响，正房有五间，除堂屋外，其他房间均按城市标准间组构进行建造，其内部构造与当地居民正房完全不同。东西厢房主要用于书房及收藏，其空

---

① 16号院代码标识：1号为大门，3号和5号为花圃，9号为菜园，11号为鸡圈，12号为狗圈，15号为储藏室，17号和21号为厢房，18号为酒窖，19号为正房，20号为烧炕室，其余编码为过道或空地。

· 186 ·

第六章 乡村居住空间资本化与功能重构

间指称完全不同于当地传统宅院的储放杂物或卫生间功能。由此，城市外来者群体的宅院空间体现出城市元素与乡村元素的有机结合。

7号院和N12号院是莲花池村现代经营型宅院的代表，但由于经营类别不同，宅院空间组构有着较大差异性。7号院以经营超市为主，院落空间摆脱了传统农业生产的羁绊，没有设置种植与养殖空间，院落功能简化，单一的水泥地面覆盖整个院落空间，因此，院落的整合度在所有空间系统中最高，为2.076（见表6-7），意味着院落空间成为家庭成员的主要活动场域，这是院落主人生活习惯的直接映射。厢房与倒座功能也有一定程度的变化，其中，西厢房设置为超市，供顾客随时进入购买货品，具有较强的开放性；东厢房和倒座以存放货品为主。因此，西厢房的整合度高于东厢房和倒座，为1.109。由于该类宅院不从事对外接待，正房保持着传统合院的强封闭性。由此，在莲花池村内外资本共存的背景下，现代宅院空间布置与使用功能发生了较大改变，呈现半开放化特征（见图6-11）。

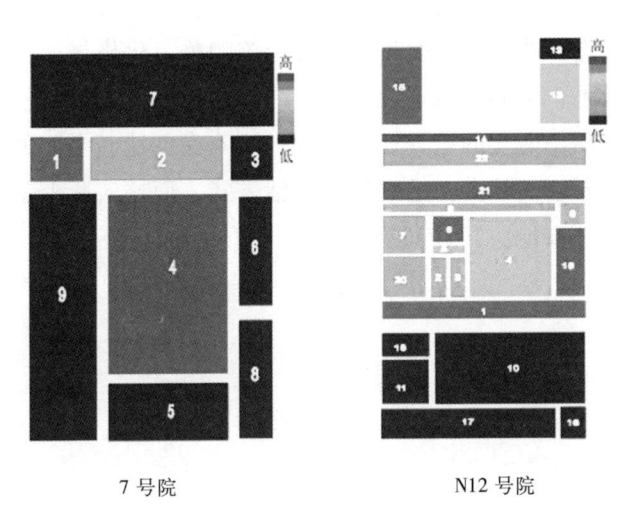

7号院　　　　　　　N12号院

图6-11　7号院与N12号院整合度图示化表达①

---

①　N12号院代码标识：1号为大门，2号为前台，6号为花圃，4号和10号为院落，7号、19号、18号为厢房，11号为烧烤区，13号和15号为楼上阳台，17号为车库，16号为入户楼梯，20号为厨房，21号为正房，22号为客房，其余编码为过道或空地。

如前文所论证，以 N12 号院为代表的农家经营型宅院从事游客接待，为满足游客的住宿、餐饮需求，实现经济收益，院落及住屋等内部空间变为可供游客消费和使用的商品，生活空间得以商品化，私密空间的使用者由单一主体拓展至多元主体，即由本地居民拓展至本地居民、休闲旅游者交叉的群体，家的私密性向经济活动和生产活动的半开放性妥协（郑诗琳，2016），空间使用主体的多元性决定了宅院空间整合度高的特点。根据空间再生产理论，资本要获取最大限度的利润，就必须进行最大限度的生产，于是，扩大再生产就成为资本扩张的基本特征，在空间上表现为空间面积的拓展。在这一资本内在逻辑下，N12 号院改、增、扩建原有宅院空间，将原门外空地改建为一层车库和二层休息区，成为吸引游客的砝码；原平层宅院改建为二层建筑；在大门入口处布置沙发、吊篮等设施，装置客房，从而实现农家院院落的功能复合。新功能空间和消费领域的出现促使住宅空间组构的改变和整合度的变化，农家经营型宅院的内部空间使用方式与前几类宅院相比发生了显著差异。

综上，莲花池村宅院类型已突破传统的单一化格局，在内外资本并存的背景下，不同类型宅院对资本的响应程度不同，致使宅院空间的整合度呈现出明显的差异性。因此，资本在创造新空间的同时，也在不断创造着新的社会生活领域和生活方式，而这实际上就是空间本身的生产（庄友刚，2010）。

# 第七章　乡村社会空间资本化与关系异化

费孝通认为,"中国乡土社会的基层结构是一种所谓的'差序格局',是一个由'一根根私人联系所构成的网络'……以'己'为中心,像石子一般投入水中,和别人所联系成的社会关系,不像团体中的分子一般大家立在一个平面上的,而是像水的波纹一般,一圈圈推出去,愈推愈远,也愈推愈薄",这就是我国乡村社会结构的基本特征。它在长期的农耕经济发展及居住过程中,延续派生出邻里关系、朋友关系、亲属关系、族亲关系等多种社会关系,各种关系相互交织,构建了一个固定在血缘和地缘基础上的坚固社会网络。亲戚关系与族亲关系构成血缘关系,即家庭内部以父系血缘脉络维系的家族社会(丁俊清,1997)(见图7-1),是联系和增强村落共同体的根本。邻里关系即地域关系,来源于高度封闭性的农耕经济以及长期的定居生活模式,由于村民在一定地域范围内共同生产、共同生活的聚居习惯,并由长期交往而产生了地缘关系。朋友关系、职业关系成为业缘关系的主要部分,是村民基于农业或其他与职业相关的需要而结成的人际关系。从亲疏次序上看,血缘关系和地缘关系成了乡村社会中最基本、村民最认同与依附的社会关系(钟涨宝,2010),并成为维系乡村社会秩序、促进村民间相互合作的基石。因此,在乡村社会,基于血缘关系、地缘关系结成的紧密而坚固的关系网络有着极其特殊的意义,并呈现独特的乡村特质。

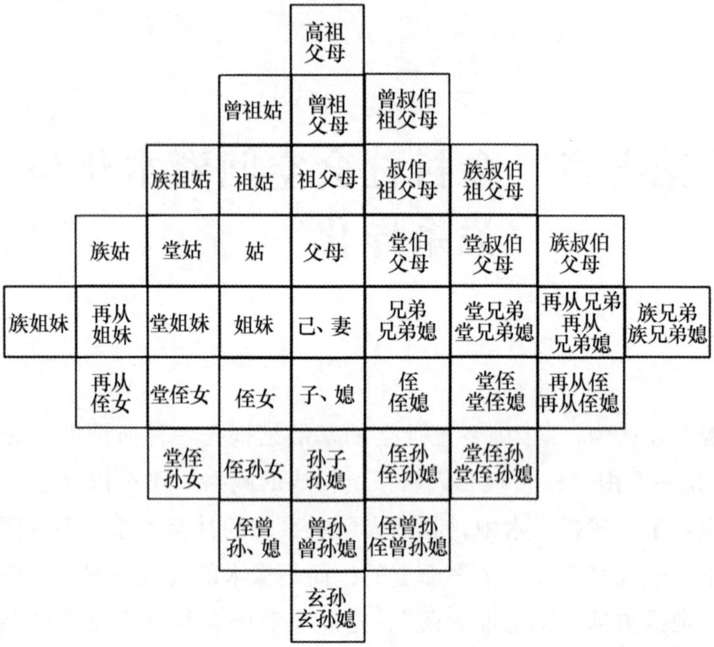

| 乡村空间资本化过程与机制

|  |  |  | 高祖父母 |  |  |  |
|---|---|---|---|---|---|---|
|  |  | 曾祖姑 | 曾祖父母 | 曾叔伯祖父母 |  |  |
|  | 族祖姑 | 祖姑 | 祖父母 | 叔伯祖父母 | 族叔伯祖父母 |  |
| 族姑 | 堂姑 | 姑 | 父母 | 堂伯父母 | 堂叔伯父母 | 族叔伯父母 |
| 族姐妹 | 再从姐妹 | 堂姐妹 | 姐妹 | 己、妻 | 兄弟兄弟媳 | 堂兄弟堂兄弟媳 | 再从兄弟再从兄弟媳 | 族兄弟族兄弟媳 |
|  | 再从侄女 | 堂侄女 | 侄女 | 子、媳 | 侄侄媳 | 堂侄堂侄媳 | 再从侄再从侄媳 |  |
|  |  | 堂侄孙女 | 侄孙女 | 孙子孙媳 | 侄孙侄孙媳 | 堂侄孙堂侄孙媳 |  |  |
|  |  |  | 侄曾孙、媳 | 曾孙曾孙媳 | 侄曾孙侄曾孙媳 |  |  |  |
|  |  |  |  | 玄孙玄孙媳 |  |  |  |  |

图7-1 中国传统宗族血缘关系

空间再生产不仅仅是物质空间的再生产，更是社会关系演变的容器或平台，随着社会的更新，物质空间产品的生产和消费必然带来相应社会关系的改变。我国长期封闭的农业种植空间造就了乡村社会网络的相对稳固，但村落物质空间的变化必然牵动社会关系的改变。城市居民的不断入驻以及旅游业的发展，带来的不仅是莲花池村物质空间产品的重新组合和再生产，更重要的是在多种经济、政治、文化要素和力量的作用下，村民内部社会网络关系的异化，以及本地村民与城市外来者之间关系的疏离，众多社会关系的重叠与渗透，最终导致该村社会关系的异质与重构，尤以地缘关系和业缘关系表现最为明显。但与物质空间作为资本元素直接参与资本运作的显性化不同，社会空间资本化主要是根据物质空间资本化的需要生产出合适的村民社会关系及日常生活方式，因而，这些变化与异化表现得更为隐性。

社会网络理论认为，社会网络是行动者之间通过社会互动而形成的一种相对稳定的体系，它强调的是行动者对社会资源的获取能力，而不是对某种资源的占有状况，而乡村社会网络则是社会网络的典型代表。该理论认为节点的社会行动者及其关系集合，不仅用于描述分析社会事物的关系特征和关系类型，还可分析关系对网络的影响，对分析村民间的社会关系网络以及以村民关系网络为基础构建的村民经济组织具有强大的解释力度。那么，随着物质空间的不断资本化，莲花池村社会关系在资本控制下如何演化与重构？本节欲借助社会关系网络理论，以地缘和业缘为主要对象，对莲花池村落近年来社会关系的变化进行分析与探索。

## 第一节 村落社会分层与空间资本化

随着城市化的快速推进及强势资本的进入，在物质利益诱惑下，以"城市场域"为代表的外来文化日益强势，而以"农村场域"为代表的传统文化则日渐衰落（王国胜，2006），村落中外界强势文化与内部传统文化之间产生了严重失衡。因此，在迎合城市居民消费需求的基础上，强势资本在选取并塑造物质空间的同时，也在重塑着社会空间和乡村文化，从而造成莲花池村社会空间和传统文化的裂变与重生。

### 一 生活群体的多样化

莲花池村相对封闭的地理环境以及长期的农业生产形成了生活群体的单一性和集聚性特征。在1990年以前，村内基本没有外来居住人员，人口数量保持平稳，居住群体结构非常单一，且以血缘为标准的同族聚居现象比较明显，张姓主要集中在村落入口处，即前村；温姓主要集中在村落中部，以紧邻山脉区域居多；傅姓聚居于村落后部，不同族群在狭小的村落场域内相对隔离。1990年以后，随着城市居民的持续进入，村落人口流动性显著增强，居住群体结构也随之变得较为复杂，不仅有当地村民等行为主体，还有以节假日休闲消费为主的旅游者，更有以追求生活品质为目的迁入的城市高收入群体。因此，村落生活群体由过去同质化的单一阶层，转变为异质化的多样性结构（见图7-2），原来的"熟人社会"被"半熟人社会"所取代。

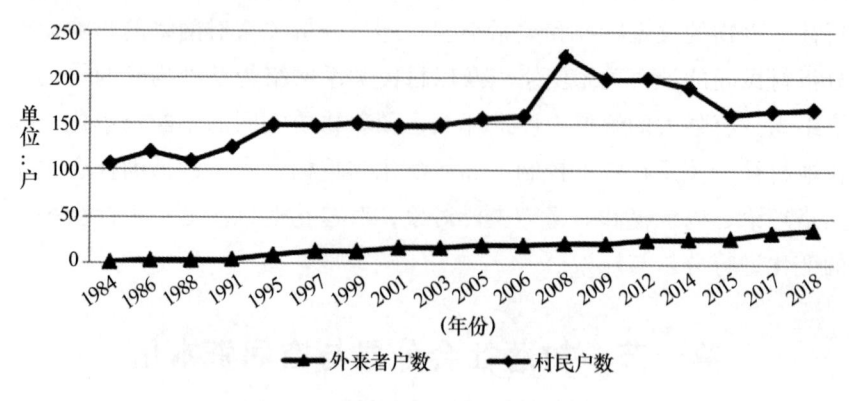

图7-2 莲花池村人口结构的变化

实地调研结果显示，最早进入莲花池村的城市外来者群体出现在1986年，为在北京市区工作的外国友人，但数量极少，仅有两户，且租赁村民宅基地后基本没有长时间居住。与之对应，在北京城市引力作用下，部分村民或迁至怀柔区或迁至北京市区从事打工、经商，村落人口快速下降，但家庭规模的小型化发展致使村民户数呈现不断上升的反向变化。根据前述章节的分析结果，在1995年以前，莲花池村出现了城市居民利用周末或节假日前来村落进行休闲消费的现象，但总体来看，这一群体停留时间不长，且囿于交通条件的限制，数量十分有限。因此，1995年以前，村落中城市外来群体数量相对有限，对村落阶层变化的影响可以忽略不计。

1995年以后，城市外来群体数量持续、快速上升，由1995年的8户，增至2019年的36户①。从外来者的构成来看，无论是周末休闲消费者，还是外来租赁者基本均为北京城市居民，有着高收入和较高的社会地位，因此，莲花池村流动人口呈"高收入化"和"高知

---

① 莲花池村的城市外来人口数据来源于实地调研，统计结果与实际情况可能会存在些许误差。

识化"的特征。从外来者的居住或租赁时长来看（见表7-1），一般都在10年以上，有的甚至长达30年。尽管政府对村落宅基地的租赁或出售有了一定的限制，但是宅基地的资本变现能力及城市居民旺盛的市场需求，促使村落外来者的数量和居住时长有增无减。

表7-1　　　　　　莲花池村部分外来者的居住时长

| 职业 | 年龄（岁） | 受教育程度 | 同住子女 | 原居地 | 租赁/购置 | 现居住时长（年） |
| --- | --- | --- | --- | --- | --- | --- |
| 退修企业家 | 66 | 大学 | 无 | 北京 | 购置 | 11 |
| 私营企业主 | 70 | 大学 | 无 | 北京 | 租赁 | 11 |
| 企业退休职工 | 75 | 高中 | 无 | 北京 | 购置 | 3 |
| 企业职工 | 50 | 大学 | 无 | 北京 | 租赁 | 6 |
| 退休干部 | 70多 | 大学 | 无 | 北京 | 购置 | 20 |
| 画家 | 32 | 研究生 | 无 | 北京 | 租赁 | 10 |
| 外国人 | 70多 | 大学 | 无 | 北京 | 租赁 | 32 |
| 外国人 | 60多 | 大学 | 无 | 北京 | 租赁 | 15 |
| 退休职工 | 60 | 大学 | 无 | 怀柔 | 租赁 | 5 |
| 画家教授 | 63 | 研究生 | 无 | 北京 | 购置 | 20 |
| 企业职工 | 50 | 大学 | 无 | 北京 | 购置 | 15 |
| 退休职工 | 60 | 大学 | 无 | 北京 | 租赁 | 10 |
| 退休企业职工 | 60 | 大学 | 无 | 北京 | 租赁 | 6 |

我家前院是2004年建的，2008年的时候出租给了城里人（北京市），租户有60岁，当时一次性给了20万，说的是无期限居住，直到自己不想住为止。租户又在前院旁边自己建了一间小房子，建了一个炕，又在门前搭了个小棚，防止在刮风下雨的时候，东西没地方放。

——村民，71岁

由于村落民俗旅游业的快速发展，一方面院落的寻租资本低于经营资本；另一方面政府禁止院落的私自交易，并限制农家院的出租，因此，2008 年前后，部分村民对出租的院落进行回收，改为农家院经营，村落户数和人数有所增加。根据实地调研及村民反映，政策制约稍有松动，院落出租数量仍然会回升，截至调研结束，村落部分院落已经达成出租协议或正在出租过程中。因此，城市居民源源不断进驻莲花池村，造成当地村民数量的持续下降，城市外来群体数量的缓慢上升，村落生活群体的单一化结构被打破。同时，生活群体的多样化再造型塑着莲花池村的聚落环境，村民居住区位的迁移以及城市外来者的迁入，在一定程度上搅动了同族聚居格局，出现了不同姓氏混居的现象。

## 二 村民内部的分层化

随着村落生产结构由传统种植业向休闲旅游业快速转变，村民内部不再是一个高度同质的群体，而是一个分化了的、有着不同利益和需求差异的人群（王春光，2005），居住群体间的社会地位、经济收入、生活方式、消费类型以及居住条件等出现明显分化，由此带来了村落内部社会结构的分层与变化。其中，职业是影响村民经济收入的主要因素，也是村落社会分层的基本因素（漆彦忠，2009）。根据陆学艺（1991）对农村阶层的划分，比照莲花池村村民的职业现状，可以将莲花池村民划分为纯务农、兼业个体经营、本地雇工、外出务工以及公职人员五大主要类型，其中，兼业个体经营者包括农家院、拉马以及山地车三种不同类型的经营户。

图 7-3 显示，1995 年以前，莲花池村从事农业的村民比重为 83.82%，纯务农成为村民的主要职业，沿袭着传统村落的同质化特征。至 2019 年，村民职业结构发生了巨大变化，首先，纯务农虽仍为村民的主导职业，但绝对比重明显下降，降至 47.58%；其次，从事农家院经营、拉马、山地车等兼业个体经营的比重明显上升，由 1995 年的 2.12% 上升至 2019 年的 23.36%；最后，外出务工比重持续上升，根据实地调研获悉，这一职业主要集中于年轻人群体，中年人基本以在当地从事经营或雇工为主。因此，近年来，村落内部村民职业分化特征渐趋明显。

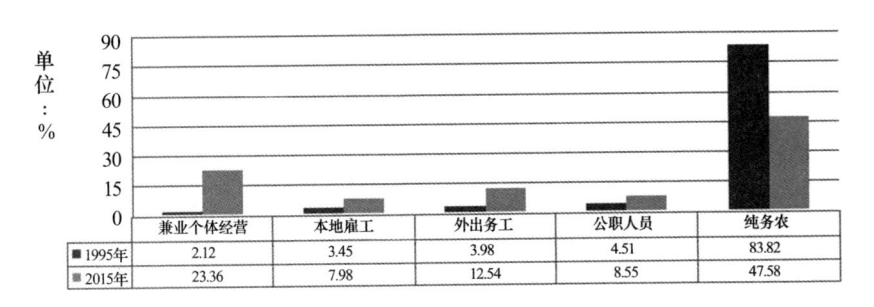

## 第七章　乡村社会空间资本化与关系异化

| 单位：% | 兼业个体经营 | 本地雇工 | 外出务工 | 公职人员 | 纯务农 |
|---|---|---|---|---|---|
| 1995年 | 2.12 | 3.45 | 3.98 | 4.51 | 83.82 |
| 2015年 | 23.36 | 7.98 | 12.54 | 8.55 | 47.58 |

图 7-3　莲花池村村民职业构成

村民职业的分化必然带来群体内部经济收入的差异与扩大。在莲花池村，收入最高者为农家院经营者，年收入均可达 10 万元以上；其次为拉马经营者，虽然他们的经济收入不及农家院经营者，但每年也能获取 5 万—6 万元的收益；排名第三的是公职人员，这一群体为固定工资，虽然工资性收入不高，但收入非常稳定，对生活的品质要求相对较高；排名第四的是外出务工者，这一群体的收入差距较大，但由于村落中外出务工作者以年轻人群体为主，因此总体收入不高。总体而言，年经济收入的排序大致为：兼业个体经营户＞公职人员＞外出务工者＞本地雇工＞纯务农，在兼业个体经营户中，农家院＞拉马＞山地车。村民职业的分化程度与对土地之外资源的利用程度高度相关（漆彦忠，2009），莲花池村村民职业的分化造就了社会阶层的潜在分化，不同阶层村民在生产方式、行动内容、利益需求以及价值观念等方面产生差异，从而引发了阶层间对村落发展、资源需求甚至生活方式的不同价值倾向。

首先，村民对各种资源需求差异体现最为明显。村落中经济收入最高者，获利能力最强，占用的公共资源也最多。农家院经营户由于接待需要，尤其是在每年 4 月至 10 月，旅游休闲者数量剧增，对菜园、公共空间、水资源等的占用相对较多，村落中公共空间的缺少与外来者私家车数量的激增形成矛盾。而村落空间具有明确的指向性，传统观念中，门前空间及院落空间属于家庭所有，是一个具有排他性和私密性的私人空间，院落主人对其具有绝对的空间控制权，一般不容许他人占领。门前空间之外的空间属于公共空间，归全体村民共同所有，是村民自由地聚集、交流思想、传播信息的场域（曹海林，2005），也是维系族群认同的情感纽带和增强"我们感"的重要载体。对于农家院经营户来说，休闲消费者短期集中式的涌入，门前空间显然过于狭小，临时占用他人门前空间及公共空间则成为必然，更有甚者，填埋公共空间据为己有也成为一种常态。基于此，村民内部阶层的分化，其实质是对土地、院落、资本、声望等社会资源配置的再分配，以及利益格局的重构，而村落资源及利益格局的重构，决定了不同阶层的村民对民俗旅游业发展的响应机制不同。

对于兼业个体经营的村民而言，民俗旅游业的发展能带来稳定的和较高的资本收益，即使城市休闲消费者的涌入带来村落空间拥挤、住宅秩序变化、协调邻里关系等种种不便，但资本的获利性及增值性仍驱动着他们对民俗旅游业的发展持积极态度。而对于未从事个体经营的村民来说，休闲消费者的到来挤占了他们的公共空间，随意摘取蔬菜、果子，不合时宜地放大炮等不良行为，影响了他们正常的生产和生活，对民俗旅游业的发展持相反的态度。

> 客人总是放大炮，晚上十点多了还放呢，有时候睡着了都被吵醒了，虽然都是在自家住的农家院门口放，但也影响邻居的休息。我们没有开农家院，平时就喜欢安静点，不喜欢农家院来客人的时候，太吵，有时也跟农家院的人说，不让他们太吵，但也没用，村里也不管。但嫌烦也没办法，都是一个村的。
>
> ——农户，61岁
>
> 开农家院吵得很，一到周末，村里的路都堵上了，停的都是农家院的车，我们家门口也停满了，出去很不方便。有的游客素质也不高，总去菜园子里偷玉米、偷菜拿回家，说话也没礼貌，有一次村里人都和游客争执起来了，我不喜欢他们这种行为。
>
> ——农户，54岁

尽管莲花池村村民分层刚刚开始，"阶层"意识、生活方式以及社会地位的分野等思想观念还很模糊,村民表示农家院与非农家院之间基本没有矛盾,但村落中亦出现了不和谐的微弱音符,群体内原本和谐的邻里关系出现潜在的陌生和疏离。

另外,价值观念和生活方式开始异化。城市群体的不断进入,给莲花池村带来经济效益的同时,也带来了城市文化体系和消费价值观,村落原有的勤劳品质及价值体系也随之改变,变得与村民特有的品质格格不入。村落中少数村民在城市休闲消费理念的影响下,开始出现以寻求租差为生或闲散的村民,如8号院男主人,在城市居民的影响下,自从年满60岁以后,基本不再务农,过着如同城市居民一般的生活,靠亲兄弟开办的农家院在旺季时调拨少许客人而获取收入。尽管这类村民为数极少,但也在一定程度上暗示了农村本位性价值的失落。

> 自2010年他家院落重新翻盖后,就再也不干活了,说自己已经60岁了,如果在城里就已经到了退休年龄,自己也该歇歇了,所以整天玩儿,也不干活,一天三顿地喝酒,喝完酒就找事,家里还有一个儿子没结婚呢。平时就喜欢和隔壁的城里人在一起,那家院子我们村的人基本都没去过,就因为他俩人都爱喝酒,所以经常在一起。
>
> ——村民,52岁

村民阶层的渐趋分化,决定着不同阶层生活价值观念、公共空间需求以及村落环境要求的差异性,差异性的凸显不仅带来聚落布局、居住空间及形态的改变,而且在一定程度上重构着村民地位和解构着传统的村落文化和淳朴的乡土品质,势必会影响村落各个阶层之间的关系,给村落的长远发展带来不良的社会影响。

### 三 生活空间的资本化

社会生活本身的生产意味着社会生活空间的扩张(庄友刚,2010),日常生活是居民生活大小琐事与活动所支撑、建构出来的气氛环境，描述的是相关意象和符号被直接使用或生活的空间，体现了居民社会生活空间的重塑与再生产，因此，日常生活是对社会空间再生产变化的微观解释。Lefebvre 认为，日常生活研究需注意以下三点：第一，重建一定数量的个人实际生活内容，借由比较人们的真实生活细节，与对生活的意识、想法和解释来进行研究。第二，除了对一定数量样本的广泛性研究外，对于个案细微深入、旁枝末节的部分也应深入观察。第三，不应忽略特别的每日生活形态与内涵，任何一种生活模式都可能因为受地理、文化等影响而产生其内涵，并逐渐成为异于其他地方的特殊形态。当然，任何研究都不可能将特定区域中所有社会生活中的全景图都一一描绘出来，但可以借此重现一种概略的模型，乡村日常生活不但抽象而且琐碎，富有变化性、不可预测性和多样性，但能经由人为而变成一种规律性的重复行为。莲花池村社会空间的再生产主要集中于城市新移民与从事个体经营的当地村民群体之中。故，本节通过描述两大异质群体的日常生活片段，对莲花池村社会空间的再生产加以解释。

1. 外来群体的日常生活

莲花池村吸引着许多背景、性质、想法相近的城市居民群体争相迁入或短暂停留。调研发现，这些外来群体或享受退休生活，或追求休闲生活空间，基本上都是已经步入退休阶段的夫妇，对他们来说，生活在莲花池村绝不是为了追求高档的建筑、便利的服务设施，而是为了寻找一个生态景观优美以及安静祥和的环境。但这一群体的目的也有些许差异，有的以逃脱城市繁杂生活方式和环境为目的，有的以追求休闲生活为乐趣，甚至还有的追求另类的乡村生活方式。

> 人生的不同阶段对居住区域的追求是不同的，小时候生活在乡下，生活清贫，很羡慕城市的生活；于是，大学毕业以后无论如何都要在城市工作，所以就如愿留在了北京。现在退休了，觉得城市太拥挤，空气又不好，所以想就找个清静的地方享受晚年。
>
> ——退休企业家，66 岁

## 第七章 乡村社会空间资本化与关系异化

（1）逃脱城市生活

外来群体中不乏以逃脱城市朝九晚五、灯红酒绿的生活模式与生活环境的城市居民，16号院便是其中之一。该户男主人是一名退休的企业家，女主人是一名退休的高级电工，1997年，他们来莲花池游玩时看中该村的生态环境，并从村委会以招商引资形式买了此处地块。2005年退休以后，男主人根据自己偏好，花了100万元将其建造成典型的仿古式建筑风格，整个建筑采用柏木材质，注重抗震设计，可抗十级地震。院落坐南朝北，北部由正房和东西厢房构成，其中，东厢房设有烧柴的大灶火、炕，厢房最东头单设一间酒窖；西厢房设有书房，供平时练字、看书使用；南部由菜地、花园和鸡舍等种植和养殖区域组成。该户院落布置非常规整，功能分区非常明确，每个功能区之间用水泥垛子或钢筋架网隔离开来，鸡舍、犬窝的建造也比较讲究，鸡舍、爱犬、菜地、花木构成一幅完美的世外桃源图。主人称，鸡蛋、鸡肉、青菜等均为自己种植或养殖，吃不完就送给亲戚朋友，在他们看来，农耕劳作不仅仅是为了满足生理需求，更是一种娱乐休闲活动，甚至是一种田园境界。虽然村落中的物质条件及便利性比不上北京市区，但生活品质远远高于市区，缓慢的生活节奏能使人放松，忘却与人频繁接触和竞争的压力，在心灵层面上得以净化，创造了一种与在市区截然不同的生活态度。

图7-4 城市外来者院落

住在农村特别清净，而且环境也好，最主要的是可以脱离市里原有的交往，原来的一些朋友圈很少有人知道我住在这里，所以没人打扰。我们平时一般都是早上五点起床，和太太把床铺整理好，然后去村里散步，从家门口出发向南行，到亓连口，然后折回向北，从北村口回来。回来之后，洗漱完毕开始做早餐，吃完早饭后，喂喂鸡，喂喂狗，然后在院子里给菜地、花木浇浇水、除除草。接着，吃午餐，然后睡午觉，睡醒之后，就开始写字或收拾一下酒窖。周末或农家院比较忙的时候，太太偶尔去农家院帮帮忙，一来锻炼一下身体，二来与邻居接触一下。晚上吃完饭以后再出去散散步，看看电视，一天的生活就这样，很清闲。

——16号院

(2) 追求休闲生活

追求休闲的生活方式是外来群体移居的另一个主要目的，村落中大多数城市外来者都属于此类。与第一类外来者不同，他们一般定居在北京市区，与市区的生活圈、朋友圈保持着紧密联系，莲花池村只是夏季或闲暇时间的休闲处所，间歇性回归市区是这一群体的主要特征。

2005年的时候，我得了甲亢，在巴克公社住了几天，感觉这里空气比较好，身体明显好转，所以就在这里租住了农房，每年五·一到十·一在此居住，十·一以后天气转凉，我就回市里住。在这里居住的时候，每天早饭和晚饭后都去山里散步，最南边走到好运山庄，最北边到拐弯处，这里空气特别好，很适合养老。我和老伴儿还在院子里种了些丝瓜、黄瓜、豆角等蔬菜，无公害，散完步后就开始忙活院子里的花草蔬菜，生活很充实。

——11号院

原来总是带孙子来这里玩，觉得这里空气特别好，树多、山多，适合养老，所以退休后就租了套民房。周一到周五我和老伴儿一般都住在这里，平时孩子闲的时候也来这里看看我们，周末的时候我们回市里上老年大学，一年也是租住半年时间，农房暖气不好，重新装修又受限制，所以对农房也没做大的改动，冬天就回市里过冬。在院子里种点豆角、茄子、黄瓜、西红柿等蔬菜，早上散完步就整理这些菜地，不会仔细打理，所以结的不多，长得也不太好，就当没事儿消遣了，也不指着它吃菜。平时在家看看电视，偶尔和一些租户打打麻将、爬爬山，有时候坐公交车去镇里买点东西。我这儿经常有朋友来，生活很充实。

——70号院

1997年前后，我经营过一段时间农家院，但近两年基本没有经营。我在市里有企业，这里的农家乐不作为主业。我一般都是早上六点起床，起床以后在院子里打打太极，然后吃早饭。吃完早饭后，喂喂鸡、狗和羊，收拾一下院子，有客人就接待，没客人就打打篮球。平时我这些退休的好朋友经常来这里玩，烧烤、打牌。接待忙的时候，我也不雇人，都是他们来免费帮忙招待客人。这里空气好，所以我这些朋友也经常住在我这里。

——31号院

尽管他们只是在夏季或闲暇时期来莲花池村居住，但仍然倾向于按自己的偏好及都市理念对院落空间及室内功能进行装修与重塑，改变原有宅院浓烈的乡土气息，保留一定的乡村符号。如，11号院不仅重新设计了正房和厢房的风格，置换了原有房间内所有旧式设施与家具，而且还将大门涂成了中国红，用木质栅栏装饰围墙，使院落在符合现代化居住需求的同时，通过提取部分象征性的乡村元素和色彩符号，以凸显居住空间的乡村特质，满足其乡村记忆的怀旧心理（见图7-5A、C）。再如，31号院落中不仅设置有小型篮球场、客房中悬挂世界名画等现代化元素，而且随处可见种植的梨树、核桃树、山楂树等果树，精心营造的层层叠叠的迷你式梯田，散养的鸡、羊、狗等家畜，完美呈现了极具地方特色和符号意义的田园景观（见图7-5B、图7-6）。这一群体还非常向往田园诗般的乡村生活，充分利用院落中的每一寸土地种植蔬菜，种植结果的好坏对他们没有太大的影响，其目的只是体验农田劳作所带来的休闲乐趣。因此，周期性的回归使这一群体与当地居民之间保持着若即若离的关系，并没有完全融入乡村生活，只将日常生活中的一部分置身于莲花池村。

图7-5 城市外来者院落

图7-6 城市外来者院落

如果说周期性回归目的是体验乡村生活的话，那么还有一类城市外来者则是身份炫耀。在调研过程中发现，莲花池村存在着为数不少的由城市外来者租赁或购置，但闲置多年未居住的院落。125号院由澳大利亚人于1984年租赁，并于1985年出图纸让房东帮忙建造，但至今从未居住，一直处于闲置状态；122号院是北京一位画家教授于1996年购置，现也已闲置多年；61号院、62号院、64号院、108号院和 109 号院出售给北京市居民,现在全部闲置,如此情况在莲花池村比较常见。相对于前两类外来者而言,购置或租赁宅基地而闲置的城市居民更加展现了极端的消费主义心态,他们所购置的并非宅基地,而是莲花池村的农耕场景、绿色空间和乡村氛围,"乡村"成为他们炫耀或证明其自身的身份、地位和财富的"地位性商品"。

（3）假日放松

除了以上以迁居或第二家园为目的的城市外来群体外,还有一类数量庞大、影响力较强的城市外来者群体——休闲旅游者。这一群体以周末放松为目的经常往返于莲花池村,在村落中没有租赁村民宅院,适逢周末出行,并留宿于农家院或度假山庄中,以短暂停留为显著特征。他们通常以家庭、朋友或同事为单元,于周五下午下班以后驱车前来莲花池村,住农家院,品尝农家菜,晚上在村落中散步。在游览路线上呈现显著差异,一般年轻旅游者的游览路线集中于莲花池泉,以动态活动为主;年龄大的游客倾向于在道路旁边,与当地村民聊天,以静态形式体验与感受浓厚的乡村生活方式。周六去爬慕田峪长城,在路径选择上偏向于选取幽静的山间小路,或没有经过开发的野长城。于周六下午或周日上午返回北京市区,为周一工作做好准备。在与城市旅游者的交谈中获悉,诱引他们经常来莲花池的因素中,出现频率最高的就是"环境好""偏远""农家饭",可见,城市居民对乡土文化的依恋、喜爱之情,隐含着他们对莲花池村的情感依赖和乡村特质。

这一类城市外来群体拥有着较好的经济基础,消费水平相对较高,城市的主流消费文化及生活习惯要求莲花池村既要提供良好的乡村生活方式与自然景观,又要给予完善的基础设施和食宿设施。于是,为了争取满足这一群体的要求,农家院主人需要自行为游客寻找停车空间,甚至改变土地用途,如 N12、N34、N35 等规模较大的农家院将自家门前空地修建成停车场。同时,农家院经营者按游客需求提升住宿条件,精心布置客房和院落空间,尽量购置完备的卡拉 OK 等娱乐设施。因此,这一群体短暂的消费与需求对村民生产空间与生活空间的影响较大,在很大程度上决定着村落内外资本的流向。

综上，无论是受反都市化的刺激，还是对乡村生活的憧憬，抑或寻求远离都市的宁静乐土，对于城市外来者来说，农耕场景的体验、悠闲的生活方式、优美的生态景观等乡村空间正在成为他们新的消费空间，从而活化了原本破旧的闲置宅基地，改变了部分村民的生活方式，促使村民多元化、复合化地利用自家居住空间。在某种意义上，这种乡村消费实际上是城市资本流入农业资源和乡村空间，使其价值得以重现的一种新形式。

2. 当地村民的日常生活

城市外来群体及休闲消费者持续涌入莲花池村，产生了大量餐饮、住宿以及娱乐需求，当地居民在这一市场需求驱使下，不仅投入大量资本更新与重构了原有住宅和物质环境，通过"寻租"行为获取了巨大的经济收益，而且生活方式和生活内容也发生了巨大改变。村落中生活空间变化最大的就是从事农家院经营、拉马以及山地车等服务业的当地居民，在此选取涉及经营群体最多的农家院经营者以及拉马农户，讲述这两大群体的日常生活内容。

（1）农家院经营者

农家院是莲花池村的主要商业化空间，这类村民的日常生活也主要围绕农家院经营展开。农家院的经营时间为每年的 5 月份至 10 月份，11 月以后休闲消费者的数量十分稀少。在 5 月份至 10 月份的经营旺季，一般来说，周一至周四比较清闲，农家院经营者回归村民身份；周五开始迎接旅游者，身份变为商业经营者。每周五上午需要整理客房，坐公交车或开车去怀柔南华批发市场或农发批发市场采购一周接待客人所需的菜品，部分农家院下午需要到村口接待客人（见图 7 - 7A）。周六到周日全天忙于接待，每天早上五点起床，去山上采摘野菜，从自家菜园采摘小葱、豆角等青菜（见图 7 - 7B），六点多开始准备客人早餐，九点左右收拾完毕，接下来开始准备午餐，根据客人需要，午餐用餐时间一般到下午 2 点至 3 点才能结束。稍作休息后，接着准备晚餐，晚餐结束时间没有早餐和午餐固定，有时会至深夜，但无论多晚，都需等客人全部回至客房后，才能关上大门睡觉。周日下午客人便陆续离开，之后开始收拾客房，整理床品及清扫垃圾。

A　　　　　　　　　　　　　B

**图 7-7　农家院的日常生活**

在非接待日，当地村民一般早上六点起床，收拾院子，吃完早饭，去菜地除除草、浇浇水、施施肥，周一上午洗床品、晾晒被子，中午吃完饭就到门口马路牙子上坐会儿，拉拉家常，下午给番茄或黄瓜等搭架子，或做家务。周二开始比较清闲，回归"日出而作、日落而息"的乡村生活方式。平时不需要打理果园，等九月份栗子成熟时，半个月农活就可以忙完。村民的生活习性决定了其生产生活方式，即使周末农家院经营非常繁忙，在接待闲暇之余，村民仍然会抽出时间来到主路旁边集聚聊天，保持着乡土生活习惯。

（2）拉马农户

拉马农户是村民参与民俗旅游业的又一大群体，2013 年以前，全村有 20 多户从事拉马，但 APEC 会议前夕因政策制约仅存 6 户经营。因市场骑马需求量较大，2014 年 APEC 会议召开以后，养马户数开始逐步回升。拉马不同于农家院，所需人力较少，但资金投入量及辛苦程度不亚于开办农家院，一般来说，一匹马一天需食用 20 斤玉米粒、100 斤干草，晚上需不停地喂食才能使马匹保存第二天的体力，为了饲养马匹，村民通常要等到 12 点多才能入睡，白天拉马时还需要不停地跟着马匹行走（见图 7-8），体力耗费巨大。同时，养马危险系数较高，经常发生马匹踢伤村民或游客的事件，为此需要给马钉掌。拉马的经营时间与农家院同步，但在清闲的时候，他们通常去打理果林，剪枝、打药，但由于护理时间比较集中，持续时间不

乡村空间资本化过程与机制

长。10月份进入旅游淡季时，民俗经营户与拉马村民同时进入休整期，回归乡村生活，除了处理家务及菜地外，他们也经常聚集在村落主道路旁边交流思想、传播信息。

图7-8 拉马农户的日常生活

莲花池村经济的贫困和土地的贫瘠，亟须资本的投入来提高居民收入水平，而城市休闲消费者的食宿及娱乐需求，成为村民重要的寻租资源，相对较高的经济收益提升了当地村民的投资热情，村民"日出而作，日落而息"的传统生产方式发生退让，周五采购菜品、周末接待游客、周一拆洗床具成为村民新的生产生活方式，农业种植成为附属于服务业的次要产业。尽管村民对城市外来者的审美态度、生活习惯、文化认同持有不同甚至相反的观点，但基于经济收益考虑，村民对于旅游消费者的进入基本持积极甚至迎合的态度，以便实现获取最大的经济利润。

综上，对于资本与都市化盛行的北京城市居民来说，独具一格的乡居生活极具吸引力，部分城市居民在莲花池村购置或租赁宅基地，回归田园生活。而对于大部分城市居民来说，更偏向于选择经常性往返于城市与乡村之间进行阶段性消费。这些社会行为不仅重置了乡村的空间价值，更重要的是，在改变莲花池村落人口结构的同时，也在较大程度上改变了村民的生活方式和日常生活内容,其实质是乡村生活空间的资本化过程。

3. 生活空间的固性与异化

内外资本和城市消费文化的渗入,为稳定的莲花池村注入了许多动态变化的因子,物质空间的资本化利用,村落生活群体及日常生活空间的重构,该村正在被塑造成多元化的空间,不同空间之间因利益及身份认同不同而呈现出明显的隔离,院落空间、建筑风格、住屋结构、日常生活内容等存在显著差异。生活群体的多样化和分层化在固化城市外来者身份认知的同时,也在不同程度地变革与异化村民的地方认同,从而产生了明确的空间错位和排他性。

首先,旅游者的消费偏好改变了村民个体经营者的居住空间和日常生活内容。旅游者在农家院选择上有着不同的偏好,或村口或临山,或交通便利或环境静谧,但均占据着上风上水的优势空间;在设施要求上,优先考虑设备齐全、装修完备以及卫生条件好的农家院。于是,现代消费文化理念要求农家院尽力向城市休闲消费者妥协,如上面章节分析,院落空间、客房设施等村民生活空间优先提供给旅游者使用,并根据旅游者的作息时间、食宿时间安排自己的生产与生活,农家院经营者从空间的主人沦落为边缘人,在经济性和制度性隔离的影响下,改善社会地位和生活水平的机会在很大程度上被剥夺了,主客体关系一定程度上产生了空间的错位。为了迎合商业化的需求,传统乡村文化在妥协中不断变革,大门、院落甚至住屋等传统私密空间逐步开放化,"家空间"的排他性让位于兼容性,农家院的同质性不断涌现。这充分表明城市强势文化生产的霸权主义快速渗入莲花池村村落空间,给从事经营的农家院落造成显性影响,并给乡土文化带来一定的危机,造成乡村文化认同的异化。

其次,城市外来者的迁居斑驳化当地村民的生活空间和乡土文化。短暂停留的旅游者消费造成主客体关系的空间错位,并呈现快速深入式变化,这是由本地资本投资造成的结果,对当地村民的影响集中于从事经营性质的村民,这一结果通过资本的获利可以得到一定程度的弥补。而长期入驻的城市移居者则偏向于将购置或租住的空间按

## 乡村空间资本化过程与机制

照自己的偏好改造和重建，表现出强烈的个人品位与城市文化痕迹，以及与本土空间格格不入的格调，具有明显的文化排他性。城市外来者经常大门紧闭，与当地村民无过多的交流与接触，并形成"北京市"的小型社区关系网，日常生活之余，彼此交往，将城市文化移植至村落，形成了与当地村民的明显隔离。这种空间的排他性现象是对本地空间的霸占，完全将本土人群和乡村元素剥离出去，按照新的身份认同评价标准形成的区隔空间，将莲花池村落演变成充斥着城乡隔离的"二元社区"（周大鸣，2000）。

图7-9 城市外来者院落

那些城里人不好接触，他们总感觉自己有钱，瞧不起我们村里的人，所以我们很少与他们来往。他们也经常关着门，不让别人进，村里基本没有人进过他们家院子。村里人与城里人多多少少都有些不协调的地方。平时也是只能占便宜，不能吃亏，比方说，他们家的汽车停在家门口，尤其是周末，带一大帮人过来，弄得好多汽车堵着路，人都进不来。

——村民，51岁

对于迁居的城市外来者及旅游消费者群体来说，莲花池村之所以受到追捧与欢迎，是由于村落既在地理空间上远离北京市区，又在生活需求、社交圈上没有完全脱离城市，能在一天之内往返于北京市区与莲花池村之间，乡村与城市间的快速切换能够给予他们更多工作之余的乡村生活体验。但莲花池村毕竟属于乡村形态，乡规民约和人情气息非常浓厚，某些物质和人文方面仍旧脱离不了乡村的生活方式和行为，而对于更加侧重乡土符号的城市居民来说，无论从物质追求，还是精神世界都无法真正融入其中。因此，城市外来者与当地村民在文化观念及身份认知上的差异性，使得这两个群体间出现了身份认同危机，相互间的交往变得十分有限。城市消费者及城市外来者固化与移植的文化认同在凸显自身优势的同时，不断进行着生活空间的扩展与隔离，实际上斑驳与破碎了当地村民的日常生活空间，导致当地村民的生活空间以及公共空间的萎缩。

> 我出门与村民见面也就点点头、打招呼，基本不与村民有过多联系。他们的生活方式和行为习惯与我们还是有比较大的差距，甚至有些行为我看不惯。平时我在家也是大门紧闭，村民很少来我家聊天。我太太在家显闷，所以她有时候会去农家院帮帮忙，一天100块钱，钱不在多，主要是能找人聊聊天，散散心。
> ——退休企业家，66岁

综上，对于资本与都市化盛行的北京城市居民来说，独具一格的乡居生活极具吸引力，部分城市居民在莲花池村购置或租赁宅基地，回归田园生活。而对于大部分城市居民来说，更偏向于选择经常性往返于城市与乡村之间进行阶段性消费。这些社会行为活动不仅重现了乡村的空间价值，更重要的是，在改变莲花池村落人口结构的同时，将城市价值体系及城市文化嵌入乡村社会，在较大程度上改变了村民的生活方式和日常生活内容，而根据空间再生产理论，村民生产与生活方式的改造与重构的过程，实际上就是乡村生活空间的资本化过程，并主要通过村民日常关系网络的异化与重构进行体现。

## 第二节 邻里关系网络的异化

《周礼·地官·遂人》称,"五家为邻,五邻为里",不仅描述了我国自周朝以来的乡村地域结构,更折射出以地缘为基础而形成的乡村社会关系,"关系取向"就是乡村社会的显著特征之一。在这个关系取向的网络中,村民间彼此信任,维持着经常性的交往和互动,邻里关系便成为除了血缘以外最重要的社会关系,是增强村落凝聚力、村民归属感以及获取社会资源的最重要载体。

作为我国传统乡村社会人际关系的基本维度之一,邻里关系与血缘关系一并构成乡村社会网络中最为稳固的部分。基于邻里关系的稳固性特点,农忙互助等任何方式与内容变化的发生都可以折射出乡村生产关系、生活内容与方式的变更,而这些变更与异化就是社会空间的再生产,即社会关系的资本化。因此,本书选取邻里关系中最为常见的互助关系、日常交往、资金往来三种形式的变更来探讨莲花池村社会关系网络的重构。

**一 互助网络破碎化严重**

社会关系的网络化及差序格局决定了在乡村社会中"情大于理、重于理、超于理","人情"成为建立交往、维系人与人之间的关系纽带,村民间经常性的互动与往来形成了乡村社会的互助圈,并成为邻里关系的基础和模本。改革开放之初,由于商业性服务及市场交换的匮乏,莲花池村村民间相互帮助的现象极为普遍,涵盖内容也非常丰富,既有婚丧嫁娶的劳力与礼金互助,又包括农忙时节的互相帮工,甚至是日常生活的物品互借,村民在这种人情化的交互行为中,彼此履行义务,相互承担责任,村民所期望的回报是互助与互惠,而非金钱或货币上的交往。随着村落民俗旅游业的发展,互助行为的形式与内容发生了较大改变,农忙互助行为频度降低,网络破碎,农家院的帮工成为新时期村民互助的又一重要形式。因此,相互帮工的变迁反映了莲花池村互助网络的变更与发展。

## 1. 1990 年：农忙互助网络呈簇状运转

1990 年前后，核桃、板栗等传统农业种植成为莲花池村主要的经济生产方式，尽管耕地面积较小，农忙机会不多，但春播秋收的自然规律使村民间的生产步调保持一致，农忙时节的相互帮助成为村民间约定俗成的传统。但互助网络内部存在着较大差异性，有着亲疏之别，家族差异、邻里远近是构建互助网络的主要规则。在实地调研中，村民普遍表示，农忙时节相互帮忙是当时的普遍现象，有着现代村落所不可比拟的优势，但相互帮忙一般局限于家族、近邻以及关系紧密的村民之间，雇用他人的情况极少，由于时间较为久远，具体互助数据已经比较模糊。从村民的论述中可知，村落中家族关系和邻里关系在一定程度上代表了互助网络，可以反映出当时的帮工情况。因此，本书采用部分家族关系及近邻关系数据，借助 UCINET 软件绘制出 1990 年代农忙时期的互助网络图（见图 7-10）。

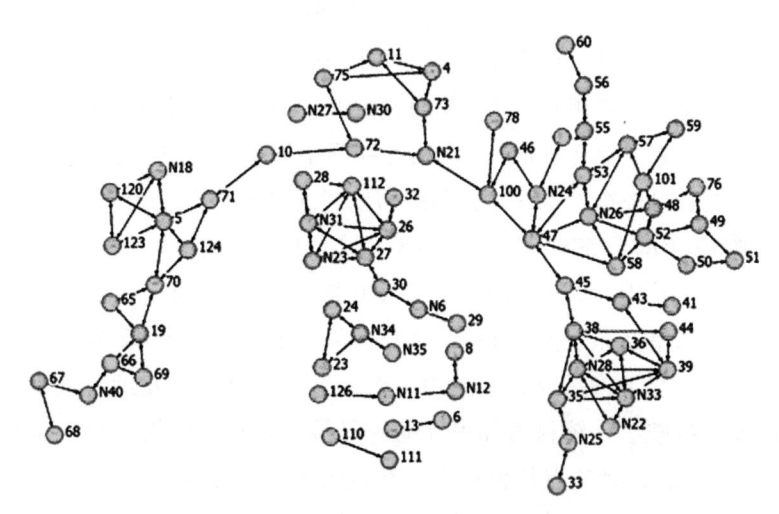

图 7-10 1990 年代农忙互助网络

图 7-10 显示，1990 年农忙互助网络平均密度为 5.598，在网络内部，节点之间不仅保持着高度关联，而且单个节点保持多条独立的连接路径，这一特征表明，莲花池村农忙时节互助网络高位运转，村民之间互帮互助，村落整体凝聚力较强。同时，网络由以 112 为中

心、以 36 为中心、以 5 为中心等众多簇状小型网络构成，对应于村民间的关系可以发现，这些小型簇状网络主要由家族关系构成，不同的簇状网基本代表着不同的家族关系。在互助网络中，还有 67、68、69；45、44、43 等稀疏关系链，这些关系链条以邻里关系为主，但关系链条数量相对较少。由此，这一时期家族是互助网络的主要构成者，邻里关系是互助网络的重要来源，家族与邻里的相互交织使村落内部保持着较高的凝聚力和关联度。

2. 2015 年：互助网络呈点状分布

2000 年以后，内外资本的入驻占用了原本稀少的耕地，农业种植不再是莲花池村的主导产业，休闲旅游业的发展成为新时期村落的主导产业之一，农业与休闲旅游业并存发展。农业的衰退解构了传统互助网络、释放劳动力，而休闲旅游业的发展则成为组建新型互助网络的缘由。因此，在这一时期，村落互助网络开始分化，农忙互助与农家院互助成为互助网络的两大主要组成部分。

针对农忙互助，作者围绕"农忙时节如何秋收？秋收时哪些人参加？是否雇人？雇哪些人？"等问题展开实地调研，获取 2019 年农忙互助数据，并绘制出 2019 年农忙互助网络图（见图 7-11）。结果显示，节点数量较少，为 102；网络密度过于稀疏，仅为 0.0238，远远低于 1990 年的 5.598，甚至出现 8 号院、10 号院、41 号院以及 42 号院孤立点，其中，8 号院因受城市文化影响，生活处于闲散状态，农忙时节与邻里及亲属互助脱节；10 号院、41 号院以及 42 号院就职于附近山庄，受工作需要时间制约，无法参与邻里农忙互助，城市元素的进入，打破了传统村落邻里互助的习俗。同时，网络中出现了新的"雇人"节点，且节点规模最大，节点密度为 12，远远高于其他节点规模，该节点中的参与者以农家院经营者为主，如 N35 和 N34 为同姓家族，1990 年代农忙互助保持高度联系，但到 2019 年该网络出现断裂，农忙时均求助于"雇人"以完成果树的采摘；除此以外，1990 年代，N11 与 I26、N12 以及 8 号院作为同姓家族成员，组成链状联系，到了 2019 年，该链条断裂，8 号院成为孤立点，N12 寻求雇人，N11 则依靠子女、娘家人等完成农忙任务。

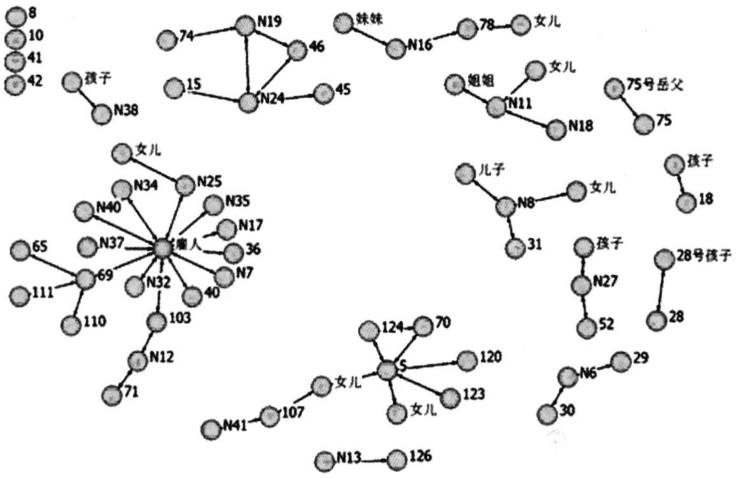

第七章 乡村社会空间资本化与关系异化

**图 7-11 2019 年农忙互助网**

究其原因，为数众多的村民表示，"没有多少果树，自己就干完了""平常打药、剪枝，都是自己弄""离家太远了，还没人弄，好多人家都扔了""打核桃时正是旅游旺季，没时间收"。即使对于果树较多的村民来说，农忙时节不再求助家族或邻里，而是转向于雇人，因为"大家都挺忙的，不想给别人找麻烦""家家人手都不够""现在人不像以前，都没人帮忙""打核桃的时候有人当场收走了，也挺方便的"。因此，与1990年代相比，2019年农忙互助网络发生了很大变化，虽然内外资本占用了村落土地，但尚未影响林地使用，虽然林地数量与1990年代基本保持一致，但农忙时节村民互助网络断裂较为严重。这一现象的出现，一方面表明村落人口结构发生了重大变化，尽管农作物收获季节仍然需要较多劳动力，但村落中年轻群体在北京市或怀柔区打工，劳动力数量受限，致使农忙互助网络中断；另一方面，村民职业的分化造成农忙收获时间的错位，甚至舍弃农作物的种植与收获；更重要的是村落经济的转型致使邻里关系逐渐稀疏化。因此，劳动力的缺少、经济转型以及村民阶层的分化，造成农忙互助网络的破碎化与稀疏化。

休闲旅游业的发展同样需要大量劳动力。与农忙互助网络数据获

| 乡村空间资本化过程与机制

取路径相似的是，在调研过程中，作者对农家院经营者围绕"你们家平时都是哪些人参与经营？经营繁忙时，是否雇人？雇哪些人？"等问题展开深入交谈，获取经营互助信息。由于农家院的邻里互助涉及未从事农家院的传统村民，因此，针对这一群体，围绕"你平时去农家院帮忙吗？若去，去谁家帮忙？若不去，为什么？"等问题捕捉有效信息。根据调研结果，绘制出2019年农家院经营互助网络图（见图7-12），结果显示，大多数农家院都是由夫妻二人经营，旺季时和繁忙时一般是在子女、亲属、父母以及娘家人的帮助下得以完成，一般不雇用他人；对于N7、N33、N34、N35这些经营状况较好的农家院，常年雇用一个至两个外地服务员，偶尔出现人手不足时，也会雇用本村村民、周边村民甚至亲属，但村落内部互助的现象极少。因此，农家院互助网络断裂化现象更为严重，基本呈点状分布，网络化发展还有很大的提升空间。

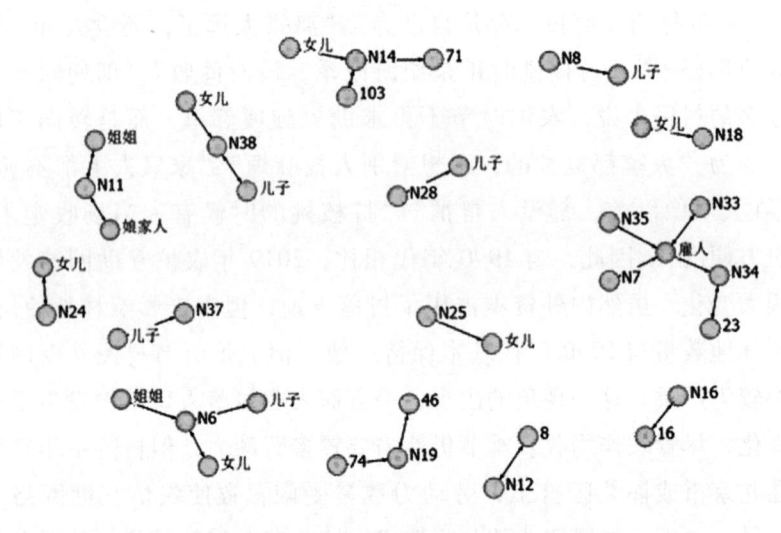

图7-12 2019年农家院互助关系网

我家既有农家院，也要养鱼，一般儿子经营农家院，我们主要负责养鱼，村里农家院接待用的鱼基本都是在我这里买的，业务量比较大，并且农家院经营规模也大，所以我们常年雇有7、8

个人，平时周末还得雇短期工（外村），雇的这些人基本都是外地的。现在本村人哪有愿意帮忙的，都是需要工钱的，一个村的工钱给少了不好看，给多了也雇不起，所以基本不雇本村人。

——农家院经营者，64 岁

为探究农家院互助现象断裂的原因，对相关村民进行了深入调研。未从事农家院经营的村民表示，"不去农家院帮忙，人家都是雇人""有那时间还不如自己清静会儿""要钱不合适，不要钱白搭功夫"；农家院经营者则表示"家家都忙，不好找人""现在人不像以前愿意帮忙""现在雇人太贵了""雇人价钱太高，有时候找亲戚来帮忙，象征性多给点钱""有子女和父母帮忙，能忙得过来"。

因此，随着村落市场化程度逐渐增高以及流动性的增加，差序格局的中心点随之发生偏移，村民之间的互助与互惠行为超越了感情的界限，货币化交易逐渐取代互惠互利的邻里关系，而成为衡量村民关系的最大砝码，村民的农忙互助和农家院互助网络呈现出高趋同性、低异质性以及破碎化特征。以地缘和血缘为基础构建的社会网络处于断裂与重构之中，互助关系中的情感意识对村民的约束力持续下降。

## 二 日常交往的稀疏与分化

"五里不同风，十里不同俗"，不仅是对我国乡村社会关系地域性特质的真实写照，也是对莲花池村村民日常交往范围局限性的体现。传统农业生产时期，封闭的生产与生活环境，决定了村民日常交往的空间局限于莲花池村内部。邻里之间交往频度较高，串门成为村民间最普遍的交流和联系形式。此外，农业主导的行业相似性为村民提供了交流与沟通的共同平台，邻里之间频繁的日常交往增强了村民的情感。

根据作者在调研中反复、持续性地观察，以及与路边村民的深入交谈，获取了部分村民构建的聊天场所的变更以及经常性参与人员。村民反映，旅游业发展以前，农忙之余，聚集在村口处、大树下、莲花池泉边、道路旁等公共场所交流和传播信息，成为村民的一种生活状态，也是打发时光的消遣方式。然而，随着权力与资本的介入，在现代城市文明冲击下，因传统村落的生产与生活形态发生了巨大改变，公共空间不断被占用，村民经常性聚集的公共空间也逐渐被转移，莲花池泉已不再是村民的聚集场所，取而代之的是游客嬉戏与体验的空间；村口处的公共场所不断破碎化，交通枢纽以及接待客人的功能逐渐代替居民的闲散集聚。因此，具有集聚特质的公共空间场所不断萎缩与退却，村落的强聚集性开始弱化。公共空间的退却及村落聚集性的弱化，带来的不仅是物质空间的变化，更重要的是村民日常交往方式的变更。根据调研数据，绘制村民日常交往关系网（见图7-13），结果显示，莲花池村日常交往呈现两大显著特点。

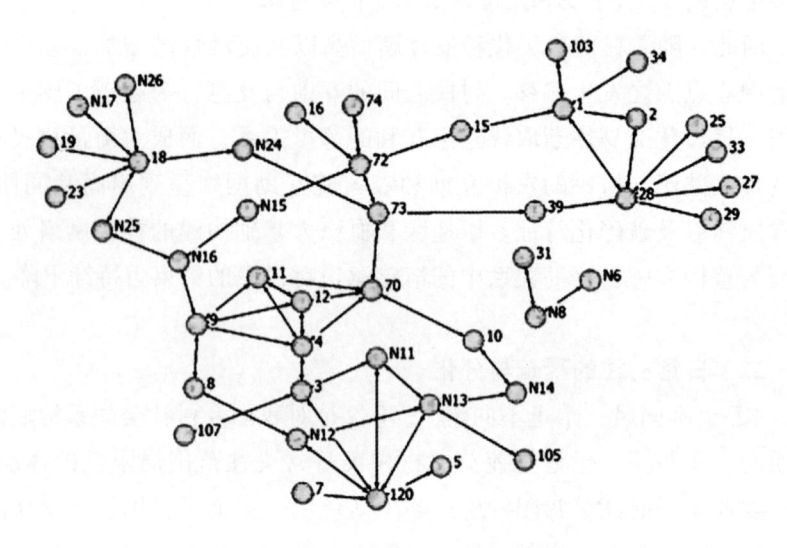

**图7-13　2019年莲花池村日常交往关系网**

首先，日常交往频次逐渐稀疏。图7-13显示，村民间的日常交往关系密度较低，仅为0.0592，节点数量较少，仅为112，说明路边聊天、串门已经成为过去。根据笔者数天的观察，在村落中，城市外来者群体较少与当地村民有深入的交往，仅限于见面点头、寒暄，没有出现在路边聊天的场景，甚至表示"不喜欢"村民而排斥这一行为。因而，当地村民群体与城市外来者群体间因受教育水平、生活方式等各方面的差异，思维方式和生活行为的交集较小，日常交往呈隔离化状态，整体上降低了村落日常交往的频次。同时，城市外来者散落于村落中的各个空间，在一定程度上分散了村民日常聊天的场所，造成村民交往频度的降低。另外，村落公共空间的萎缩与退却，减少了村落相互交往的公共平台，村民职业的分化形成闲暇时间的偏差，使得串门这一村民间惯常性的沟通和交流方式变得稀少。因此，公共空间的萎缩、闲暇时间的偏差成为制约村民日常交往的主要因素，村民间日常交往频次逐渐稀疏。

另外，交流网络呈块状分化。图7-13中仅为"数字"标识的为未参与经营的传统村民；"N+数字"标识的为农家院经营者。图中，尽管日常交往频次降低，但交流对象以及交往方式仍然保持传统的网络状分布，保持着莲花池村乡土社会的特质。同时，网络中也隐藏着"9、11、12、4""N25、N16、N15""25、33、27、29"等块状集聚现象，不同块状之间，"数字"与"N+数字"相互分离，这一表征意味着传统村民与农家院经营群体存在着潜在的分化趋势。从交流内容来看，农家院经营户交谈的话题主要围绕接待客人的数量、客人的消费特点、消费的内容、收益等话题，而传统村民则倾向于谈论家长里短、儿女工作、家务劳动等家庭事务，两大群体间关注的兴趣点及交谈内容出现了分野，无形中疏远了异质群体，促使村落内部不同群体间的交往网络出现了分化。因此，休闲旅游业的发展、资本市场的推动以及村落群体的复杂与分层等多种因素的共同作用，不仅改变了邻里关系以及村民的交往方式，同时还在形塑着村民的交谈内容。

综上，莲花池村社会经济的发展与变迁，扩展了村民交往的群体范围，村民之间的隔离性与封闭性壁垒逐渐消融，同时，异化了传统村落的日常交往方式，体现了乡村交往方式的复杂性与时代性。

### 三 资金获取的内向化

早期，由于村民的经济境况非常相似，家庭与外界的交往频率比较稀疏，因此，自给自足成为莲花池村村民的生活状态，村民邻里间的互动更多地体现为感情、劳动力互助的交往，金钱的触及较少。近些年，随着休闲旅游业的发展以及与外界交往频度的增加，村民间资金互助的频度有所增加。

在对资金往来领域的调研中发现，由于村民年龄相对较大，平时开支主要以子女资助以及国家补助为主，较大的资金开支主要以翻修住房和农家院经营资金为主。尤其是从事农家院的村民需要扩增住宅空间、购置客房用品等，这些需求的实现需要大量资金作为支撑，但村民个体自身资金的制约及融资渠道的狭隘，若通过社会网络获取，不仅便捷、快速，而且一般不需支付额外利息。根据调研资料绘制资金往来关系图（见图7-14）可知，与劳动力互助以及日常交往不同的是，资金求助的范围相对有限，主要发生于家族之间、亲戚内部以及关系紧密的朋友之间，邻里之间经济往来微乎其微。

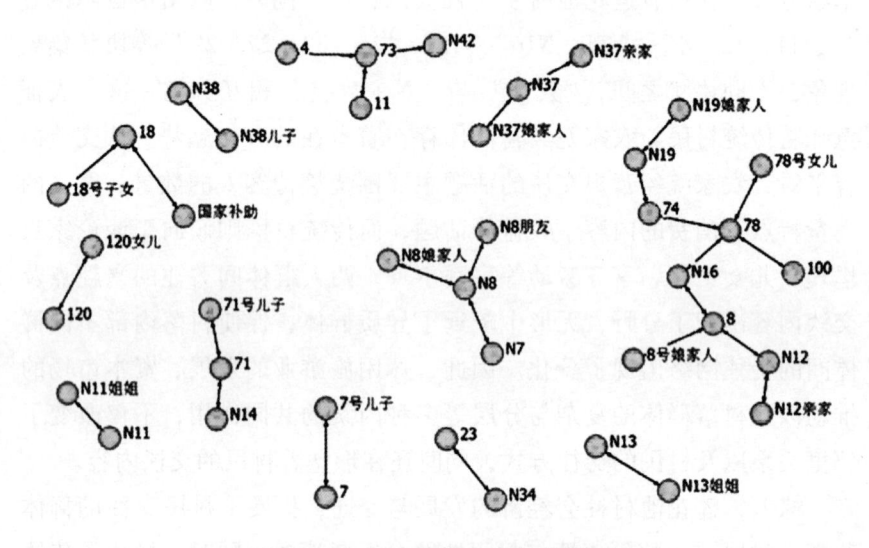

图7-14　2019年资金往来关系网络

翻修房子花了70多万，全是从儿媳妇家借的，我们自己哪有那么多钱，准备4年回收成本，平时经营剩余的钱都给他们，再给点利息。我们也没算那么清楚，大概差不多就行了，亲家也说"不着急，又不拿高利贷，慢慢还"。

——N12，50岁

由于资金往来关系网络相对比较分散,往来范围呈内向化态势,以亲戚、亲家和子女为主要借款对象,且基本没有时间和利息制约,成为村民获取启动资本常见的途径。同时,借款方也在恪守诚信,当亲属朋友需要资金时,又会将自己闲置的资金提供给他们,尽力维护差序格局下的社会资本资源,形成一个良性循环。

## 第三节 业缘关系网络的凸显

业缘关系是指由职业或行业活动需求而结成的社会关系,既包括行业内的领导与被领导关系、同事关系、上下级关系,又涵盖行业间的合作关系、竞争关系、制约关系等。由于业缘关系是在日常业务往来中构建形成的,受外界影响较为明显,因此,在乡村社会中,具有较强的动态性和可变性。根据前面章节分析,莲花池村生产结构的转型促使村民职业分化,村民交往空间逐步扩大,同质化特征解体,基于地缘及亲缘的关系网络趋于重构,以业缘关系为基础构建的社会关系网络逐渐增强,村民之间的平等关系有了较大改变,出现了雇用、合作、竞争等关系。村落业缘关系的出现与强化,源自城市外来资本经营的度假山庄的进入及本地资本参与的农家院的发展。

2019年,莲花池村拥有16家城市外来企业和46家农家院经营者,2010年之前进入的7家城市外来企业均为村落招商引资的企业,其中,N1、N2、N3、N4、N5为北京市实力雄厚的企业集团投资建设的度假山庄(当地村民称之为"山庄"),自身有着较为完善的经营管理系统和原材料配置系统,以经营高端休闲度假产品为主,服务于高端消费市场,经营效益比较好,这些企业中部分服务人员为本地雇用,有效解决了本地村民的就业问题,与村内农家院基本无业务往来。N9、N10、N44为北京城市居民个体经营山庄,从与这些经营个体的交谈中发现,其投资的主要目的并非经营,借此机会圈占土地,感受优美的自然风光才是他们的根本目的,目前这些经营企业基本处于闲置状态。其他9家城市外来企业均为近两年新进入的北京市或怀柔区个体经营者。度假山庄在一定程度上增加了村民的流动性,促使

乡村空间资本化过程与机制

村民关系网络外向型发展，对村民关系网络的变化有着一定的影响。

> 1997年由村里招商引资来这里租赁房屋经营度假村，开始的时候效益不错，后来本村人也都开始做农家乐，而且价格不断攀升，效益不如以前，所以近十年我基本没有经营，反正也不指望这个赚大钱。主要是这里空气比较好，地方也宽敞，院子里可以散养些鸡、羊，多好呀。所以我平时都在这里住，一些退休的朋友经常来这里玩，烧烤、开Party，比经营好。
>
> ——N9，60岁

与度假山庄相比，村落中46家农家院的经营规模相对较小，等级规模差异较大，N6、N12、N16、N19、N34、N35为村内经营规模相对较大的农家院，其中，N35为虹鳟鱼养殖点，是"虹鳟鱼一条沟"的发起者之一，为村内农家院经营用鱼的供应点。相对于外来资本经营的度假山庄，本地资本经营的农家院对村民关系的改变有着更直接和更显著的影响。

**一 业缘规模不断扩大**

在传统农业耕作时期，村落内部行业的相似性使莲花池村村民间的业务交往范围具有同质性，业务往来范围十分有限，业缘关系处于低水平发展状态。1985年，N35开始养殖虹鳟鱼，并建立了对外销售网络，增强了地域间的联系，村落业缘网络的地域局限性有所突破，为莲花池村业缘关系的建立奠定了一定的基础。但总体而言，基于莲花池村行业发展的制约，这一时期村民之间的业务往来范围仍保持并集状态。

2000年以后，在城市外来资本的带动下，村内休闲服务业发展不断推进，村内农家院经营者不断增多。由于村落自然环境的制约及有限的宅基地面积，农家院经营者所能投入的住宿空间、餐饮资源以及劳动力数量等经营要素与接待能力十分有限，尤其是周末及节假日，部分山庄及农家院的市场需求量远远超出自身接待能力，于是，

## 第七章 乡村社会空间资本化与关系异化

农家院之间相互调拨盈余客人的现象时有发生。为了测度农家院之间的联系程度，本书获取了村内相互调拨客人的联系数据，就此绘制了基于度假山庄和农家院的业缘关系网（见图7-15），结果显示，若将城市外来企业计算在内，村落业缘关系网络密度为0.1004；若将城市外来企业排除在外，农家院间的业务往来，网络密度明显上升，为0.1863。这一数据结果表明，度假山庄参与运算会导致整体关系网络的降低。另外，图中孤立点主要集中于度假山庄群体中，说明度假山庄与农家院基本没有来往，更无互拨客人的现象，因而，村落业缘关系主要集中于农家院经营者群体。

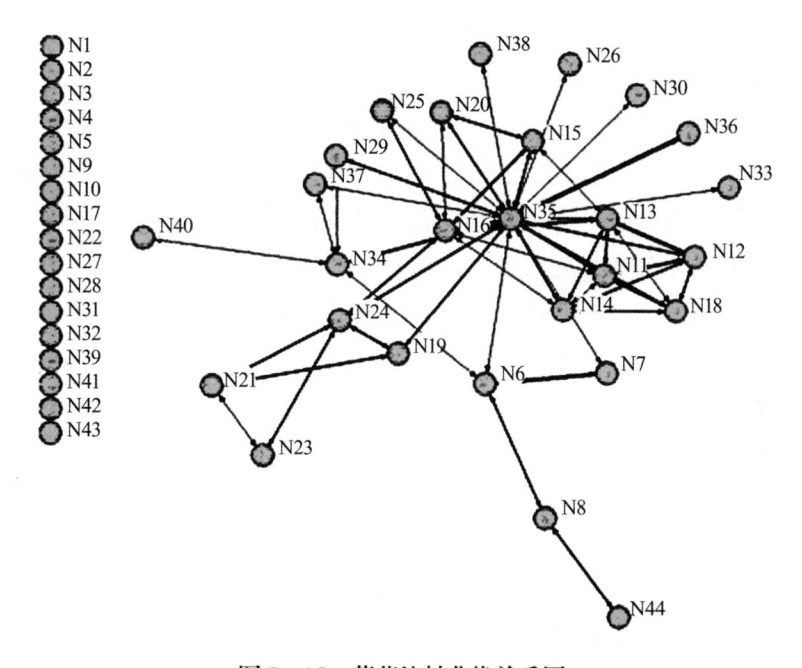

图7-15 莲花池村业缘关系网

整体来看，无论是否考虑城市资本经营的山庄，这一时期，村落中业缘关系网络密度均显著高于同期邻里互助以及村民日常交往。因此，村民职业的分层化导致了农家院经营者群体互动与沟通频率加速，村落业缘关系开始渐趋显化，网络规模逐步增大，并逐渐成为莲花池村占据重要地位的社会关系。

## 二 中心节点不断强化

莲花池村生产结构的转型为村民之间业务往来提供了重要平台，在村民日益频繁的互动中，村落业缘关系网络逐渐突出，网络中节点间的联系紧密度逐渐上升，但由于村民对信息、资本、合作等资源获取能力以及社会资本拥有程度的差异，造成关系网络层级差别的出现，不同节点在网络中的地位及影响力不均衡。

在业缘关系网络分析的基础上，采用社会网络分析方法中的核心—边缘模型，分析农家院、度假山庄等经营者，以判定不同经营者节点在网络中的角色地位及影响力度。核心—边缘模型根据关联程度将村落经营者划分为四个领域：核心关联区（左上角）、次核心关联区（右上角）、次边缘关联区（左下角）和边缘关联区（右下角）（见图7-16）。其中，N35、N12、N14、N19、N13、N11、N16、N15处于核心位置，与村落其他农家院经营者互动频繁，关系更为紧密，是村落中经营效益较好、规模相对较大的农家院，在关系网络中居于核心地位；N1、N2、N3、N4、N5、N6、N7、N9、N10、N17、N27、N28、N29、N31、N32、N36、N39、N41、N42、N43、N44位于边缘关联区，与其他农家院经营者互动不明显，处于边缘状态，成为网络中的孤点。在这些孤点中，N1、N2、N3、N4、N5、N9、N10、N44为城市外来企业或城市经营个体，根据前文分析，这些企业与村落及农家院并无往来；N6、N7、N42位于村落外围区域，距村落中心较远，与村落中其他农家院相互调拨客人的机会相对较少，但经营效益较好，经营规模也比较大；N27、N28、N29、N31、N32、N36、N41、N43为村落中较早一批从事农家院经营的村民，但随着时间推移，由于家庭、年龄、劳动力等因素的制约，现在这些农家院经营基本处于停滞状态；N17、N39现已出租给北京市居民经营，但其只接待亲戚朋友，经营不作为主要目的。因此，度假山庄的孤立、部分农家院的退出，以及核心经营者的突显等多种因素，导致莲花池村业缘关系网出现层级差别。

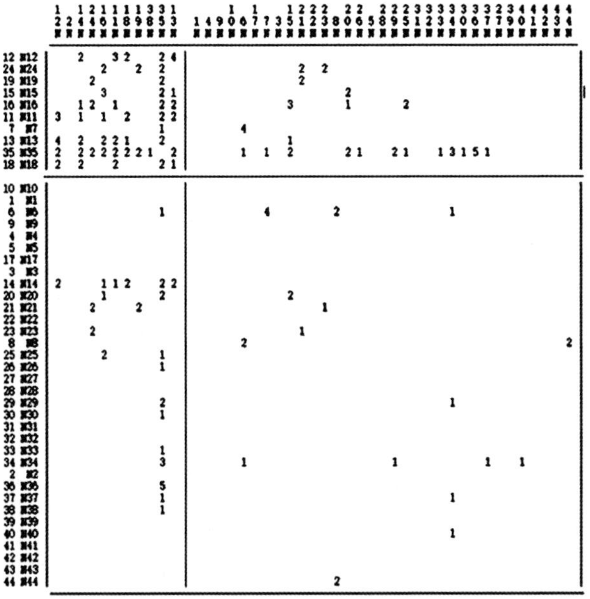

第七章　乡村社会空间资本化与关系异化

图7-16　农家院核心—边缘关系网

　　度数中心性是衡量行动者在网络中具有怎样的权力和中心地位，这种权力不是个体或群体的特征，而是行动者之间的实际或者潜在的互动模式，表现为网络中的"影响"或"支配"能力（Knoke D.，1990）。在业缘关系网络中，度数中心性为10以上的农家院经营户为N35、N13、N16、N12、N11、N24和N14，这些节点对其他农家院有着较强的影响力，尤其是N35，度数中心性为38，远远高于居于第二位的N13，在村落中拥有绝对的中心权力和中心地位。造成网络中节点地位不均衡和中心节点不断强化的原因，主要是村民拥有社会资本的差异。拥有社会资本越多，所联系的空间范围和社交范围就越大，从社会网络中获取的支持就越多，从而动员各种资源的能力越大。在业缘关系网络中，N35是莲花池村虹鳟鱼养殖的最早且唯一的养殖户，为莲花池村成为"虹鳟鱼一条沟"发源地起着关键作用，在怀柔区乃至北京市都具有一定的影响力，社会网络极为开放，拥有的社会资本非常丰富，甚至可以吸引雁栖镇甚至北京市的休闲消费者，因此，N35 的游客接待量非常大。由于接待数量的渐趋增多，为了拓展经营空间，N35 租赁了 N36 农家院落，但在旺季时仍然不能满足其接待需求，于是，便将盈余客人调拨于附近的其他农家院，并保持着经常性的联系。N35 在网络中不仅通过调拨客人与其他农家院保持业务联系，而且作为村落中唯一的虹鳟鱼养殖基地，还通过虹鳟鱼的售卖与村内其他农家院经营者形成上下游的产业链。因此，N35 在村落中具有较大的影响力，拥有最高的"权力"，并成为莲花池村吸引游客的招牌，在业缘关系网络中的中心节点地位不断得到强化。

### 三 竞争与抗衡并存

长期以来，乡村社会中"关系取向"理念形成的"制度化"积淀，造成村民多层次的村落认同，村落内部是开放的空间，村民以血缘关系相区分，彼此之间互相熟悉与信任；村落外部则是封闭的空间，他们以地缘群体相辨认，彼此孤立与隔阂。但随着村落的逐步开放及外来资本的进入，莲花池村邻里关系及日常交往逐渐淡化，以农家院经营为主的业缘关系网络愈发凸显，这种传统血缘与地缘本位向现代业缘本位的拓展，表征了当前村落具有社会空间与社会关系既封闭又开放的双重特质。

乡村地域的封闭性形成了空间内部结构的稳定性，表现为明确的地理范围和空间界限，村民对家族、村落等区域性共同体表现出高度的认同，成为权衡交往密切与否的基点。业缘关系网络构成中利益团体的思想处处体现。首先，从网络整体来看，农家院的相互依存促使网络形成一个紧密联系的有机整体，内部成员均由村落农家院构成，而将城市投资企业的度假山庄排除在网络之外，虽然孤立点中也存在个别农家院，但由于这些孤立点主要是由退出机制或地理空间等客观原因形成，而非村内主观意愿隔离，作为村落成员，他们仍与村内农家院或多或少地存在着某种关联。因此，村落共同体的高度认同在无形中促使村民形成"熟人社会"与"生人社会"的宗族界限。另外，从网络内部来看，节点与节点之间联系强度存在较大差异（见图 7-15）。N34、N35、N36、N16、N12、N13、N24、N21、N19、

N23，N6、N7，这些节点间的关联强度高于其他农家院经营者，形成众多微型小世界。从这些小世界的内部关系来看，N34、N35、N36，N6、N7，N12、N13等均为家族关系；N35、N16、N24、N21、N19、N23为近邻，因此，家族之间和邻里之间保持着高度的互动，是相互调拨客人时首先考虑的因素，然后再考虑卫生状况、舒适程度以及服务态度等次要因素，家族认同、邻里互动体现出乡土业缘关系网络构建的基本原则。

然而，封闭性在形成村落内部稳定性的同时，也极易形成村民在生产与生活上的同质性特点，狭小的村落空间中乡村特质极为相似，家家户户生产的产品同质性极高，加之村民之间的相互模仿，在面对同一市场时，利益的争夺极易形成一定程度的竞争，村口拉客便成为村内竞争的显性表征。农家院经营者表示，由于网络预定跑单现象比较严重，尤其是在周末，客人比较多，预留客房的空间很小，所以很多农家院对网上预订持保留态度，更倾向于选择村口接客的传统方式。一般而言，村落北片区的中部及西北部农家院，因位置相对隐蔽，不容易被消费者注意，所以在村口接待客人的农家院较多；而南片区因毗邻范崎公路，交通十分便利，消费者的选择性强，在村口接待客人的现象相对较少。

同时，农家院为了尽可能获取资本收益，通常采用不同的策略来弥补区位劣势带来的级差利润。对于弱势地段的农家院而言，除了在村口接待客人之外，还用与众不同的装修风格、院内增添吊床、秋千等乡村元素来提高附加值，甚至通过价格机制调整来吸引消费者。如N14位于村落内部，位置相对隐蔽，为了吸引消费者，农家院非常整洁，在价格方面相对较低；N19位于村落北部，紧邻山麓，生态环境较好，十分幽静，但位置相对偏僻，为了提升消费者的满意度，突显农家院落，把外墙粉刷成粉红色，院内增设秋千、乒乓球等设施，营造良好的居住环境。

极差利润酝酿着竞争机制甚至分歧的产生，但碍于情面，这种竞争或分歧尚未明显表现，笔者的实地调研证实了上述逻辑的真实性。农家院经营者表示，他们之间没有分歧，也没有竞争，村落内部维持着和谐的村民关系,"都是一个村的,关系挺好的,大家都相互照应,谁家客人接待不完都会拨给其他家"。但这种互拨也仅限于家族内部,在两个家族之间相互调拨客人的相对较少。因此,农村经济活动在传统文化制约和市场经济嵌入的背景下,农家院经营者在传统情感维系的基础上,隐含了相互之间的竞争,只是村民生活在"熟人社会"中,竞争的方式相对缓和,而非城市中商家之间采用的激烈竞争手段。因此,地域性带来乡村内部社会关系融洽的同时,也带来了一定程度的竞争与冲突。

> 村里山里人家做得最好,原来老板在长城做买卖,现在专职做农家乐,老板特别会说,死人都能说活了,村里(农家院)一般都上2—3个网,他家上了14个网。但是听说他家特别脏,去了的客人好多都是看看就走了,去其他家了。
> ——村内农家院经营户,42岁

> (农家院之间)有竞争,我年纪大了,不方便去村口接客,甚至有的在网上预定来我家的客人,都被别家接走了,尤其是山里人家,都抢了好多农家院的客人,总是挤压别家。大家意见都挺大的,但是碍于是一个村的,也都不说啥了。
> ——村内农家院经营户,58岁

竞争与冲突不仅存在于村落内部农家院之间,还存在于村落外部农家院与度假山庄之中。城市度假山庄在消融村落地理空间边界的同时,也在冲击着村民的生产与生活,他们在利用村落原生态环境的同时,也在通过模仿乡村元素来吸引更大范围的市场。尽管度假山庄在业缘关系网络中处于孤立状态,与农家院之间不存在互相调拨客人的现象,因产品档次的差距过大不存在过于激烈的竞争,但当消费市场需求量固定时,隐形竞争便暗潮涌动,利润的获取也就此消彼长。于是,当面对城市外来企业时,农家院便又联合以抗衡,熟人社会的内在凝聚力表现依旧。

业缘关系网络的凸显与强化,在一定程度上影响了乡村社会结构的稳固，农家院为了利益而出现竞争甚至冲突，但当面对外来者时，却又为了利益而联合。因此，传统村落的认同感及熟人社会关系依然是莲花池村交往的根基，是村落凝聚力和归属感的根本元素。基于血缘关系的根植性和利益追逐的无限性，竞争、联合、抗衡成为当前莲花池村业缘关系网络的现状。

基于上述莲花池村社会分层、邻里关系以及业缘关系的分析发现，虽然村落社会关系及传统文化的变迁是在自然规律下的不断超越，但更是夹杂着外界力量的强制过程。随着市场化的推进，莲花池村经济的快速发展在改善村民生活水准的同时，也改变了传统文化对村民关系的凝聚能力，外界强势资本力量的进入造成人际关系的利益化取向，自身利益成为村民衡量来往的准绳。同时，农民个体特性日趋凸显，村落社会关联度降低，传统以宗族、血缘为基础组构的人际关系被消解，货币交易已经成为村民与村民之间交换的主要方式。因此，随着强势资本及城市外来文化的进入，根植于传统村落的社会性价值逐渐发生变异，乡村文化秩序被打破，人与人之间越来越陌生和疏离，乡土价值体系面临消逝危机。

# 第八章 乡村空间资本化机制分析

经过 30 多年的发展，莲花池村在以农业种植为主导的传统村落，向以民俗旅游业为主导的现代村落转变过程中，乡村居民的生产和生活空间日益受到来自城市居民消费的挤压，空间不断资本化。基于前面各章节的研究结果，不同利益相关者基于政策、观念、阶层等方面的差异性，在相互博弈、联合、排斥中完成相互间的结盟与分化，进而基于自身的关注点，按相互妥协的方向进行空间生产，从而塑造了新的物质空间与社会空间景观，实现了乡村空间的资本化。乡村空间在再生产过程中，不仅网罗政府、企业、旅游者、居民等人类因素，而且还指涉环境、文化等非人类因素，是权力、资本、市场、社会、文化等多方因素相互交织、共同作用的产物，而这一现象远不是莲花池村的个案，它所反映的是北京市周边以莲花池村为代表的休闲型乡村普遍的发展状况。

为了更加深入地了解莲花池村空间资本化现象的形成过程中各方力量的交织，本章借助行动者网络理论作为分析基础，结合前面各章节的研究结果，深入挖掘其背后的运作机理。根据行动者网络理论，在事件发展过程中，不仅考虑人类行动者的作用，同时还需将非人类行动者赋以同等重要的地位，并在人类行动者与非人类行动者不断转译过程中，组建或演进成具有动态变化特质的异质性网络体系。因此，行动者理论对于解读问题背后所蕴藏的运作机制具有独特的视角，非常适合于解释与剖析乡村空间资本化的形成机理。

# 第一节　行动者网络成员构成

根据前面章节的研究，无论是聚落空间资本化、土地资本化，还是居住空间资本化，抑或社会空间的再生产，都是在城市居民休闲消费需求的驱动下，为了获取利润最大化，权利不断与资本联姻、村民在生产和生活方式上逐渐迎合的结果，其间不仅包括地方政府、村委会、外来投资者、城市外来者、旅游者、个体经营者、当地村民等利益相关者，根据对称性原则，还触及自然环境、乡村文化等非人类因素，这两大因素相互影响、彼此制约，共同促进乡村空间的资本化，构成了行动者网络的全部成员（见表8-1）。

表8-1　　　　　　　　莲花池村行动者构成

| 行动者细分 | 行动者目标 | 行动 |
| --- | --- | --- |
| 地方各级政府 | 促进村落发展，改善地方形象 | 构建"土地转换"招商平台，修建与开通京承高速、莲花池道路等基础设施，"雁栖不夜谷"的规划，莲花池等污水治理及河道疏通，为村落内所有经营者安装POS机具、规范与培训民俗经营户，推介与提升知名度等。 |
| 村委会 | 固化资本，提高村民生活水平 | 落实政策与规划，招商引资并协助巴克公社等外来投资者征用村民自留地，出售旋木厂等废旧厂房以激活资本，为村内所有经营者缴纳水费、污水处理费，鼓励村民参与农家乐。 |
| 个体经营者 | 获取利润回报，改善生活水平 | 响应政府发展政策，配合旅游局培训及星级评定，拓展院落及居住空间，改变院落功能，为旅游者寻找或修建停车位，从事土鸡、虹鳟鱼、土鸡蛋、青菜、玉米等土特产品销售。 |
| 当地村民 | 保持独立的生活空间及和谐的邻里关系 | 从事农业种植或在山庄、怀柔等打工，改善居住条件，平时不去农家院帮忙，对农家院的影响行为表示忍让。 |

续表

| 行动者细分 | 行动者目标 | 行动 |
| --- | --- | --- |
| 城市外来者 | 追求乡村休闲生活、感受自然风光 | 与当地村民保持一定的交往关系，院落设置种养殖区域，浇花、除草、喂养家畜，每天晚饭后去山里散步，冬季回市里。 |
| 旅游者 | 感受自然环境、体验乡村生活 | 利用周末或节假日来村里品尝农家菜，向亲戚朋友推荐村落。 |
| 外来投资者 | 获取高额利润回报 | 配合政府的开发与规划，营造休闲环境，开发新产品，为当地提供就业机会。 |
| 乡村空间 | 原生态的自然环境 | 提升生态环境、莲花池泉、田园风光、废弃或闲置宅基地等利用价值。 |
| 乡村文化 | 维持乡村生活方式和传统差序格局 | 村落公共资源的占用率不同，农忙互助现象减少，日常交往稀疏及分化，但家族内部及邻里交往仍为主要关系网络。 |

1. 地方政府

地方政府主要包括北京市政府、怀柔区旅游委、怀柔区政府、雁栖镇政府、雁栖镇旅游局、村委会等各级政府组织。在莲花池村及"雁栖不夜谷"的发展过程中，区、镇各级政府在基础设施规划、旅游规划、文化推介、招商引资、鼓励农家院经营、水费缴纳等方面推动莲花池村发展。同时，作为地方利益的维护者，各级政府通过行政、经济措施约束和规范资本市场，积极维护、平衡村民利益和村落利益，协助村级组织对旅游者的管理。为了提升村落形象，对经营者开展相关培训，规范经营行为。

2. 资本投资者

资本投资者既包括城市外来投资者，也包括当地村民投资者。尽管两者均以获取高额利润为目的，但两者的经营方式和经营行为不同。对于外来投资者来说，通过营造休闲氛围、产品创新来获取市场，外来投资者之间、外来投资者与村落农家院之间保持独立，相互之间存在着竞争，由于投资规模远大于农家院经营者，因此可为当地村民提供较多的就业岗位和就业机会。

而对于村民个体经营者来说，在各级政策指引和规范下，通过开办农家院、拉马、山地摩托、售卖土特产品等方式获取利润。在经营过程中，个体经营者为了满足旅游者的需求而在居住空间、院落空间等方面妥协，相互之间既竞争又合作，为了抗衡山庄而联合，为了获取利润而竞争，但传统村落的认同感及熟人社会关系，仍是个体经营者交往的根基，保持着村落中特有的凝聚力和归属感。

3. 城市居民

城市居民既包括在村落中居住或租住的城市外来者，又包括利用周末来此休闲的旅游者，这两大群体的目的具有一致性，即感受自然环境、体验乡村生活，但对当地的贡献有所不同。对于村中居住的城市外来者来说，对村落基础设施的完备程度无过高的要求，而是感受村落的山水、空气及生态环境，与村民之间保持若即若离的关系，但这类群体的入驻不但没有给村落发展带来经济效益，反而占用了村落空间及居住空间。

对于旅游者来说，与村落及个体经营者保持经常性的联系，通过网络或电话获取食宿等信息，对村落休闲业及农家院发展提供有效改进信息，希望村落有着与城市一样完备的基础设施和设备。但由于这类群体的短暂停留，在给村落带来经济效益的同时，也带来了拥挤与冲突。

4. 当地村民

当地村民仅指村落中没有参与个体经营的传统村民。因为这一群体主要依靠农业种植或打工获取经济收入，没有直接参与经营，对村落的认同感更为强烈，更愿意保持和谐的邻里关系，所以对于农家院等经营者的影响、占用等不良行为保持忍让。但对旅游者的破坏、拥挤、随意采摘等行为表示不满，甚至发生冲突。村民在村落空间生产生活的长期性，希望村落空间具有能够满足日常生活需求的设施条件，如医院、菜市场、交通等，改善居住条件与环境。

5. 乡村空间与乡村文化

乡村空间主要是指村落中原生态的自然环境、山水、空气、乡村生活方式等共同组构的空间形态，这是吸引城市居民及内外资本投资的标的物，也是最重要、最核心的行动者。这类行动者不同于以上其他行动者，它不具有主动性，但是自身富含价值，作为城市居民的消费符号，若使用得当,能凸显、提升其内在价值,并为村落带来长久利润;若使用不当,其价值将永久消失。乡村文化在成为城市居民消费符号的同时,对村落内部成员来说则是增强村落邻里关系、地缘关系等凝聚力的磁石,也是村落全体成员权衡利弊得失、增强认同感的纽带。

## 第二节 行动者网络转译过程

莲花池村行动者网络稳定性的保持与建构,主要得益于不同行动者在不断转译过程中,被转移者的利益、冲突逐渐得以协调,障碍不断被克服,是行动者网络中最重要的环节。

1. 问题呈现

在这一阶段,每个行动者将各自的问题聚集到强制通行点(Obligatory Passage Point,简称 OPP)——"乡村空间资本化"。为了这一共同问题,所有行动者结成网络联盟,并在通往乡村空间资本化的过程中,都面临着不同的问题与障碍及欲实现的目标(见图 8-1)。

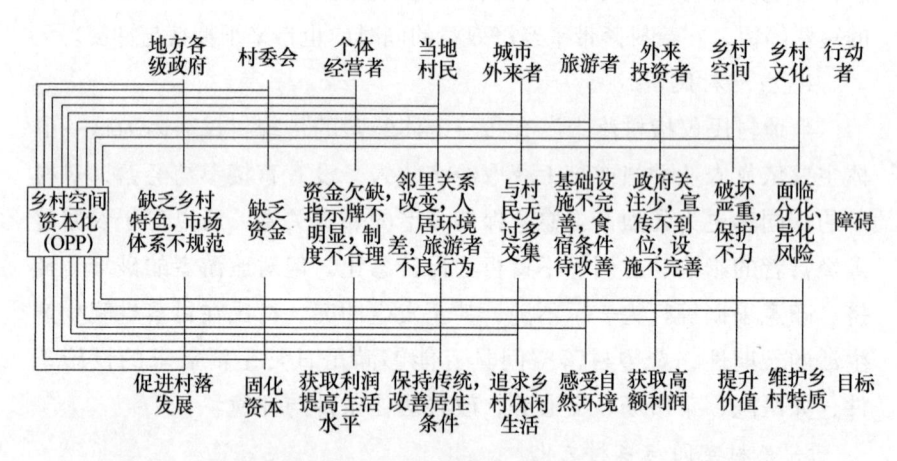

图 8-1 莲花池村空间资本化之行动者及"强制通行点(OPP)"

自 1990 年民俗旅游业发展以来,莲花池村空间作为资本元素用来生产剩余价值的作用逐渐凸显,并成为内外资本获取利润的根源。

然而，在这一资本化过程中，虽然莲花池村作为虹鳟鱼及雁栖湖的发源地，具有一定的发展优势，但从乡村特点及资源特色来看，莲花池泉流经村落均适宜虹鳟鱼的养殖，村落间特色差异不显著。同时，在"雁栖不夜谷"沟域的未来发展中，资源特色、交通设施、河道治理、环境保护等方面如何凸显其特色，对于村落空间资本的最大化利用显得尤为重要。与此同时，村落的特色不仅体现在自然景观方面，乡村社会空间的特质也同等重要。经过 30 多年的发展，在内生力量与外生力量的共同作用下，莲花池村乡村生活方式、基于熟人社会的村落认同感都出现了不同程度的改变与降低，如何保护乡村特质同样重要。因此，在"中央一号"文件、农业部等"厚植农业农村发展优势，深度挖掘农业的多种功能"的号召与政策导向下，乡村空间如何更好地进行资本化利用，成了每个成员共同面临的问题。

2. 利益赋予与征召

利益赋予是乡村空间资本化行动者网络形成的重要阶段，在这一阶段中，核心行动者通过愿景共识、策略诱导来引导其他行动者，将所有行动者的利益关系协同到乡村空间的建设中来（谭华云，2016），并赋予相互可以接受的任务。在问题呈现基础上，每个行动者拥有自己的目标，并通过征召给予利益分配。

从莲花池村聚落发展历程可以看出，不同时期的征召主体不同。1991 年至 2000 年，民俗旅游业的发展源于 N1 等城市外来企业，在其带动之下，少数村民自发加入其中，随着旅游者范围的扩增，村民参与的规模不断扩大。这一时期政府力量相对薄弱，城市外来企业成为征召主体，征召方式有两种：一是示范征召，即通过城市外来企业先进的经营方式和经营理念，带动村民利用自家院落从事旅游接待。二是土地征召，即通过征收与占用村民自留地、荒地、废弃宅基地等方式，实现村落土地的资本化，荒地当时以 1666 元/亩的价格支付给村委会，承包了 30—50 年的经营权；宅基地以 5000 元左右的价格出售；村民自留地则以每户 4 万元的价格买断 5 年的经营权。随着城市居民乡村休闲消费行为的兴起，在 2005 年新农村建设背景下，北京市提出要加快发展农村产业。于是，2006 年，怀柔区政府、怀柔区旅游局、雁栖镇政府、雁栖镇旅游局、村委会等地方政府加大了乡村建设的步伐，地方政府力量逐渐增强，并取代城市外来企业成为征召主体，根据本书第四章关于权力梳理可知，地方政府采用了行政征召、赛事征召、名人效应征召、优惠征召等多种征召方式，协同各个行动者利益。

通过地方政府多种形式的征召，莲花池村的乡村民俗旅游业发展起到了规范、约束与推进作用，莲花池村在北京市域范围内的影响力有了进一步提升。同时，政府权力与企业资本的深入联姻有力地推动了村落空间的资本化利用。

在此期间，除了经营性质的征召外，随着城市居民消费需求的增长，城市外来者和旅游者在同伴、同事以及政府的推介与征召下，选择莲花池村作为休闲消费场所，或长久居住，或季节性栖息，或周末休闲。在这两大群体的消费需求推动下，村民住屋及院落空间得以拓展和改造，宅基地除保持村民生活保障的原生功能外，其生产资料和资产等属性的价值逐渐凸显，尤其是闲置宅基地，被城市居民租住作为其季节性休闲场所。村落中唯一的土地资源——菜地不再仅作为满足村民日常生活的生产元素，在城市居民的消费需求驱动下，更多地被用来满足消费者的需求，以及被视为一种乡村符号。因此，市场的需求是乡村空间资本化的动力根源。

3. 动员

动员是指核心行动者上升为整个行动者网络的代言人，并对其他行动者行使权力，以维系网络的稳定（谭华云，2016）。在莲花池村空间资本化初始阶段，在当地政府的动员下，城市外来企业开始进入村落，村民开始从事农家院经营，同时，部分城市外来者开始租用村民宅基地居住，但是总体来看，涉及的内外企业及城市居民数量十分有限。随着城市居民乡村消费需求的旺盛，以及政府多项政策的支持，越来越多的外来企业及城市居民涌入莲花池村，并伴随着各种利益的交织，乡村空间的资本化利用逐渐凸显。

4. 异议

在行动者网络中，异质行动者主体基于自身利益与目的，在互动联结中必然存在抵触、冲突等错综复杂的关系，这就是异议。异议的存在隐喻着行动者网络具有动态性，网络关系与行动目标发生着动态调整，同时，每个异议的内容都能指涉网络未来的发展方向（李鹏，2014）。民俗旅游业的发展促使莲花池村经济的转型，在一定程度上带动了当地经济的发展，但村落中不同群体对旅游业发展持有不同的态度，对于城市外来企业与从事个体经营的村民而言，民俗旅游业的发展充分利用了村落中的山、水、空气等资源，无须过多显性资本投资，便能获取更多的利润，因而持积极态度；对于传统村民而言，在旅游业发展过程中的参与度较低，从中获取的利润较少，且旅游者的进入挤占了村落的公共资源和公共空间，造成道路拥挤、垃圾遍地，生活极其不便，致使传统村民逐渐被边缘化，因此，这一群体不赞成民俗旅游业的发展；对于城市外来者来说，优质的莲花池泉、原生态的自然环境、淳朴的民风、悠闲的生活方式等是这一群体选择莲花池村的基本面向，然而，民俗旅游业的发展带来了拥挤的旅游流，存在着破坏村落原真性的风险，因而，这一群体对旅游业的发展同样持反对态度。总体来看，不同行动者主体对村落旅游业发展在"推"与"拉"的过程中指明了未来村落的发展方向。

## 第三节　空间资本化运作机制

根据前述章节对莲花池村空间资本化的过程分析，不同行动者网络间的关系构筑了乡村空间资本化的运作机理，据此梳理出行动者网络图（见图8-2）。图中显示了2000年以前和2000年以后的两大核心行动者，核心行动者的变更意味着行动者网络的动态转换，以及运作机理的异化。

1. 空间资本化运作机制

1990年以前，囿于国家城乡二元体制及村落经济发展阶段的制约，莲花池村落空间主要用于农业种植的生产，满足于具体物质产品的生产需要，资本和劳动力的流动止于村落边缘，这一时期所有的经济活动均以国家政策为主体，村落空间保持传统的农业生产容器性

| 乡村空间资本化过程与机制

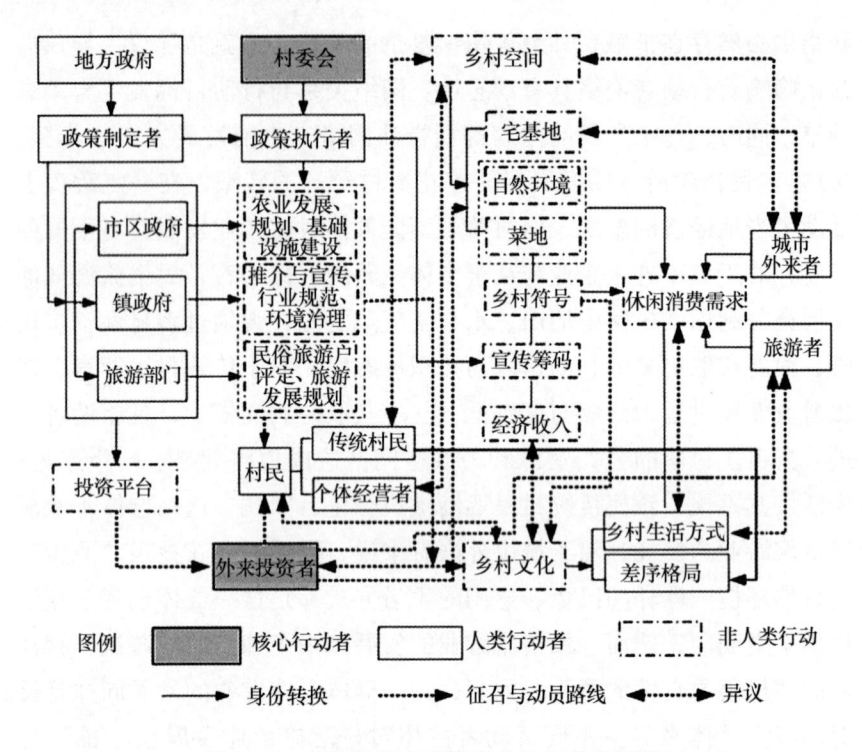

图 8-2 莲花池村空间资本化的行动者网络

质，村落空间本身尚未成为利润获取的直接来源。1990 年以后，随着社会经济等各项政策的松动，在城市居民消费需求逐渐凸显的情况下，北京市周边乡村的农业"生产容器"性质有所松动。北京市政府、怀柔区以及雁栖镇等各级政府加大基础设施投资力度，乡村企业转型发展，从宏观上为外来资本提供投资平台，为村落经济转型提供政策保障；村委会作为政策的执行者，是权力力量的直接体现，为了发展村落经济，提供土地征用、水电费缴纳等各种优惠政策，大力吸引外地资本入驻，由于这一时期，村落仍以农业生产为主导，因而内生力量的挖掘与提升尚不具备条件。

1990 年以后，随着 N1、N2、N3 等城市外来企业的入驻，农业用地资源不断被征用，将闲置宅基地出售给城市居民成为村民获取地租收益的主要来源，土地的潜在资本属性不断被激活，村落生活群体开始出现微妙杂糅。在城市外来资本的带动下，少量村民开始自发开办农家院，积极参与民俗旅游业的经营，民俗旅游业自下而上逐渐形成一定规模，村民开始出现以经营农家院或拉马等个体经营者，村民内部出现些许分化。与1990年以前有所不同，这一时期的城市外来企业对村民的带动作用及对村落经济发展的影响渐趋明显，政府力量有所减弱，城市外来企业与当地政府一起构成这一时期村落空间资本化的核心行动者。与此同时，乡村文化、乡村生活以及乡村自然环境等乡村元素的原真性，对城市居民保持着极大的磁力，但由于城市外来者与旅游者数量不多，对村落公共空间、村落资源等的占用量不大，村落资源的异质化利用尚不明显，给传统村民的生产与生活带来的不便程度也相对较低。

因此，在这一时期，村民、城市外来者、旅游者、村委会等不同行动者主体间的冲突与矛盾不突出，征召与动员联结成为2000年以前空间资本化网络运行的主要脉络，共同促成乡村空间的资本化利用。村落中的山、水、空气开始成为内外资本获取利润的元素，土地征用、出售成为农地资源以及宅基地资源资本化的主要方式，由于村落经济的发展以及个体经营者的出现，自然环境对居住空间的控制力度开始降低，在众多因素的影响作用下，聚落空间、土地资源、居住空间以及社会空间开始出现一定程度的资本化利用倾向。

2000年以后，随着城市居民乡村休闲消费的兴起，原生态的生态环境、富含矿物质的莲花池泉水，以及休闲的生活方式成为城市居民共同的追求，聚落空间农业生产的"容器"性质被资本增值工具的性质所取代，空间产品的生产和其他商品的生产一样，成为获取资本利润的直接途径（庄友刚，2014）。怀柔区政府、雁栖镇政府、村委会以及相关旅游部门意识到乡村休闲消费市场释放的巨大能量，于是，纷纷制定新农村建设、农村产业生产、生态环境整治等相关政策，主动吸引资本、信息等生产要素在本村驻留，自然景观、菜地等农耕资源被转化为乡村符号，成为当地政府对外宣传的砝码，积极融入资本生产的网络体系构建之中。2006年，当地政府开始编制"雁栖不夜谷"开发规划，加大民俗旅游业发展规划的编制、乡村建设、基础设施的完善、行业管制的力度，对民俗旅游业的发展起到了规范与约束作用。同时，加大对当地村民投资经营的支持力度，地方政府力量逐渐强大，权力与资本逐渐联姻，导致资本与权力的紧密结合及发展方向的趋同性。在调研中发现，村落中城市外来企业除 N1、N2、N3、N4、N5 等经营状况较好外，其他均处于停滞甚至关闭状态。尽管城市外来企业数量相对较少，但在经营规模、旅游者接待数量、营业收入方面都远远超过农家院，因此，这一时期城市外来企业仍占有主体地位，成为村落空间资本化的核心行动者。

随着村落休闲旅游业的发展，菜地等农地资源的"生产功能"逐渐被"景观功能＋消费符号"功能所代替，租赁给城市居民休闲度假以及农家院经营性使用成为新时期宅基地资本化的合法路径，农地资源和宅基地的使用主体，也由"村落村民"变更为"村落村民＋城市居民"，经营性、符号化的复合化利用方式成为农地资源相对贫瘠村落新的资本化方式。内外资本并存，致使村民生活空间和生活方式不断发生改变，居住空间资本功能趋显，宅院内部组构开始分化，在资本运作逻辑下，对于农家院经营者来说，为了获取最大的利润，在其居住秩序、生活习惯等方面有所妥协，"家"的私密性逐渐让位于公共性，但在村落传统礼制作用下，住屋空间的私密性仍得以维持。同时，城市外来群体迁居或经常性往返消费的社会行为活动，在重置乡村空间价值的同时，改变了村落人口结构、村民的生活方式和日常生活内容，打破了长期稳固的邻里关系，农家院与城市外来企业间在乡土文化作用下竞争与抗衡并存，从而造成乡村生活空间的资本化。因此，城市外来企业为部分村民提供了就业机会，对村民生产方式的转变起到较大的促进作用，但旅游者以及城市外来者数量的剧增，也在很大程度上挤占了本地村民的公共空间，致使这一群体逐渐边缘化，并造成自然资源的破坏以及乡村归属感的降低。而农家院作为莲花池村民俗旅游业发展的内生力量，对村落空间的资本化发展也起着非常重要的作用，但与城市外来企业不同的是，乡村文化对农家院关系的处理及凝聚力的提升具有很大的调节作用。

在村委会以及外来投资者这两大核心行动者的带动下，城市外来者与旅游者的消费需求得以满足，村民经济收入有所提高。遵循资本逻辑的支配，村落中的经济结构、聚落空间、居住空间、人口结构、社会关系等都发生了震荡性的变化，资源环境、村落文化在空间资本化过程中均有所破坏，而传统村民以及存在于个体经营者理念中的内在差序格局，在一定程度上维持了空间元素的乡村特质。因此，"拉""推"相互交织，共同推动着乡村空间的资本化利用。

2. 空间资本化主要驱动力量的提取

基于前述对莲花池村空间资本化运作机制的分析，本书提取以莲花池村为代表的休闲型乡村空间资本化的主要驱动力量，即权力、资本、消费市场和乡村特质，内外资本的结合、市场的推动、权力的协调与制约、乡村特质的迎合与坚守等共同作用于乡村的聚落空间、土地资源、居住空间以及社会空间，推动乡村物质空间和社会空间的资本化。

（1）权力

Foucault Michel 认为，空间是任何权力运作的基础，其生成和延展渗透着权力的逻辑（马学广，2008）。本书第五章及资本化机理的研究结果表明，资本的乡村空间扩张过程需借助政府权力才能顺利完成，权力与资本的结合，为资本的地理空间拓展扫除了地方制度、乡村文化、土地产权等障碍。同时，权力作为地方发展的引导者和规范者，必然会通过社会、经济等多种措施来引导和规范市场，并引导和约束当地村民的生产行为与生活方式。从权力的表现形式上来看，地方规章制度、行业规划、行政规划、宣传推介、体育赛事、环境优化等是政府勾勒地方优势常常使用的手段。因此，"权力"是规范与控制乡村空间资本化过程的核心，是政府意志力的体现。当地政府通过权力的使用来吸引和固化资本，成为乡村空间资本化的直接推动者。同时，权力具有动态性，随着社会经济的发展阶段的演变，权力对乡村的控制力及控制方向都随之发生变化。

（2）资本

资本对剩余价值无限追求的历史本性，决定了资本既要实现地理范围的扩张，导致甚至加速了地理空间的分化与重构，又要不断创新、引领消费。根据前述章节的分析，地方政府为了促进村落经济转型、提高村民生活水平,不仅需要吸引和固化外来资本,同时还要鼓励本地资本的发展,并通过政治、经济等各种方式为内外资本提供良好的环境与平台。因此,内外资本的结合是促使北京市乡村空间资本化利用的主要推力。

内外资本的运行按照便于流通和增值的模式完成对既有乡村空间的改造、重构与重新定义,这一过程中,资本扮演着投资工具和资本增值的双重属性,一方面要生产出适合于市场需求的空间产品形式,并通过产品技术创新不断引领新的消费活动,借助权力以扩大生产规模、完善基础设施;另一方面还要为当地村民提供足够的就业机会,带动当地经济的增长,实现资本第三循环的社会效益。因此,内部资本和外部资本是构成乡村空间资本化的主要推力,并不断创造出与其生产方式和生产关系相对应的物质空间和非物质空间。

(3) 消费市场

根据当前北京市周边休闲型乡村的市场需求特点,乡村空间是大多数城市居民的理想之地,已有部分城市居民在风景优美、自然环境良好的远郊区县购置或租赁宅基地,并以外来者的身份长期或间歇性地生活于乡村,这在一定程度上促使了这些村落土地资源的资本化利用,但总体来看,这一群体无论是绝对数量还是整体规模都还十分有限。而利用周末或节假日之际做短暂逗留的旅游者,则是远郊乡村的主要消费者群体,并成为当地经济转型以及村民提高生活水平的主要驱动对象,这一群体消费偏好的变更,将影响到村落空间的发展变化,进而促进乡村空间在空间产品、基础设施等方面的完善和优化。因此,市场是乡村空间资本化的根本动力,决定着休闲型乡村空间资本化的发展方向,对于这类乡村而言,只有按城市居民的休闲消费需求安排生产活动,才能拉动乡村空间的资本化利用。同时,城市消费群体的持续进入及高消费的需求,成为权力和资本获取利润的素材,并驱使着本地资本及外来资本的重返与注入,重现农耕资源和乡村空间的资本价值。"消费市场"不仅包括中长期或间歇性生活于乡村地域的城市外来者群体,还包括利用周末或节假日往来于乡村与城市间的旅游者,且偏向于从市场角度关注城市居民的消费需求及需求变化,市场规模及需求偏好对乡村空间资本化的利用方向具有指导和调控作用。

(4) 乡村特质

在休闲消费空间的塑造过程中，乡村特质已经成为吸引城市居民群体、引导空间消费的符号，并成为被内外资本利用以获取利润的核心元素。一般来说，乡村地方性保持越好，资本规模就越大，获取的利润也就越高。因此，乡村地方性成为权力、资本、村民、市场相互追逐的对象。根据前述章节的分析，乡村地方性要求乡村既要保持聚落的原始容貌、原生态的生态环境，同时还要保持传统的乡村生活方式和文化特色，这些物质要素及文化符号的原真性保持，是乡村空间资本化的核心。近年来，休闲型乡村旅游消费经济取代了传统的种植经济，村民及村集体从中获得了可观的利润，给予他们以不断形塑与重构空间的动力，赋予住屋与院落以新的生产和生活功能。因此，内在的强大发展意愿和利润追求，构成了乡村生活空间重构的根本动因。然而，由于我国城市与乡村隔离发展时间较长，乡村空间开放时间较短，相对封闭，即使对于城乡关系禁锢解除较早的北京市来说，宗族制度、熟人关系等社会文化对村落以外因素进入的抵制作用仍然十分明显，院落空间布局、居住秩序安排、差序格局、邻里关系等文化观念相对传统。

尽管现阶段旅游消费主导了村落的生活和生产方式，本地村民与消费者的社会地位出现了错位现象，村民在某种程度上被边缘化，但村落是他们长期以来的共同财产，强烈的家族认同感和村落文化深深地扎根于村民内心之中，短暂的旅游消费发展无法替代村民长期的情感。因此，乡村社会文化的地域性，一方面成为拉动城市居民休闲消费、体验乡村生活的内在力量；另一方面也成为制约乡村空间极限利用的内生因素，并内化于村民观念之中，对村落的发展具有促进与制约的双重作用。因此，自然环境的地域特征仅是北京市乡村地方性的显性体现，社会文化才是乡村地方性的内在根源。故，"乡村特质"不仅包含乡村特质的自然资源，还包括具有资本特性、能带来经济效益、被符号化了的乡村生活方式，以及文化资源，更包含对乡村空间资本化具有制约作用的乡村凝聚力和地方认同感等社会因素。

乡村空间资本化过程与机制

## 第四节 对已有模型的修正

基于第二章对"乡村三重空间模型"的介绍，结合本书的实证结果以及休闲型乡村空间资本化的四大主要驱动力量，发现 Halfacree 的"乡村三重空间模型"中的乡村空间已经处于发展利用的高级化阶段，城市居民已经居于乡村空间的主体并长期生活于其中，原住民已被替换，乡村空间较为均质。而对于发展中国家的我国而言，北京市乡村尚处于绅士化初级阶段（何深静，2012），原住民仍是构成村落人口的主体，生活于乡村的城市外来者所占比重极小，以短暂停留形式的旅游者成为城市居民进入乡村的主要形式，乡村空间呈异质性特征。因此，中国与西方国家乡村发展阶段不同、村落主体不同，乡村空间的利用化程度则存在显著差异，且参与力量的构成与作用也明显不同。因此，需要根据北京休闲导向型乡村实际，对"乡村三重空间模型"进行修正，本书提出了基于权力、资本、市场和乡村地方性的休闲型乡村空间资本化模型（见图 8-3）。与"乡村三重空间模型"相比，该模型具有以下几个特点：

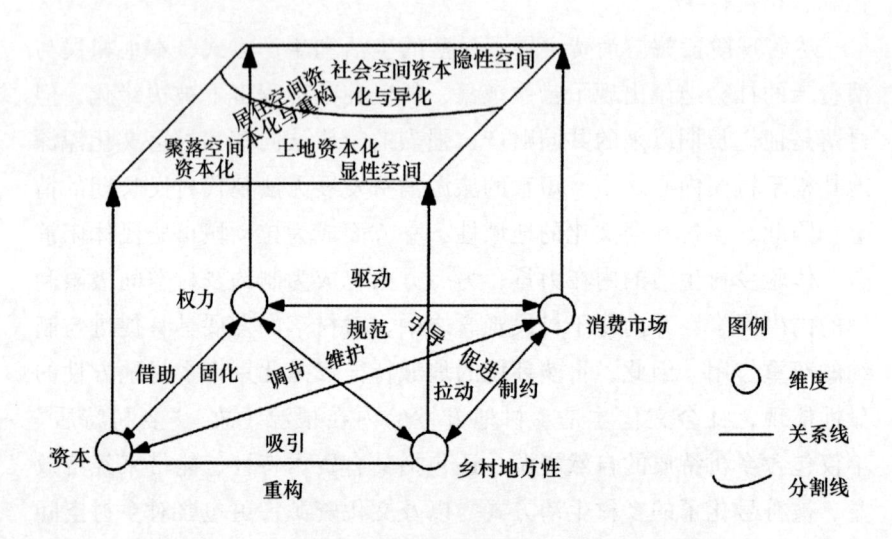

图 8-3 四维驱动下的休闲型乡村空间资本化模型

## 第八章 乡村空间资本化机制分析

1. 模型维度构成的增加与调整

首先,在"乡村三重空间模型"中,"乡村表征"具体表现为利益相关者、文化者、规划者或政治家在政策、规划文件以及产业利益中的一些表述,以及乡村被整合到资本主义生产和交换过程中的方式。可见,"乡村表征"主要体现了政府的权力意志,虽然涉及了资本以及利益相关者的意图,但没有凸显资本对乡村空间资本化的作用,尤其忽视了村民内部资本的参与程度。对于"强政府弱社会"背景下我国乡村来说,制度、文化、观念等往往比资本和社会的影响更为直接、深远和强烈。因此,本书将"乡村表征"分割为两部分,分别采用"权力"维度和"资本"维度标识,其中,"权力"主要是指政府的力量,"资本"主要是指内部资本和外部资本的结合,以凸显北京市休闲型乡村的特点。

其次,"乡村三重空间模型"以激进型乡村为研究对象,城市居民已经成为乡村空间的主体,并按理想中的乡村符号造就着乡村特色,因此,"乡村日常生活"维度主要关注于在长期或间歇性生活于乡村的城市住民。但是北京市周边的休闲型乡村尚未达到这一发展阶段,原住民仍为乡村空间的主体,虽然城市居民以外来者的身份长期或间歇性生活于乡村的现象呈增长趋势,但绝对数量和规模还十分有限,更多的是以旅游者短暂逗留的形式存在。因此,采用"市场"维度的称呼更能体现出我国当前乡村空间资本化的特点。这里的"消费市场"不仅包括中长期或间歇性生活于乡村地域的城市外来者群体,还包括利用周末或节假日往来于乡村与城市间的旅游者。

最后,在"乡村三重空间模型"中,"乡村地方性"重在强调对地方环境及乡村特质的保护,缺少了社会文化因素对乡村空间保护及凝聚力作用的探讨。但对于发展中国家的我国而言,北京市乡村尚处于绅士化初级阶段,原住民仍是构成村落人口的主体,乡村文化对村落变化的制约作用非常明显。因此,本书的"乡村地方性"不仅包括自然环境的地方性,更重要的是乡村文化的地方性;同时,乡村地方性还是吸引消费市场的砝码。

## 2. 乡村空间的分层

"乡村三重空间模型"中的"乡村空间"是城市居民迁居的集散地，村落自然环境、乡村生活方式、居住空间等层面的设计与保护均以满足城市居民需求为目标，乡村地方性、乡村表征以及乡村的日常生活共同作用于乡村空间，促使乡村空间再生产，村落空间较为均质，Halfacree 将"乡村空间"作为一个整体进行探讨，而没有进行细分。然而，虽然北京市乡村发展速度领先于我国其他区域，但是尚未达到英国激进型乡村的发展程度，尤其是对于休闲型乡村而言，城市外来群体的迁居规模极小，短暂停留成为城市居民进入乡村的主要形式，在权力、资本、市场以及乡村地方性的"推""拉"机制作用下，强势资本以及强势文化促使村落空间本身成为资本获取利润的工具和手段；村民及村集体将农地以及宅基地推向市场，根据市场需求厘定价格，促成土地资本化；在资本控制下，聚落组织原则及居住空间内部组构发生较大变化，资本化成为居住空间获取地租收益的新功能；同时，村民内部群体不断分层，生活空间不断重构，邻里关系、业缘关系等村民关系开始异化。与激进型乡村的均质化不同，北京市乡村中社会文化及乡土特质的根基十分稳固，城市元素的介入致使乡村空间呈异质性，村落中不同空间的资本化程度和发展方向有着明显差异。故而，本书将"乡村空间"进行划分，分割为以聚落空间、土地资源、居住空间为主的显性空间以及以社会空间为主的隐性空间，且不同空间类型有着自身独特的资本化方式。

## 3. 乡村空间资本化过程的"内生"与"外生"相结合

在"乡村三重空间模型"中，乡村空间是一个由城市居民群体主导和造就乡村特色符号的空间，不论是城市居民的消费偏好，还是利益相关者的意图，甚至规划、制度等权力意志，都体现出"外生力量"对村落空间再生产的作用，村落"内生力量"的作用体现尚不明显，因此，这一过程是城市外部力量促进的结果。与西方激进型乡村不同，当前我国乡村整体处于产业驱动阶段，虽然北京、上海周边乡村具备了多功能主导的条件（刘自强，2012），但除城中村城市外

## 第八章 乡村空间资本化机制分析

来者数量相对较多外，尚未获悉在远郊区县中城市居民取代当地村民的休闲型乡村类型。城乡长期分割致使乡村经济发展比较落后，对于当地政府、村集体以及村民来说，经济转型、提高生活水平、最大化的利益追求等发展意愿十分强烈。于是，随着城市资本地理空间扩张过程中，外来资本不仅为当地经济带来了活力，而且还带动了当地居民及村集体参与其中的热情，"内生力量"的作用也很明显，乡村空间的资本化利用成为当地经济转型的重要路径。因此，北京市休闲型乡村的空间资本化利用是"内生力量"与"外生力量"共同作用的结果。

4. 模型中各个维度间相互交织，呈动态性特征

在内生力量与外生力量共同作用下，市场、资本、权力以及乡村地方性四个维度之间相互交织。首先，自然景观、文化风俗等乡村地方性成为城市消费市场的空间载体，在村集体及村民强烈的发展意愿和对利润的无限追求下，村落尽力迎合消费市场及资本投资的需求；同时，乡村文化还具有排他性，强烈的家族认同感和村落文化深深扎根于村民内心之中，安土重迁的乡土情结决定了村集体及村民对居住空间的私有性，并在一定程度上制约着市场及资本的过度发展。其次，城市居民的乡村消费具有乡村性和现代性的双重需求特点，即既要感受乡村的原生态性，又希望村落保持着现代化的设施，因此，市场需求一方面催生着地方政府等权力机构联结资本给予满足，并成为资本投资的风向标，决定着资本投资的方向；另一方面促使权力机构采取措施引导或规范消费市场及消费者行为。最后，为了促进地方经济发展，权力既要为资本运行提供保证，又要调节、促进和约束资本活动，维护村民利益。因此，乡村空间资本化模型中各个因素之间相互交织，形成相互影响、相互作用的关系网，并随时间变化而呈现动态性特征。而在"乡村三重空间模型"中，"乡村地方性""乡村表征"以及"乡村日常生活"三个层面相互依存、不可剥离，呈现静态性特点，各个层面之间缺乏一定的互动与衔接。

基于以上分析，本书所构建的乡村空间资本化模型充分考虑了北京市乡村所具有的宗族文化、差序格局等传统文化特质，结合城市居

民的休闲消费市场特点，凸显了内外资本、权力和乡土文化的作用。因此，乡村空间资本化模型更加适合于分析我国诸如北京之类大都市周边休闲型乡村空间的资本化现象。

# 第九章 结论与展望

## 第一节 结论

本书依据空间再生产、行动者网络、城乡连续谱等相关理论,选取北京市远郊区莲花池村为案例区,基于深入访谈数据、人口普查、区域统计年鉴等相关资料,综合运用空间分析法、参与式农村评估法、社会网络分析法、空间句法等方法,研究和探讨了乡村空间资本化的演变过程与运作机制,主要得出以下结论:

1. 北京市城乡关系推演中渗透了城市资本向乡村空间扩张的特征

基于经济体制、产业发展以及城乡空间等层面演变过程分析发现,随着城乡关系逐渐由二元隔离到联动融合,1992年以前,资本由乡村向城市呈内联式积累特点;1992年以后,资本由城市向乡村呈离心式外扩特征。同时,风景优美、乡村文化浓郁的远郊乡村,正在成为城市居民休闲迁移的主要目的地,以追求休闲、环境质量为目的的第二住宅现象已初见端倪,乡村指向的居住季节性郊区化开始显现,空间作为生产元素直接参与资本运作,获取额外利润的现象愈加明显。因此,城市与乡村的渐趋融合将不断推动着北京市乡村空间资本化的发展。

2. 莲花池村聚落、土地、居住等物质空间资本化趋势显化

第一,莲花池村聚落空间性质正在由农业生产容器向资本增值工具转变。梳理1978—1990年、1991—2000年以及2001年至今三个阶段聚落空间的演变过程,以及资本积累回路系统,结果表明,在内外资本运作逻辑下,聚落空间正在由农业"生产容器"向"空间自身

生产"转变，村落空间成为资本增值的手段和工具，聚落空间形态和空间环境在资本作用和控制下不断调整和发展。

第二，集约式、复合化成为莲花池村土地资本化利用的最佳方式。通过查阅雁栖镇历年社会统计资料，结合实地调研结果，基于村落土地特点进行分析，结果发现，在城市外界推力及当地多方力量引力作用下，土地征用、经营性使用以及符号化表征了农地资源资本化的演化轨迹，出售和经营成为宅基地资本化运作的主要方式。虽然囿于农地资源较为贫瘠的现状，大规模的农业用地流转等主流土地资本化路径受到限制，但仍然未能阻挡住莲花池村土地资本化的趋势，内涵式、集约式的资本化路径成为最佳选择。

第三，莲花池村居住空间及结构功能在资本控制下不断解构与重构。根据实地调研数据，采用Logistic回归分析方法量化村民居住区位变迁历程，结果发现，随着旅游者的持续进入，经济取代自然环境成为村民选取居住空间的基本因素，村落呈现出"西疏东密""南新北旧"的居住新格局。在资本趋利本性的驱使下，宅院空间功能异化及分化趋势显著，农家院对资本的响应程度最为明显，在不断迎合旅游者的需求中努力拓展院落空间、改变现有居住方式，致使不同类型宅院空间整合度呈现出明显的差异性。因此，资本在创造新空间的同时，也在不断创造着新的社会生活空间和生活方式，解构与重构着村落传统的居住空间及结构功能。

3. 莲花池村社会空间及社会关系呈隐性资本化趋势

聚落、土地以及居住等物质空间的资本化，必然牵动社会空间及社会关系的资本化，但与物质空间相比，社会空间表现为隐性资本化特征。首先，强势资本及城市强势文化的进入，造成村落生活群体的多元化以及村民阶层的分层化，资本的获利性及增值性驱动村民社会关系的分化，以及对村落资源需求的显著差别；其次，城市居民的间歇性迁居及经常性消费在重现乡村空间价值的同时，将城市价值体系及城市文化嵌入乡村社会，改变了村民传统的生活方式和日常生活内容，斑驳化了村民的生活空间及乡土文化；最后，随着市场化的推进，外界强势资本力量的进入造成人际关系的利益化取向，货币交易已经成为村民之间以及村民和市场之间交换的主要方式，根植于传统村落的血缘关系和地缘关系逐步让位于业缘关系。村落社会组织及社会关系的异化与重构，实质上是乡村生活空间的资本化过程。

4. 休闲型乡村空间资本化是多重力量相互博弈的结果

在前述研究的基础上，根据行动者网络理论的转译发现，2000年以前和2000年以后的村落核心行动者，由代表权力力量的村委会变更为代表资本力量的外来投资者，核心行动者的变更意味着资本力量对村落空间变迁影响的强化，以及资本与权力的联姻，同时，遵循资本逻辑的支配，社会、文化、市场等多方因素在与资本、权力联合、博弈中相互交织，共同推动着乡村空间的资本化利用。

5. "乡村三重空间模型"不能解释北京市休闲型乡村资本化现象

Halfacree 的"乡村三重空间模型"的研究原型是英国激进型乡村，此时的乡村空间已经处于经济发展的高级化阶段，城市居民已经替代了原住民而居于乡村空间的主体，居住主体对环境、乡村性等物质元素的要求更为强烈，社会、文化的需求及对村落内在特质的维护相对弱化。但北京市乡村空间的资本化利用程度还处于初级阶段，原住民仍是构成村落人口的主体，乡村文化对村落变化的制约作用根深蒂固，社会因素、政府权力等作用尤为强大，因而，该模型不能完全解释北京市休闲型乡村空间资本化的现象，本书从权力、资本、市场和乡村地方性四个维度对其进行修正。

## 第二节　需进一步研究问题

乡村空间资本化过程与机制研究涉及地理学、社会学、经济学等多个学科，需要多个学科的融合，是一个理论与实践紧密结合的复杂研究体系，同时，也是一个全新的研究领域。本书是在国内外既有研究的基础上，以北京市乡村为实证对象，来探讨空间资本化是对乡村空间资本化研究的尝试，超越了既有研究以城市空间为对象，以及空间再生产理念的局限，但由于时间、资料获取以及作者能力的局限，研究还有许多需要进一步提升和深入探讨的空间。

## 一 增强研究的广度

本书以北京市远郊区莲花池村为实证对象，对休闲型乡村空间资本化的探讨，需要指出的是，莲花池村所代表的休闲型乡村，仅仅是北京市远郊区农村发展的一种常见类型，其资本化过程有着自身的历史延续性和空间独特性。而北京市的周边乡村多种多样，这一结论是否适用于北京市其他类型的乡村？另外，北京市乡村受首都性质特征的影响，乡村发展速度领先于我国其他地区，其空间资本化特征相对显著，对于我国其他近都市区而言，乡村空间是否也开始资本化？针对这些问题，由于篇幅和个人精力有限，尚未选取足够数量的乡村进行验证。因此，更完整的乡村空间资本化过程、路径及模型构建，有待对更多类型村落及更多地域村落的深入分析和研究之后进一步完善。

## 二 增加研究的深度

本书基于新马克思主义理论中"地理空间资本化"视角，探讨北京市乡村空间资本化问题，对该理论全面、正确地理解是决定本研究高度的基石。Henri Lefebvre 和 David Harvey 两位学界巨匠具有马克思主义政治经济学雄厚的理论基础和知识积淀。因此，要深入、准确地理解新马克思主义体系，尤其是空间资本化理念，笔者需要在今后的研究中加强对新马克思主义的认识与解读，以达到更加透彻、更加全面、更加准确地理解空间资本化理念，并能更加完善乡村空间资本化的理论分析框架。

本书在对该理论理解的基础上，从聚落、居住、社会等视角对莲花池村空间资本化的研究，注重解析资本化作为乡村空间价值重现的一条新路径，对乡村发展具有带动作用。与此同时，乡村聚落空间的布展、住宅结构的组构、土地利用方式的转变等作为资本获取利润的工具，都是对乡村空间的重新组合与建造，其根本目的是为了维持资本的增值性，因此，资本的地理空间扩张更加注重乡村空间数量上的获取，而缺乏乡村空间品质上的提升以及村民关系的维护，在权力与资本的联姻以及资本强势逻辑的塑造下，必然存在忽视和剥夺村民应有的空间权益、资源分配不均以及机会不平等的风险，最终会引发一系列的社会经济问题。甚至一旦这些乡村不能满足其增值需求，资本便会转向于寻求新的目的地。那么，政府如何加强权力干预和引导，避免村落同质化及原真性的摧毁，本书尚未触及。同时，在村落空间资本化的过程中，已经出现部分个体经营者退出经营的现象，针对这一群体的退出机制、未来村庄的发展方向等问题，需要在后续研究中进行深入思考。

# 参考文献

## 一 中文文献

**（一）著作**

包亚明：《现代性与空间的生产》，上海教育出版社2003年版。

陈悦、陈超美、胡志刚等：《引文空间分析原理与应用：CiteSpace 实用指南》，科学出版社2014年版。

［英］大卫·哈维、高泳源：《地理学中的解释》，商务印书馆1996年版。

［英］大卫·哈维：《后现代的状况——对文化变迁之缘起的探究》，商务印书馆2004年版。

［英］大卫·哈维：《希望的空间》，南京大学出版社2006年版。

［英］彼得·丹尼尔斯：《人文地理学导论》，南京大学出版社2014年版。

丁俊清：《中国居住文化》，同济大学出版社1997年版。

费孝通：《乡土中国》，北京出版社2009年版。

李永进、张士运：《北京城乡一体化进程评价研究》，北京科学技术出版社2009年版。

李永进、张士运：《北京城乡发展一体化研究》，北京科学技术出版社2014年版。

刘牧雨、戚超、冯晓英：《北京改革开放30年研究·城市卷》，北京出版社2008年版。

陆大道：《区位论及区域研究方法》，科学出版社1988年版。

陆学艺：《当代中国农村与当代中国农民》，知识出版社1991年版。

［美］埃弗里特·M.罗吉斯、拉伯尔·J.伯德格：《乡村社会变迁》，浙江人民出版社1988年版。

毛科军、于战平、曲福玲：《中国农村资源资产市场化资本化研究》，山西经济出版社2013年版。

汝信：《社会科学新辞典》，中国社会科学文献情报中心、重庆出版社1988年版。

唐旭昌：《大卫·哈维城市空间思想研究》，人民出版社2014年版。

王春光：《农村社会分化与农民负担》，中国社会科学出版社2005年版，第31页。

杨宇振：《资本空间化：资本积累、城镇化与空间生产》，东南大学出版社2016年版。

衣俊卿等：《20世纪新马克思主义》，中央编译出版社2012年版。

张小林：《乡村空间系统及其演变研究——以苏南为例》，南京师范大学出版社1999年版。

张义丰、谭杰：《北京沟域经济发展的理论与实践》，气象出版社2009年版。

张英洪等：《北京市城乡发展一体化进程研究》，社会科学文献出版社2015年版。

钟涨宝：《农村社会学》，高等教育出版社2010年版。

徐复：《广雅诂林》，凤凰出版社1992年版。

(二) 译著

［英］R.J.约翰斯顿：《地理学与地理学家》，唐晓峰等译，商务印书馆1999年版。

［英］斯密：《国富论》，谢宗林，李华夏译，中央编译出版社2011年版。

(三) 期刊

陈丽、花小丽、张小林：《中心村建设及其策略分析》，《乡镇经济》

2005年第6期。

陈晓华、张小林:《"苏南模式"变迁下的乡村转型》,《农业经济问题》2008年第8期。

陈晓华、张小林、马远军:《快速城市化背景下我国乡村的空间转型》,《南京师大学报》(自然科学版)2008年第1期。

陈修颖、汤放华:《城乡一体化的空间分异及地域推进策略——广东省案例》,《经济地理》2013年第12期。

曹海林:《乡村社会变迁中的村落公共空间——以苏北窑村为例考察村庄秩序重构的一项经验研究》,《中国农村观察》2005年第6期。

程瑞芳:《乡村振兴:乡村旅游多元价值功能响应调整及开发路径》,《河北经贸大学学报》2017年第6期。

丁传标、古恒宇、陶伟:《空间句法在中国人文地理学研究中的应用进展评述》,《热带地理》2015年第4期。

丁寿颐:《转型发展背景下的乡村重构与城乡关系的思考——北京"何各庄模式"的实证研究》,《城市发展研究》2013年第10期。

樊立惠、蔺雪芹、王鹏飞:《农村空间商品化的理论基础与实现路径》,《人文地理》2020年第1期。

樊立惠、王鹏飞、王成等:《中国农村空间商品化与乡村重构及其研究展望》,《地理科学》2019年第2期页。

房艳刚、刘继生:《基于多功能理论的中国乡村发展多元化探讨——超越"现代化"发展范式》,《地理学报》2015年第2期。

冯健、刘玉:《江苏中小型集镇空间规划与乡村景观重构》,《资源科学》2008年第5期。

冯健、周一星:《郊区化进程中北京城市内部迁居及相关空间行为——基于千份问卷调查的分析》,《地理研究》2004年第2期。

冯淑华、沙润:《乡村旅游的乡村性测评模型——以江西婺源为例》,《地理研究》2007年第3期。

高慧智、张京祥、罗震东:《复兴还是异化?消费文化驱动下的大都市边缘乡村空间转型——对高淳国际慢城大山村的实证观察》,《国际城市规划》2014年第1期。

龚晓洁、许淑华、丛晓峰：《村落精英角色与形态变迁：山东个案》，《重庆社会科学》2011年第9期。

郭文、王丽、黄震方：《旅游空间生产及社区居民体验研究——江南水乡周庄古镇案例》，《旅游学刊》2012年第4期。

何深静、钱俊希、徐雨璇等：《快速城市化背景下乡村绅士化的时空演变特征》，《地理学报》第8期。

胡枫、史宇鹏：《农民工回流的选择性与非农就业：来自湖北的证据》，《人口学刊》第2013年第2期。

姜岩：《农村土地资本化改革的路径创新》，《西北农林科技大学学报》（社会科学版）2015年第6期。

焦新颖、李伟、陶卓霖等：《北京城市扩展背景下产业时空演化研究》，《地理科学进展》2014年第10期。

李春敏：《资本积累的全球化与空间的生产》，《教学与研究》2010年第6期。

李鹏、张小敏、陈慧：《行动者网络视域下世界遗产地的空间生产——以广东开平碉楼与村落为例》，《热带地理》2014年第4期。

李秀玲、秦龙：《"空间生产"思想：从马克思经列斐伏尔到哈维》，《福建论坛》（人文社会科学版）2011年第5期。

李玉恒、阎佳玉、武文豪等：《世界乡村转型历程与可持续发展展望》，《地理科学进展》2018年第5期。

李智、张小林：《中国地理学对乡村发展的多元视角研究及思考》，《人文地理》2017年第5期。

林超、谭峻：《农村宅基地制度改革研究——基于宅基地功能演变分析的视角》，《经济体制改革》2013年第5期。

林敏、章明卓、陶姝沅：《浙江省乡村性评价及空间格局演变研究》，《浙江农业学报》2014年第4期。

刘沛林、于海波：《旅游开发中的古村落乡村性传承评价》，《地理科学》2012年第11期。

刘奇：《城市化背景下的乡村价值该如何定位》，《中国发展观察》2012年第9期。

刘宣、王小依：《行动者网络理论在人文地理领域应用研究述评》，《地理科学进展》2013年第7期。

刘彦随：《中国东部沿海地区乡村转型发展与新农村建设》，《地理学报》2007年第6期。

刘云刚、王丰龙：《城乡结合部的空间生产与黑色集群——广州M垃圾猪场的案例研究》，《地理科学》2011年第5期。

刘自强、周爱兰、鲁奇：《乡村地域主导功能的转型与乡村发展阶段的划分》，《干旱区资源与环境》2012年第4期。

龙花楼、刘彦随、邹健：《中国东部沿海地区乡村发展类型及其乡村性评价》，《地理学报》2009年第4期。

陆林、任以胜、朱道才：《乡村旅游引导乡村振兴的研究框架与展望》，《地理研究》2019年第01期。

罗静、蒋亮、罗名海等：《武汉市新城区乡村发展水平评价及规模等级结构研究》，《地理科学进展》2019年第9期。

马学广、王爱民、闫小培：《权力视角下的城市空间资源配置研究》，《规划师》2008年第1期。

毛丹：《村庄的大转型》，《浙江社会科学》2008年第10期。

孟欢欢、李同昇、于正松等：《安徽省乡村发展类型及乡村性空间分异研究》，《经济地理》2013年第004期。

孟勤国：《物权法开禁农村宅基地交易之辩》，《法学评论》2005年第4期。

漆彦忠：《农村社会经济与消费分层及原因分析——基于对张磨村和新村的调查》，《重庆科技学院学报》（社会科学版）2009年第8期。

强乃社：《城市空间问题的资本逻辑》，《苏州大学学报》（哲学社会科学版）2011年第4期。

申明锐、张京祥：《新型城镇化背景下的中国乡村转型与复兴》，《城市规划》2015年第1期。

沈费伟、刘祖云：《乡村复兴视阈下村民参与型土地利用规划模式研究——以浙北D村为例》，《江西财经大学学报》2016年第6期。

宋金平、王恩儒、张文新等：《北京住宅郊区化与就业空间错位》，《地理学报》2007 年第 4 期。

孙全胜：《论列斐伏尔"空间生产"的资本批判》，《武汉科技大学学报》（社会科学版）2016 年第 3 期。

孙玉、程叶青、张平宇：《东北地区乡村性评价及时空分异》，《地理研究》2015 年第 10 期。

谭华云、许春晓：《行动者网络视阈下红色旅游融合发展中的利益共生研究——以韶山红色旅游为例》，《广西社会科学》2016 年第 1 期。

陶树果、高向东、余运江：《农村劳动年龄人口乡城迁移意愿和城镇化路径研究——基于 CGSS 2010 年数据的 Logistic 回归模型分析》，《人口与经济》2015 年第 5 期。

陶伟、蒋伟、何新：《平遥古城民居之门的形态变迁及其家的观念表征》，《地理研究》2014 年第 12 期。

王丹、刘祖云：《国外乡村空间研究的进展与启示》，《地理科学进展》2019 年第 12 期。

王放：《从第六次人口普查看北京市郊区化的发展》，《人口与发展》2015 年第 6 期。

王丰龙、刘云刚：《空间的生产研究综述与展望》，《人文地理》2011 年第 2 期。

王光耀、赵中秋、祝培甜等：《长江经济带乡村功能区域差异及类型划分》，《地理科学进展》2019 年第 12 期。

王国胜：《论传统乡村社会文化变迁与社会主义新农村建设》，《农业考古》2006 年第 3 期。

王焕、徐逸伦、魏宗财：《农村居民点空间模式调整研究——以江苏省为例》，《热带地理》2008 年第 1 期。

王镜均、王勇、李广斌：《苏南村落空间分异的三种典型模式及比较——以蒋巷，坞坵树山三村为例》，《现代城市研究》2014 年第 12 期。

王能能、孙启贵、徐飞：《行动者网络理论视角下的技术创新动力机制研究》,《自然辩证法研究》2009年第3期。

王鹏飞:《论北京农村空间的商品化与城乡关系》,《地理学报》2013年第12期。

王志丹、吴敬学:《我国城乡一体化发展的问题与对策研究》,《农业经济与管理》2012年第6期。

卫龙宝、胡慧洪、钱文荣等:《城镇化过程中相关行为主体迁移意愿的分析——对浙江省海宁市农村居民的调查》,《中国社会科学》2003年第5期。

魏开、魏成:《土地资本化视角下的乡村发展研究——珠江三角洲村庄土地变化的一个案例》,《生态经济》(中文版)2013年第1期。

吴昕晖、袁振杰、朱竑:《全球信息网络与乡村性的社会文化建构——以广州里仁洞"淘宝村"为例》,《华南师范大学学报》(自然科学版)2015年第2期。

吴振磊:《马克思经济学与西方经济学城多关系理论的比较》,《经济纵横》2011年第8期。

武廷海、张城国、张能等:《中国快速城镇化的资本逻辑及其走向》,《城市与区域规划研究》2012年第2期。

席建超、赵美风、葛全胜:《旅游地乡村聚落用地格局演变的微尺度分析——河北野三坡旅游区苟各庄村的案例实证》,《地理学报》2011年第12期。

修大鹏、吕萍、严冰燕:《房地产郊区化特征及其发展模式——以北京市为例》,《中国房地产》(学术版)2013年第4期。

杨宇振:《权力,资本与空间:中国城市化1908—2008年——写在〈城镇乡地方自治章程〉颁布百年》,《城市规划学刊》2009年第1期。

姚建衢、郭焕成:《黄淮海地区乡村功能类型及其地域模式》,《地理研究》1992年第4期,第11—19页。

姚娟、马晓冬:《后生产主义乡村多元价值空间重构研究——基于无锡马山镇的实证分析》,《人文地理》2019年第2期。

姚丽、魏西云、章波:《北京市郊区宅基地流转问题研究》,《中国土地》2007 年第 2 期。

殷江滨：《劳动力回流的驱动因素与就业行为研究进展》，《地理科学进展》2015 年第 9 期。

尤海涛、马波、陈磊：《乡村旅游的本质回归：乡村性的认知与保护》，《中国人口资源与环境》2012 年第 9 期。

袁源、张小林、李红波等：《西方国家乡村空间转型研究及其启示》，《地理科学》2019 年第 8 期。

张宸铭、高建华、李国梁：《基于空间句法的河南省传统民居分析及其地域文化解读》，《经济地理》2016 年第 7 期。

张京祥、申明锐、赵晨：《乡村复兴：生产主义和后生产主义下的中国乡村转型》，《国际城市规划》2014 年第 5 期。

张京祥、申明锐、赵晨：《超越线性转型的乡村复兴——基于南京市高淳区两个典型村庄的比较》，《经济地理》2015 年第 3 期。

张娟、王茂军：《国内外农村空间多元化研究热点识别与推移》，《地理科学进展》2016 年第 6 期。

张娟、王茂军：《乡村绅士化进程中旅游型村落生活空间重塑特征研究——以北京爨底下村为例》，《人文地理》2017 年第 2 期。

张荣天、焦华富、张小林：《长三角地区县域乡村类型划分与乡村性评价》，《南京师大学报》（自然科学版）2014 年第 37 期，第 136 页。

张伟：《试论城乡协调发展及其规划》，《城市规划》2005 年第 1 期。

张小林：《乡村概念辨析》，《地理学报》1998 年第 4 期。

张烨：《图论可达性》，《建筑学报》2012 年第 9 期。

张愚、王建国：《再论"空间句法"》，《建筑师》2004 年第 3 期。

赵晨：《要素流动环境的重塑与乡村积极复兴——"国际慢城"高淳县大山村的实证》，《城市规划学刊》2013 年第 3 期。

赵琪龙、郭旭、李广斌：《开发区主导下的苏南乡村空间转型——以苏州工业园区为例》，《现代城市研究》2014 年第 5 期。

郑诗琳、朱竑、唐雪琼：《旅游商业化背景下家的空间重构——以西双版纳傣族园傣家乐为例》，《热带地理》2016 年第 2 期。

周大鸣：《外来工与"二元社区"——珠江三角洲的考察》，《中山大学学报》（社会科学版）2000 年第 2 期。

周国华、贺艳华、唐承丽等：《论新时期农村聚居模式研究》，《地理科学进展》2010 年第 2 期。

朱霞、周阳月、单卓然：《中国乡村转型与复兴的策略及路径——基于乡村主体性视角》，《城市发展研究》2015 年第 8 期。

庄友刚：《空间生产的当代发展与资本的生态逻辑》，《马克思主义与现实》2014 年第 3 期。

庄友刚：《空间生产与资本逻辑》，《学习与探索》2010 年第 1 期。

### （四）学位论文

陈艳：《基于空间句法的古村落空间形态研究——以婺源古村落为例》，硕士学位论文，湖南师范大学，2011 年。

林贞：《亨利·列斐伏尔的空间生产理论探析》，硕士学位论文，兰州大学，2014 年。

刘盈纤：《渴望乡村——桃园龙潭乡渴望村社区居民的乡村想象》，硕士学位论文，台湾大学农业推广学研究所，2008 年，第 1—110 页。

沈慧华：《成都农村土地资本化现状、问题、对策研究》，硕士学位论文，西南财经大学，2013 年。

王萍：《村庄转型的动力机制与路径选择》，博士学位论文，浙江大学，2013 年。

杨劲：《农村土地资本化：理论、实践及政策选择》，博士学位论文，华南农业大学，2008 年。

### （五）论文集

萧昆杉：《未来乡村的论述》，《台湾乡村社会学年会》2007 年。

萧昆杉：《乡村再结构化之分析》，《农业推广文彙》1999 年第 44 期，第 191—198 页。

## 二　外文文献

### （一）专著

Bracey H., *English Rural Life*, London: Routledge and Kegan Paul, 1959.

Cooke P., Localities: *The Changing Face of Urban Britain*, 1989.

Cloke P. and Little J., *The rural state? Limits to planning in rural society*, Oxford University Press, 1990.

Cloke P., Phillips M. and Rankin D., *Middle class housing choice: Channels of entry into Gower, South Wales*, UK: PaulChapman, 1991, pp. 38 – 52.

Cloke P., Marsden T and Mooney P., *The handbook of rural studies*, London: SAGE Publications, 2006, pp, 243 – 257.

Clock P. J., *The Dictionary of Human Geography*, Blackwell, Oxford, 2000.

Dyuvendak W., *The Politics of Home*, Great Britain: Palgrave. 2011.

Lefebvre H., *The production of space*, Blackwell: Oxford, 1991.

Michael and Bunce, *The countryside: Anglo-American images of landscape*, London: Routlegdge, 1994.

Murdoch J. and Marsden T., *Reconstituting rurality*, London: University College London Press, 1994.

Parsons D. J., *Rural gentrification: the influence of rural settlement planning policies*, Brighton: University of Sussex, 1980.

Rausch A. S., *Cultural Commodities in Japanese Rural Revitalization: Tsugaru Nuri Lacquerware and Tsugaru Shamisen*, Brill, 2010.

Woods M., *Rural geography: processes, responses and experiences in rural restructuring*, London: Sage, 2005.

### （二）期刊

Akira T., "Regional Development owing to the commodification of rural spaces in Japan", *Geographical Review of Japan*, Vol. 82, No. 2, 2010, pp. 103 – 125.

Akramlodhi A. H., "Modernising subordination? A South Asian perspective on the World Development Report 2008: Agriculture for Development", *The Journal of Peasant Studies*, Vol. 36, No. 3, 2009, pp. 611 – 619.

Amit Cohen I., Sofer M., "Integrated Rural Heritage Landscapes: The Case of Agricultural Cooperative Settlements and Open Space in Israel", *Journal of Rural Studies*, Vol. 54, 2017, pp. 98 – 110.

Angela M., Nielsen S. P. P., et al., "Towards Multifunctionality of Rural Natural Environments?", *Land Use Policy*, Vol. 50, 2016, pp. 1 – 16.

Anna, Górka, "Landscape Rurality: New Challenge for The Sustainable Development of Rural Areas in Poland", *Procedia Engineering*, No. 161, 2016, pp. 1373 – 1378.

Argent N., "Trouble in paradise? Governing Australia's multifunctional rural landscapes", *Australian Geographer*, Vol. 42, No. 2, 2011, pp. 183 – 205.

Argent N., Smailes P., Griffin T., "The amenity complex: towards a framework for analysing and predicting the emergence of a multifunctional countryside in Australia", *Geographical Research*, Vol. 45, No. 3, 2007, pp. 217 – 232.

Argent N., Tonts M., "A multicultural and multifunctional countryside? International labour migration and Australia's productive is the art lands", *Population, Space and Place*, Vol. 21, No. 2, 2015, pp. 140 – 156.

Barcus H. R., Brunn S. D., "Place elasticity: Exploring a new conceptualization of mobility and place attachment in rural America", *Geografiska Annaler: Series B, Human Geography*, Vol. 92, No. 4, 2010, pp. 281 – 295.

Bastian C. T., McLeod D. M., Germino M. J., et al., "Environmental amenities and agricultural land values: a hedonic model using geographic information systems data", *Ecological Economics*, Vol. 40, No. 3, 2002, pp. 337–349.

Baylina M., Berg N. G., "Selling the countryside: representations of rurality in Norway and Spain", *European Urban and Regional Studies*, Vol. 17, No. 3, 2010, pp. 277–292.

Bijker R. A., Haartsen T., Strijker D., "Migration to less-popular rural areas in the Netherlands: Exploring the motivations", *Journal of Rural Studies*, Vol. 28, No. 4, 2012, pp. 490–498.

Braun Y. A., Mclees L. A., "Space, ownership and inequality: economic development and tourism in the highlands of Lesotho", *Cambridge Journal of Regions, Economy and Society*, Vol. 5, No. 3, 2012, pp. 435–449.

Bunce M., "The 'leisuring' of rural landscapes in Barbados: New spatialities and the implications for sustainability in small island states", *Geoforum*, Vol. 39, No. 2, 2008, pp. 969–979.

Burnley I., "Submergence, persistence and identity: Generations of German origin in the Barossa and Adelaide Hills, South Australia", *Geographical Research*, Vol. 48, No. 4, 2010, pp. 427–439.

Cao G., Li M., Ma Y., et al., "Self-employment and intention of permanent urban settlement: Evidence from a survey of migrants in China's four major urbanizing areas", *Urban Studies*, Vol. 52, No. 4, 2015, pp. 639–664.

Carte L., Mcwatters M., Daley E., et al., "Experiencing agricultural failure: internal migration, tourism and local perceptions of regional change in the Yucatan", *Geoforum*, Vol. 41, No. 5, 2010, pp. 700–710.

Cervone, Jason A., "The Reproduction of Rural Spaces through Education: Abstraction of the Rural and the Creation of New Differential Spaces", *Policy Futures in Education*, Vol. 15, No. 4, 2017, pp. 427–440.

Champion A. G. , "Urban and regional demographic trends in the developed world", *Urban Studies*, Vol. 29, No. 3 - 4, 1992, pp. 461 - 482.

Chi G. , Marcouiller D. W. , "In-migration to remote rural regions: The relative impacts of natural amenities and land develop ability", *Landscape and Urban Planning*, Vol. 117, 2013, pp. 22 - 31.

Clark G. , Bowler I. , Shaw A. , et al. , "Institutions, alternative farming systems, and local reregulation", *Environment & Planning A*, Vol. 29, No. 4, 1997, pp. 731 - 745.

Clark J. R. A. , "The 'New Associationalism' in agriculture: agro-food diversification and multifunctional production logics", *Journal of Economic Geography*, Vol. 5, No. 4, 2005, pp. 475 - 498.

Cloke P. , "Conceptualizing rurality", *Handbook of rural studies*, 2006, pp. 18 - 28.

Cloke P. , "Country backwater to virtual village ? Rural studies and 'the cultural turn'", *Journal of Rural Studies*, Vol. 13, No. 4, 1997, pp. 367 - 375.

Cloke P. , Milbourne P. , Widdowfield R. , "Co-constructing the countryside: hybrid networks and the extensive self Country visions", *Environment and Planning D*, Vol. 18, No. 6, 2000, pp. 715 - 736.

Cloke P. , Milbourne P, Widdowfield R, "The complex mobilities of homeless people in rural England", *Geoforum*, Vol. 34, No. 1, 2003, pp. 21 - 35.

Cloke P. J. , "Whither rural studies?", *Journal of Rural Studies*, Vol. 1, No. 1, 1985, pp. 1 - 9.

Cloke P. J. , Goodwin M, "The changing function and position of rural areas in Europe", *Nederlandse Geografische Studies-Utrecht*, No. 19, 1992, pp. 19 - 35.

Cloke P. , Goodwin M. , "Conceptualizing countryside change: from post-Fordism to rural structured coherence", *Transactions of the Institute of*

*British Geographers*, 1992, pp. 321 – 336.

Cloke P. J., Thrift N., Marsden T., et al., "Class and change in rural Britain", *Rural Restructuring Global Processes & Their Responses*, 1990, pp. 165 – 181.

Coffey W. J., "The geographies of producer services", *Urban Geography*, Vol. 21, No. 2, 2000, pp. 170 – 183.

Craig J., "An urban-rural categorisation for wards and local authorities", *Population Trends*, Vol. 47, 1987, pp. 6 – 11.

Curry G. N., Koczberski G., Selwood J., "Cashing out, cashing in: rural change on the south coast of Western Australia", *Australian Geographer*, Vol. 32, No. 1, 2001, pp. 109 – 124.

Dahms F., Mccomb J., "'Counterurbanization', interaction and functional change in a rural amenity area-a Canadian example", *Journal of Rural Studies*, Vol. 15, No. 2, 1999, pp. 129 – 146.

Darling E., "The City in the Country: Wilderness Gentrification and the Rent Gap", *Environment and Planning A*, Vol. 37, No. 6, 2005, pp. 1015 – 1032.

Das R. J., "The spatiality of social relations: an Indian case-study", *Journal of Rural Studies*, Vol. 17, No. 3, 2001, pp. 347 – 362.

Das R. J., "Social capital and poverty of the wage-labour class: problems with the Social Capital Theory", *Transactions of the Institute of British Geographers*, Vol. 29, No. 1, 2004, pp. 27 – 45.

Eliasson K., Westlund H., Johansson M., "Determinants of Net Migration to Rural Areas, and the Impacts of Migration on Rural Labour Markets and Self-Employment in Rural Sweden", *European Planning Studies*, Vol. 23, No. 4, 2015, pp. 693 – 709.

Epps R., "The sustainability of Australian agricultural production systems: a realistic objective or simply a desirable aim?", *The Australian Geographer*, Vol. 26, No. 2, 1995, pp. 1173 – 179.

Falkingham J., Chepngeno, Langat G., Evandrou M., "Outward migration from large cities: are older migrants in Nairobi 'returning'?", *Population, Space and Place*, Vol. 18, No. 3, 2012, pp. 327 – 343.

Farstad M., "Rural residents 'opinions about second home owners' pursuit ofown interests in the host community", *Norsk Geografisk Tidsskrift*, Vol. 65, No. 3, 2011, pp. 165 – 174.

Farstad M., Rye J. F., "Second home owners, locals and their perspectives on rural development", *Journal of Rural Studies*, Vol. 30, No. 4, 2013, pp. 141 – 51.

Feliciano Rodrigo P., Antunes C., Ramos A., et al., "Characterization of traditional and exotic apple varieties from Portugal. Part 1-Nutritional, physiochemical and sensory evaluation", *Journal of functional foods*, Vol. 2, No. 1, 2010, pp. 35 – 45.

Ferguson M., Ali K., Olfert M. R., et al., "Voting with their feet: jobs versus amenities", *Growth Change*, Vol. 38, No. 1, 2007, pp. 77 – 110.

Fløysand A., Jakobsen S. E., "Commodification of rural places: A narrative of social fields, rural development, and football", *Journal of Rural Studies*, Vol. 23, No. 2, 2007, pp. 206 – 221.

Frisvoll S., "Power in the production of spaces transformed by rural tourism", *Journal of Rural Studies*, Vol. 28, No. 4, 2012, pp. 447 – 457.

Galani-Moutafi Vaisiliki, "Rural space (re) produced-Practices, performances and visions: A case study from an Aegean island", *Journal of Rural Studies*, Vol. 32, No. 4, 2013, pp. 103 – 113.

Gaurav S., "Are Rainfed Agricultural Households Insured? Evidence from Five Villages in Vidarbha, India", *World Development*, Vol. 66, No. C, 2015, pp. 719 – 736.

Ghose R., "Big sky or Big Sprawl? Rural Gentrification and the Changing Cultural Landscape of Missoula, Montana", *Urban Geography*, Vol. 25, No. 1, 2004, pp. 528 – 549.

Guimond L., Simard M., "Gentrification and neo-rural populations in the Québec countryside: Representations ofvarious actors", *Journal of Rural Studies*, Vol. 26, No. 4, 2010, pp. 449 – 464.

Halfacree K. H., "From Dropping Out to Leading On? British Counter-cultural Back-to-the-land in a Changing Rurality", *Progress in Human Geography*, Vol. 30, No. 3, 2006, pp. 309 – 336.

Halfacree K. H., "Trial by space for a 'radical rural': Introducing alternative localities, representations and lives", *Journal of rural studies*, Vol. 23, No. 2, 2007, pp. 125 – 141.

Halfacree K. H., "Out of place the country: travelers and the 'Rural Idyll'", *Antipode*, Vol. 28, No. 1, 1996, pp. 42 – 72.

Halfacree K. H., "Heterolocal identities? Counter-urbanisation, second homes, and rural consumption in the era of mobilities", *Population, Space and Place*, Vol. 18, No. 2, 2012, pp. 209 – 224.

Halfacree K. H., "Locality and social representation: Space, discourse and alternative definitions of the rural", *Journal of Rural Studies*, Vol. 9, No. 1, 1993, pp. 23 – 37.

Halfacree K. H., "Talking about rurality: Social representations of the rural as expressed by residents of six English parishes", *Journal of Rural Studies*, Vol. 11, No. 1, 1995, pp. 1 – 20.

Halfacree K. H., "The Importance of 'the Rural' in the Constitution of Counterurbanization: Evidence from England in the 1980s", *Sociologia ruralis*, Vol. 34, No. 2 – 3, 1994, pp. 164 – 189.

Halfacree K. H., "Rural space: constructing a three-fold architecture", *Handbook of rural studies*, 2006, pp. 44 – 62.

Halfacree K. H., Rivera M. J., "Moving to the Countryside and Staying: Lives beyond Representations", *Sociologia Ruralis*, Vol. 52, No. 1, 2012, pp. 92 – 114.

Hao P., Sliuzas R., Geertman S., "The development and redevelopment of urban villages in Shenzhen", *Habitat International*, Vol. 35, No. 2,

2011, pp. 214 – 224.

Hayter R., Barnes T. J., "Neoliberalization and Its Geographic Limits: Comparative Reflections from Forest Peripheries in the Global North", *Economic Geography*, Vol. 88, No. 2, 2012, pp. 197 – 221.

Hempel C., Hamm U., "Local and/or Organic: a Study on Consumer Preferences for Organic Food and Food from Different Origins", *International Journal of Consumer Studies*, Vol. 40, No. 6, 2016, pp. 732 – 741.

Higgins V., Lockie S., "Re-discovering the social: neo-liberalism and hybrid practices of governing in rural natural resource management", *Journal of Rural Studies*, Vol. 18, No. 4, 2002, pp. 419 – 428.

Hillier B., "Space Is The Machine: A Configurational Theory of Architecture", *Journal of Urban Design*, No. 3, 1996, pp. 333 – 335.

Hines J. D., "The Post—Industrial Regime of Production Consumption and the Rural Gentrification of the New West Archipelago", *Antipode*, Vol. 44, No. 1, 2012, pp. 74 – 97.

Hisano S., Akitsu M., McGreevy S. R., "Revitalising Rurality under the Neoliberal Transformation of Agriculture: Experiences of Re-agrarianisation in Japan", *Journal of Rural Studies*, No. 61, 2018, pp. 290 – 301.

Hoggart K., "Let's do away with rural", *Journal of Rural Studies*, Vol. 6, No. 3, 1990, pp. 245 – 257.

Hoggart K., Hiscock C., "Occupational structure in service-class households: Comparisons of rural, suburban, and inner-city environment", *Environment and Planning A*, Vol. 37, No. 1, 2005, pp. 63 – 80.

Holloway L., "Showing and telling farming: agricultural shows and re-imaging British agriculture", *Journal of Rural Studies*, Vol. 20, No. 3, 2004, pp. 319 – 330.

Holloway L., Kneafsey M., "Reading the Space of the Framers Market: A Case Study from the United Kingdom", *Sociologia Ruralis*, Vol. 40,

No. 3, 2000, pp. 285 – 299.

Holloway S. L. , "Rural roots, rural routes: discourses of rural self and travelling other in debates about the future of Appleby New Fair, 1945 – 1969", *Journal of Rural Studies*, Vol. 20, No. 2, 2004, pp. 143 – 156.

Holly B. , "Urban-Rural Migration in the USA: An Analysis of Residential Satisfaction", *Regional Studies*, Vol. 38, No. 6, 2004, pp. 643 – 657.

Holmes J. , "Impulses towards a Multifunctional Transition in Rural Australia: Gaps in the Research Agenda", *Journal of Rural Studies*, Vol. 22, No. 2, 2006, pp. 142 – 160.

Ian Scoones, Nelson Marongwe, Blasio Mavedzenge, et al, "Zimbabwe's land reform: challenging the myths", *The Journal of Peasant Studies*, Vol. 38, No. 5, 2011, pp. 967 – 993.

Irwin E. G. , Bell K. P. , Bockstael N. E. , et al. , "The Economics of urban-rural space", *Annual Review of Resource Economics*, Vol. 1, No. 1, 2009, pp. 435 – 459.

Jarvis D. , Dunham P. , Ilbery B. , "Rural industrialisation in a declining coalfield region: the case of north Warwickshire", *Geoforum*, Vol. 32, No. 2, 2001, pp. 271 – 283.

John C. , Bliss, "Amenity Landownership, Land Use Change, and the Re-Creation of 'Working Landscapes'", *Society & snatural Resources*, Vol. 26, No. 7, 2013, pp. 845 – 859.

Johnsen S. , "The redefinition of family farming: agricultural restructuring and farm adjustment in Waihemo, New Zealand", *Journal of Rural Studies*, Vol. 20, No. 4, 2004, pp. 419 – 432.

Joos-Vandewalle S. , Wynberg R. , Alexander K. A. , "Dependencies on Natural Resources in Transitioning Urban Centers of Northern Botswana", *Ecosystem Services*, No. 30, 2018, pp. 342 – 349.

Katz C. , "Sow What You Know: The struggle for social reproduction in Rural Sudan" , *Annals of the Association of American Geographers*,

Vol. 81, No. 3, 1991, pp. 488 – 514.

Knoke D. , "Networks of Political Action: Toward Theory Construction", *Social Forces*, Vol. 68, No. 4, 1990, pp. 1041 – 1063.

Knowles A. K. , "Immigrant trajectories through the rural-industrial transition in Wales and the United States, 1795 – 1850", *Annals of the association of American Geographers*, Vol. 85, No. 2, 1995, pp. 246 – 266.

Koo A. , Ming H. , Tsang B. , "The Doubly Disadvantaged: How Return Migrant Students Fail to Access and Deploy Capitals for Academic Success in Rural Schools", *Sociology*, Vol. 48, No. 4, 2014, pp. 795 – 811.

Lagendijk A. , Melik R. , Haan F. , et al. , "Comparative Approaches to Gentrification: A Research Framework", *Tijdschrift Voor Economische En Sociale Geografie*, Vol. 105, No. 3, 2014, pp. 358 – 365.

Laura Beth Bugg, "Religion on the Fringe: The representation of space and minority religious facilities in the rural-urban fringe of metropolitan Sydney, Australia", *Australian Geographer*, Vol. 43, No. 3, 2012, pp. 273 – 289.

Law J. , "Notes on the theory of the actor-network: Ordering, strategy, and heterogeneity", *Systemic Practice and Action Research*, Vol. 5, No. 4, 1992, pp. 379 – 393.

Lerner A. M. , Eakin H. , "An obsolete dichotomy? Rethinking the rural-urban interface in terms of food security and production in the Global South", *The Geographical Journal*, Vol. 177, No. 4, 2011, pp. 311 – 320.

Lópezigelats F. , Tàbara J. D. , Bartolomé J. , "The rural in dispute: discourses of rurality in the Pyrenees", *Geoforum*, Vol. 40, No. 40, 2009, pp. 602 – 612.

MacKinnon D. , "Rural governance and local involvement: assessing state-community relations in the Scottish Highlands", *Journal of Rural Studies*, Vol. 18, No. 3, 2002, pp. 307 – 324.

MacKrell, Paulina, Pemberton, et al. , "New representations of rural space: Eastern European migrants and the denial of poverty and deprivation in the English countryside", *Journal of Rural Studies*, Vol. 59, 2018, pp. 49 – 57.

Madsen L. M., Adriansen H. K., "Understanding the use of rural space: the need for multi-methods", *Journal of Rural Studies*, Vol. 20, No. 4, 2004, pp. 485 – 497.

Mamonova N., Sutherland L. A., "Sutherland L A. Rural gentrification in Russia: Renegotiating identity, alternative food production and social tensions in the countryside", *Journal of Rural Studies*, Vol. 31, No. 2, 2015, pp. 154 – 165.

Marsden T., "New rural territories: Regulating the differentiated rural spaces", *Journal of Rural Studies*, Vol. 14, No. 1, 1998, pp. 107 – 11.

Marsden T., "Rural futures: the consumption countryside and its regulation", *Sociologia Ruralis*, Vol. 39, No. 4, 1999, pp. 501 – 526.

Mberu B. U., Ezeh A. C., Chepngeno-Langat G., et al., "Family ties and urban-rural linkages among older migrants in Nairobi informal settlements", *Population, Space and Place*, Vol. 19, No. 3, 2013, pp. 275 – 293.

Mcmanus P., Walmsley J., Argent N., et al., "Rural Community and Rural Resilience: What is important to farmers in keeping their country towns alive?", *Journal of Rural Studies*, Vol. 28, No. 1, 2012, pp. 20 – 29.

Milbourne P., "Re-populating rural studies: Migrations, movements and mobilities", *Journal of Rural Studies*, Vol. 23, 2007, pp. 381 – 386.

Mitchell C. J. A., "Creative destruction or creative enhancement? Understanding the transformation of rural spaces", *Journal of Rural Studies*, Vol. 32, No. 4, 2013, pp. 375 – 387.

Morse C., Mudgett J., "Longing for landscape: Homesickness and Place Attachment among Rural Out-migrants in the 19th and 21st Centuries",

*Journal of Rural Studies*, Vol. 50, 2017, pp. 95 - 103.

Murdoch J., Pratt A. C., "Rural studies: modernism, postmodernism and the 'post-rural'", *Journal of rural studies*, Vol. 9, No. 4, 1993, pp. 411 - 427.

Murdoch J., Marsden T., "The Spatialization of Politics: Local and National Actor-Spaces in Environmental Conflict", *Transactions of the Institute of British Geographers*, Vol. 20, No. 3, 1995, p. 368.

Nagatada T., "Rural Revitalization with Sunflowers as Amenity Crops in a Japanese Countryside", *Geographical Review of Japan*, Vol. 82, No. 2, 2010, pp. 78 - 88.

Nelson L., Trautman L., Nelson P. B., "Latino Immigrants and Rural Gentrification: Race, 'Illegality', and Precarious Labor Regimes in the United States", *Annals of the Association of American Geographers*, Vol. 105, No. 4, 2015, pp. 841 - 858.

Nielsen S. P. P., Murdoch J., Garrod G., et al., "Sustainability and the rural economy: An evolutionary perspective", *Environment and Planning A*, Vol. 27, No. 11, 1995, pp. 1797 - 1814.

Olson J. L., Munroe D. K., "Natural amenities and rural development in new urban-rural spaces", *Regional Science Policy & Practice*, Vol. 4, No. 4, 2012, pp. 355 - 371.

Overvag K., "Second homes and maximum yield in marginal land: The re-resourcing of rural land in Norway", *European Urban and Regional Studies*, Vol. 17, No. 1, 2010, pp. 3 - 16.

Öztürk M., Hilton A., Jongerden J., "Migration as Movement and Multi-place Life: Some Recent Developments in Rural Living Structures in Turkey", *Population, Space and Place*, Vol. 20, No. 4, 2014, pp. 370 - 388.

Pablo A. G, "Heritage and rural gentrification in Spain: The case of Santiago Millas", *International Journal of Heritage Studies*, Vol. 23, No. 2, 2017, pp. 125 - 140.

Partridge M. D., Rickman D. S., Ali K., et al., "The geographic diversity of U.S. nonmetropolitan growth dynamics: a geographically weighted regression approach", *Land Economics*, Vol. 84, No. 2, 2008, pp. 241 – 266.

Paul J., Cloke, "An index of rurality for England and Wales", *Regional Studies*, Vol. 11, No. 1, 1977, pp. 31 – 46.

Penn A., "Space Syntax And Spatial Cognition Or Why the Axial Line?", *Environment & Behavior*, Vol. 35, No. 1, 2003, pp. 30 – 65.

Phelps N. A., Fallon R. J., Williams C. L., "Small firms, borrowed size and the urban-rural shift", *Regional Studies*, Vol. 35, No. 7, 2001, pp. 613 – 624.

Phillips M., "Rural gentrification and the processes of class colonisation", *Journal of Rural Studies*, Vol. 9, No. 93, 1993, pp. 123 – 140.

Phillips M., "Differential productions of rural gentrification: illustrations from North and South Norfolk", *Geoforum*, Vol. 36, No. 4, 2005, pp. 477 – 494.

Phillips M., "The restructuring of social imaginations in rural geography", *Journal of Rural Studies*, Vol. 14, No. 2, 1998, pp. 121 – 153.

Phillips M., "The production, symbolization and socialization of gentrification: impressions from two Berkshire villages", *Transactions of the Institute of British Geographers*, Vol. 27, No. 27, 2002, pp. 282 – 308.

Phillips M., Page S., Saratsi E., et al., "Diversity, scale and green landscapes in the gentrification process: Traversing ecological and social science perspectives", *Applied Geography*, Vol. 28, No. 1, 2008, pp. 54 – 76.

Phillips M., Smith, et al., "Comparative approaches to gentrification: lessons from the rural", *Dialogues Hum Geogr*, Vol. 8, No. 1, 2018, pp. 3 – 25.

Philo C., "Postmodern Rural Geography? A reply to Murdoch and Pratt", *Journal of Rural Studies*, Vol. 9, No. 4, 1993, pp. 429 – 436.

Pitkänen K., Adamiak C., Halseth G., "Leisure activities and rural community change: Valuation and use of rural space among permanent residents and second home owners", *Sociologia Ruralis*, Vol. 54, No. 2, 2014, pp. 143 – 166.

Rawluk A., Curtis A., ""A Mirror and a Lamp": The Role of Power in the Rural Landscape Trajectory of the Ovens Region of Australia", *Society & Natural Resources*, Vol. 30, No. 8, 2017, pp. 949 – 963.

Rigg J., Salamanca A., Parnwell M., "Joining the dots of agrarian change in Asia: A 25 year view from Thailand", *World Development*, Vol. 40, No. 7, 2012, pp. 1469 – 1481.

Rist S., Chidambaranathan M., Escobar C., et al., "Moving from sustainable management to sustainable governance of natural resources: the role of social learning processes in rural India, Bolivia and Mali", *Journal of rural studies*, Vol. 23, No. 1, 2007, pp. 23 – 37.

Robertson M., Walford R., "Views and visions of land use in the United Kingdom", *The Geographical Journal*, Vol. 166, No. 3, 2000, pp. 239 – 254.

Roth R. J., Dressler W., "Market-oriented conservation governance: The particularities of place", *Geoforum*, Vol. 43, No. 32, 2012, pp. 363 – 366.

Rungmanee S., "The Dynamic Pathways of Agrarian Transformation in the Northeastern Thai-Lao Borderlands", *Australian Geographer*, Vol. 45, No. 3, 2014, pp. 341 – 354.

Rye J. F., Gunnerud Berg N., "The secondhome phenomenon and Norwegian rurality-Norsk Geografisk Tidsskrift", *Norwegian Journal of Geography*, Vol. 65, No. 3, 2011, pp. 126 – 136.

Schneider M., "What, then, is a Chinese peasant? Nongmin, discourses and agroindustrialization in contemporary China", *Agriculture and Human Values*, Vol. 32, No. 2, 2015, pp. 331 – 346.

Scott A. J., Carter C., Reed M. R., et al., "Disintegrated development at the rural-urban fringe: Re-connecting spatial planning theory and practice", *Progress in Planning*, No. 83, 2013, pp. 1 – 52.

Šimon M. , "Exploring Counterurbanisation in a Post—Socialist Context: Case of the Czech Republic", *Sociologia Ruralis*, Vol. 54, No. 2, 2014, pp. 117 – 142.

Smailes P. J. , "From rural dilution to multifunctional countryside: some pointers to the future from South Australia", *Australian Geographer*, Vol. 33, No. 1, 2002, pp. 79 – 95.

Spencer D. , "Counterurbanisation: the local dimension", *Geoforum*, Vol. 26, No. 2, 1995, pp. 153 – 173.

Squire S. J. , "Valuing Countryside: Reflections on Beatrix Potter Tourism", *Area*, Vol. 25, No. 1, 1993, pp. 5 – 10.

Stockdale A. , "The diverse geographies of rural gentrification in Scotland", *Journal of Rural Studies*, Vol. 26, No. 1, 2010, pp. 31 – 40.

Takaaki N. , "Commodification of Rural Space and Changes in the Main Varieties of Paddy Rice in the Tohoku Region", *Geographical Review of Japan*, Vol. 82, No. 2, 2010, pp. 49 – 59.

Tassinari P. , Torreggiani D. , Benni S. , et al. , "Landscape quality in farmyard design: an approach for Italian wine farms", *Landscape Research*, Vol. 38, No. 6, 2013, pp. 729 – 749.

Terluin I. J. , "Differences in economic development in rural regions of advanced countries: An overview and critical analysis of theories", *Journal of Rural Studies*, Vol. 19, No. 3, 2003, pp. 327 – 344.

Thrift N. , "Manufacturing rural geography?", *Journal of Rural Studies*, Vol. 3, No. 1, 1987, pp. 77 – 81.

Tittonell P. , "Livelihood strategies, resilience and transformability in African agroecosystems", *Agricultural Systems*, Vol. 126, No. 3, 2014, pp. 3 – 14.

Tonts M. , Plummer P. , Argent N. , "Path dependence, resilience and the evolution of new rural economies: Perspectives from rural Western Australia", *Journal of Rural Studies*, Vol. 36, 2014, pp. 362 – 375.

Torres R. M. , Carte L. , "Community participatory appraisal in migration research: Connecting neoliberalism, rural restructuring and mobility", *Transactions of the Institute of British Geographers*, Vol. 39, No. 1, 2014, pp. 140 – 154.

Toshio K., "The Commodification of Rurality and its Sustainability in the Jike Area, Yokohama City, the Tokyo Metropolitan Fringe", *Geographical Review of Japan*, Vol. 82, No. 82, 2010, pp. 89 – 102.

Tzanopoulos J., Vogiatzakis I. N., "Processes and patterns of landscape change on a small Aegean island: The case of Sifnos, Greece", *Landscape and Urban Planning*, Vol. 99, No. 1, 2011, pp. 58 – 64.

Urry J., "The tourist gaze and the 'environment'", *Theory Culture & Society*, Vol. 9, No. 3, 1992, pp. 1 – 26.

Valentine G., "A safe place to grow up? Parenting, perceptions of children's safety and the rural idyll", *Journal of rural studies*, Vol. 13, No. 2, 1997, pp. 137 – 148.

Vallance S., "Living on the Edge: Lessons from the Peri-urban Village", *International Journal of Urban and Regional Research*, Vol. 38, No. 6, 2014, pp. 1954 – 1969.

Van Assche K., Djanibekov N., Hornidge A. K., et al., "Rural development and the entwining of dependencies: transition as evolving governance in Khorezm, Uzbekistan", *Futures*, Vol. 63, 2014, pp. 75 – 85.

Vannini P., Taggart J., "Voluntary simplicity, involuntary complexities, and the pull of remove: the radical ruralities of off-grid lifestyles", *Environment and Planning A*, Vol. 45, No. 2, 2013, pp. 295 – 311.

Vepsäläinen M., Pitkänen K., "Second home countryside, Representations of the rural in Finnish popular discourses", *Journal of Rural Studies*, Vol. 26, No. 2, 2010, pp. 194 – 204.

Vesala H. T., Vesala K. M., "Entrepreneurs and producers: Identities of Finnish farmers in 2001 and 2006", *Journal of Rural Studies*, Vol. 26, No. 1, 2010, pp. 21 – 30.

Visser G., Hoogendoorn G., "A decade of Second Home Tourism Research in South Africa: Research Prospects for the Developing World?", *South African Geographical Journal*, Vol. 97, No. 2, 2015, pp. 111 – 122.

Walker P. A., Fortmann L. P., "Whose Landscape? A Political Ecology of the 'Exurban' Sierr", *Cultural Geographies*, Vol. 10, No. 4, 2003, pp. 469 – 491.

Wang M. Y., Wu J., "Migrant workers in the urban labour market of Shenzhen, China", *Environment and planning A*, Vol. 42, No. 6, 2010, p. 1457.

Willemen L., Hein L., Mensvoort M. E. F. V., et al., "Space for people, plants, and livestock? Quantifying interactions among multiple landscape functions in a Dutch rural region", *Ecological Indicators*, Vol. 10, No. 1, 2010, pp. 62 – 73.

Wilson G. A., Whitehead I., "Local rural product as a 'relic' spatial strategy in globalised rural spaces: Evidence from County Clare (Ireland)", *Journal of Rural Studies*, Vol. 28, No. 3, 2012, pp. 199 – 207.

Wong B. K. M., Musa G., Taha A. Z., "Malaysia My Second Home: The Influence of Push and Pull Motivations on Satisfaction", *Tourism Management*, Vol. 61, 2017, pp. 394 – 410.

Woods M., "Performing rurality and practising rural geography", *Progress in Human Geography*, Vol. 34, No. 6, 2010, pp. 835 – 846.

Woods M., "Engaging the global countryside: globalization, hybridity and there constitution of rural place", *Progress in Human Geography*, Vol. 31, No. 4, 2007, pp. 485 – 507.

Woods M., "Redefining the 'rural question': the new 'politics of the rural' and social policy", *Social Policy & Administration*, Vol. 40, No. 6, 2006, pp. 579 – 595.

Woods M., "Rural geography: blurring boundaries and making connections",

*Progress in Human Geography*, Vol. 33, No. 6, 2009, pp. 849 – 858.

Wright W., Annes A., "Farm Women and Agritourism: Representing a New Rurality", *Sociologia Ruralis*, Vol. 54, No. 4, 2014, pp. 477 – 499.

Xu W., "The changing dynamics of land-use change in rural China: A case study of Yuhang", *Zhejiang Province*, Vol. 36, No. 9, 2004, pp. 1595 – 1615.

Yang J., Eddie C., Lang W., et al., "Ownership, rent-seeking, and rural gentrification: Reconstructing villages for sustainable urbanization in China", *Sustainability*, Vol. 42, No. 002, 2018, pp. 1997 – 2014.

Yao Juan, Ma Xiaodong, "Study on the reconstruction of multi-value space in post-productive countryside: a case study of MASHAN town in WUXI", *Human Geography*, Vol. 034, No. 2, 2011, pp. 183 – 205. 2019 – 034 (002): 135 – 142

Yarwood R., "Getting just deserts? Policing, governance and rurality in Western Australia", *Geoforum*, Vol. 38, No. 2, 2007, pp. 339 – 352.

Zhang Q. F., Donaldson J. A., "From Peasants to Farmers: Peasant Differentiation, Labor Regimes, and Land-Rights Institutions in China's Agrarian Transition", *Politics & Society*, Vol. 38, No. 4, 2010, pp. 458 – 489.